国 家 社 科 基 金 项 目（16BJY086）资 助
西安交通大学人文社会科学学术著作出版基金资助

对外直接投资与中国西部产业转型升级

宋林 著

西安交通大学出版社
XI'AN JIAOTONG UNIVERSITY PRESS
国 家 一 级 出 版 社
全国百佳图书出版单位

图书在版编目(CIP)数据

对外直接投资与中国西部产业转型升级 / 宋林著. —西安 ：西安交通大学出版社，2020.7
ISBN 978-7-5693-1730-5

Ⅰ. ①对… Ⅱ. ①宋… Ⅲ. ①对外投资-直接投资-关系-产业结构升级-研究-西北地区 ②对外投资-直接投资-关系-产业结构升级-研究-西南地区 Ⅳ. ①F832.6 ②F127.4 ③F127.7

中国版本图书馆 CIP 数据核字(2020)第 081865 号

书　　名 对外直接投资与中国西部产业转型升级
著　　者 宋　林
责任编辑 史菲菲
责任校对 唐永利

出版发行 西安交通大学出版社
(西安市兴庆南路 1 号　邮政编码 710048)
网　　址 http://www.xjtupress.com
电　　话 (029)82668357　82667874(发行中心)
(029)82668315(总编办)
传　　真 (029)82668280
印　　刷 西安五星印刷有限公司

开　　本 700mm×1000mm　1/16　**印张** 13　**字数** 247 千字
版次印次 2020 年 7 月第 1 版　2022 年 3 月第 1 次印刷
书　　号 ISBN 978-7-5693-1730-5
定　　价 98.00 元

如发现印装质量问题，请与本社发行中心联系、调换。
订购热线：(029)82665248　(029)82665249
投稿热线：(029)82668133　(029)82665379
读者信箱：xj_rwjg@126.com

前言

自2002年"走出去"战略实施以来，中国对外直接投资快速发展，到2017年，中国对外直接投资已经居于全球第二位，成为国际直接投资领域中不可忽视的中坚力量。但是，相对于发达国家的对外直接投资行为，中国对外直接投资的动机和模式都更为复杂，除了资源寻求型和市场寻求型的投资，还有很多针对发达国家的以技术和战略资产为目的的"逆梯度"投资。

2002年以来，中国的产业结构也发生了深刻的变化，但是区域发展不平衡仍然是我国目前经济发展的主要特征，我国西部地区产业转型升级问题尤为突出。一方面，西部地区仍处在工业化的初期，虽然在产值结构上第三产业已经超过了第二产业和第一产业，但是劳动力却主要还集中在第一产业，需要进一步通过工业化的发展，将劳动力从相对生产率较低的第一产业转移到工业和现代服务业；另一方面，在第二产业内部，形成于计划经济时代的以国有重化工企业为主的格局，也对西部地区产业结构转型升级带来了更大挑战。

对外直接投资的"产业升级论"认为，对外直接投资可以通过将国内失去比较优势的夕阳产业转移到其他国家，释放生产要素，促进国内产业结构转型升级。但是经典的对外直接投资理论都假定东道国内部发展程度的匀质性，没有考虑对外直接投资对东道国内部不同地区影响的差异性。

本书基于我国对外直接投资以东部地区为主的客观现实，考虑我国地区之间的产业间空间关联与空间转移效应，在我国特殊的要素配置和市场环境下，通过分析对外直接投资对周边地区的空间溢出效应，试图构建对外直接投资与我国西部地区产业转型升级的分析框架，并展开实证分析和经验研究。

本书总共包含八章，其中第1章为绪论，第2章为文献综述，第3章为现状描述和投资潜力分析，第4章为作用机理的理论分析，第5、6、7

章为实证分析部分，第8章为结论与展望。各章具体内容安排如下：

第1章，绪论。本章主要介绍本书的选题背景和意义，提出所要研究的主要命题，确定研究所采用的思路和研究方法，概括本书主要的创新之处。

第2章，文献综述。本章主要包括三个部分：第一部分是对对外直接投资的理论和实证发展的回顾，以及对中国对外直接投资相关研究的述评；第二部分是对产业结构升级相关文献的述评；第三部分是对对外直接投资与产业结构升级相互关系的有关理论和实证研究的述评。通过文献梳理，发现了现有研究的薄弱之处，明确了本书的切入点和研究方向，并为本研究积累了文献基础。

第3章，“一带一路”倡议下我国西部地区对外直接投资潜力分析。本章从总量和结构等角度对西部地区对外直接投资现状和“一带一路”沿线投资需求进行描述，分析西部地区的发展定位和投资需求，进而采用异质性随机前沿模型测算在“一带一路”沿线的投资潜力和投资效率。

第4章，对外直接投资促进我国西部地区产业结构升级的作用机理分析。本章基于国际投资理论、产业组织理论和区域经济理论，构建了对外直接投资与产业结构升级之间关系的理论分析框架，分析了对外直接投资促进产业结构升级的作用机制和影响渠道，为后文的实证研究提供了理论基础。

第5章，对外直接投资与我国西部地区产业结构升级：微观机理的检验。本章基于对外直接投资影响产业结构升级的微观机制，利用中国上市公司对外直接投资事件数据，采用倾向得分匹配和双重差分法研究了对外直接投资对企业全要素生产率、盈利能力和产能利用率的作用效果，并检验了不同投资动机、投资模式和投资目的地选择的差异性影响，为分析对外直接投资的产业结构升级效应提供了微观证据。

第6章，对外直接投资与我国西部地区产业结构升级：宏观效应的检验。本章基于产业结构升级的内涵，将产业结构升级细化为产业结构高级化和产业结构合理化两个维度，综合采用静态面板和动态面板模型检验了对外直接投资对地区产业结构升级的短期和长期效应，并进一步检验了投资节奏和地区异质性对对外直接投资的产业结构升级效应的影响，在宏观层面上证明了对外直接投资对产业结构升级的作用效果。

第7章，对外直接投资与我国西部地区产业结构升级：空间溢出的检验。本章基于产业结构升级的空间关联，考察了对外直接投资和产业升级过程中的区域互动和聚集特征，利用地理关系和经济关联等多种空间权重，采用动态空间面板模型实证了对外直接投资对产业结构升级的空间溢出作用，检验了直接效应和间接效应的作用效果，并进一步考察了不同空间关联关系、不同区域范围内空间溢出效应的影响差异。

第 8 章，结论与展望。本章总结研究结果，提出了政策建议，并指出了当前研究可能的不足和未来进一步研究的方向。

目 录

第1章 绪 论

1.1 研究背景与问题提出

2013年9月和10月，习近平主席在出访中亚和南亚时，先后提出共建“丝绸之路经济带”和“21世纪海上丝绸之路”（简称“一带一路”）的重大倡议。同年11月，党的十八届三中全会上，通过了《中共中央关于全面深化改革若干重大问题的决定》，正式将“推进丝绸之路经济带、海上丝绸之路建设，形成全方位开放新格局”作为我国全面对外开放的重要战略。2015年3月28日，国家发改委、外交部和商务部联合发布了《推动共建丝绸之路经济带和21世纪海上丝绸之路的愿景与行动》，全面阐释了“一带一路”建设的时代背景、共建原则、框架思路，系统规划了具体的合作重点、合作机制和各地方的不同策略态势，受到了国内和国际社会的广泛关注。“一带一路”倡议作为一个开放包容的经济合作框架，契合沿线国家的共同需求，对于我国新一轮对外开放和沿线国家共同发展都具有重要的意义。

随着中国对外开放程度的逐步加深，特别是2002年“走出去”战略实施以后，中国对外直接投资以年均35.8%的速度飞速发展，投资地区覆盖全球，投资领域不断拓展，投资规模持续扩大，中国成为国际直接投资领域中不可忽视的中坚力量。根据商务部《中国对外直接投资统计公报》数据显示（见图1-1），截至2017年底，共有2.55万家境内投资者在全球189个国家和地区开设了3.92万家境外投资企业，年末境外总资产达6万亿美元，对外直接投资累计存量达18090.4亿美元，占世界对外直接投资存量的5.9%，同比提升0.7个百分点，由2016年的第六位跃升至全球第二位。从对外直接投资流量上看，在2017年中国政府加强了对企业对外直接投资的真实性和合规性审查，对外直接投资热度有所下降，企业投资更趋理性，全年共发生对外直接投资流量1582.9亿美元，同比下降了19.3%，这是自2003年开始发布对外直接投资年度数据以来，首次出现负增长，但是与增速下降形成鲜明对比的是我国对外直接投资的结构得到了进一步优化，“一带一路”沿线国家的投资出现了逆势增长。2017年，我国境内投资者对“一带一路”沿线的57个国家进行了对外直接投资，投资范围涉及17个行业大类，累计投资流量达到

201.7 亿美元，同比增长了 31.5%，占我国当年总投资流量额的 12.7%。“一带一路”沿线国家不仅拥有潜力巨大的市场规模，而且在经济发展和产业结构上与我国高度互补，具有广阔的投资空间，因此，在“一带一路”倡议稳步推进和促进经济高质量发展的政策背景下，如何更好地推进中国企业对外直接投资的健康发展，发挥对外直接投资对国内产业转型的促进作用，是当前亟须深入研究和回答的重要和热点问题。

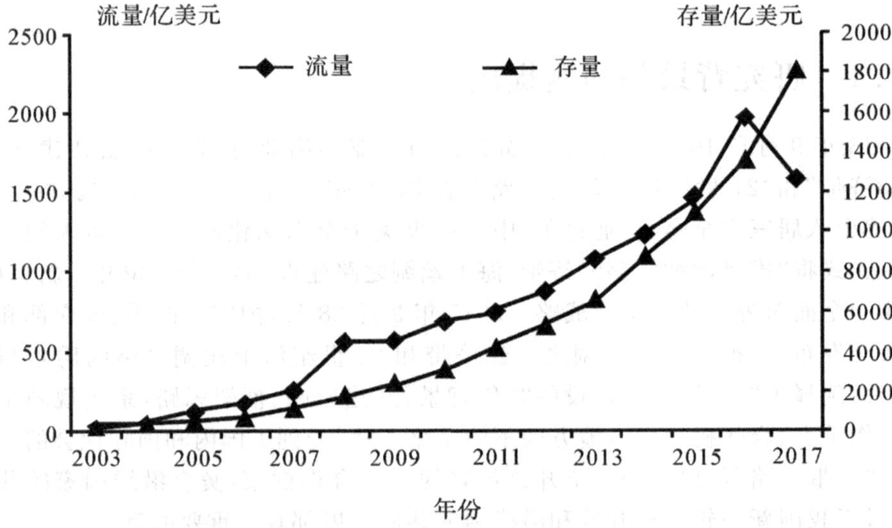

图 1－1 2003—2017 年中国对外直接投资的总体变动趋势

在对外直接投资迅猛发展的同时，中国国内的产业结构也在发生着深刻的调整和变革。表 1－1 列示了三次产业的产值结构和就业结构的变动情况，从表中可以看出：①就产值结构而言，2003—2016 年，第一产业所占比重持续稳步下降，从 2003 年的 12.3%下降到 2016 年的 8.6%；第二产业占比在 2003 年到 2006 年之间缓慢上升，从 45.6%上升到 47.6%，体现了我国仍在工业化过程中，第二产业在国民经济发展中的作用还在继续增强，但是 2006 年之后，第二产业占比开始逐年下降，2012 年后，下降速度加快，到 2016 年，第二产业占比下降到了 39.9%，近年来首次低于 40%；第三产业占比在 2003 年到 2008 年间，在 42%左右波动，2008 年以后，占比开始逐步增大，2012 年第三产业占比达到 45.3%，与第二产业占比持平，此后，第三产业占比增幅变大，2015 年第三产业占比首次超过 50%，2016 年第三产业占比达 51.6%，这反映了伴随着我国经济结构的深入调整，我国的产业结构经历了传统理论所论述的从第一产业向第二产业、第三产业的转变，体现出了产业结构升级的发展态势。②就就业结构而言，第一产业就业比重在2003年到2016年间直线下滑，从2003年的49.1%下降到2016年的27.7%，流出就业人员达14708.4万人。第二产业就业人数呈上升趋势，但是在2013年后，就业人数的上升放缓，这可能是由于在新一轮的全球经济危机中，中国外贸导向为主的劳动密集型制造业需求下降，增长放缓，因此对劳动力的需求下降。2014年第二产业就业比重首次超过第一产业，2016年第二产业就业比重为28.8%。第三产业就业比重在2003年到2016年呈现加速上升的趋势，2011年第三产业就业比重首次超过第一产业就业比重，2016年我国就业人口43.5%集中在第三产业。总的来看，无论是从产值结构还是从就业结构都可以看出，我国产业结构正在经历由第一产业向第二产业，最终向第三产业转移的产业结构升级过程，但是就业结构的升级滞后于产值结构，产业结构的进一步升级需要更多的动力支持。

表1-1 2003—2016年中国产业结构的变迁过程

年份	产值比重/%			就业比重/%		
	第一产业	第二产业	第三产业	第一产业	第二产业	第三产业
2003	12.3	45.6	42.0	49.1	21.6	29.3
2004	12.9	45.9	41.2	46.9	22.5	30.6
2005	11.6	47.0	41.3	44.8	23.8	31.4
2006	10.6	47.6	41.8	42.6	25.2	32.2
2007	10.3	46.9	42.9	40.8	26.8	32.4
2008	10.3	46.9	42.8	39.6	27.2	33.2
2009	9.8	45.9	44.3	38.1	27.8	34.1
2010	9.5	46.4	44.1	36.7	28.7	34.6
2011	9.4	46.4	44.2	34.8	29.5	35.7
2012	9.4	45.3	45.3	33.6	30.3	36.1
2013	9.3	44.0	46.7	31.4	30.1	38.5
2014	9.1	43.1	47.8	29.5	29.9	40.6
2015	8.8	40.9	50.2	28.3	29.3	42.4
2016	8.6	39.9	51.6	27.7	28.8	43.5

注：数据来源于历年《中国统计年鉴》。

区域间的发展不平衡是我国经济发展过程中的突出问题，产业转型升级的过程中也呈现出东中西部逐步滞后的梯度特征。图1-2给出了2017年东中西部三大地区三次产业构成情况。从规模上看，东部地区第二产业和第三产业的增加值

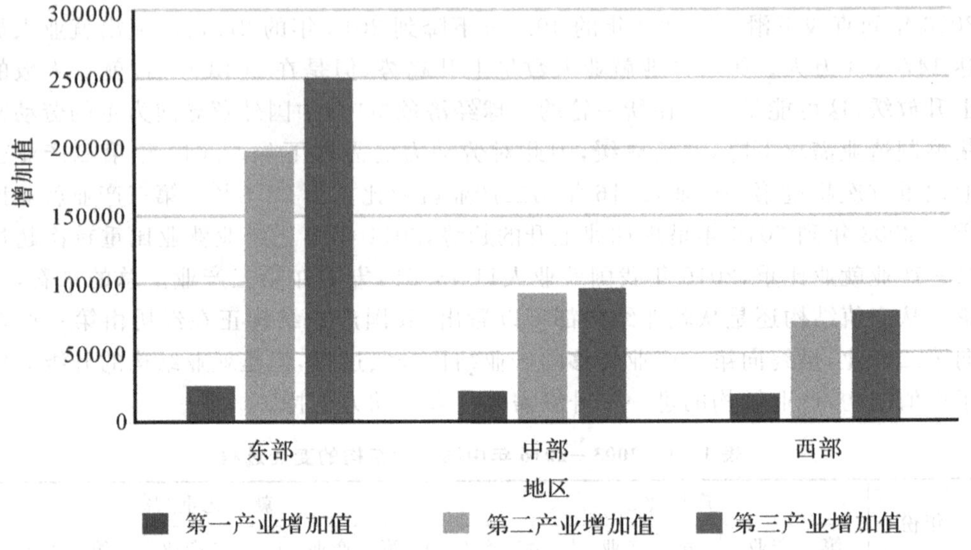

图 1-2　2017 年东中西部地区三次产业增加值构成差异(单位:亿元)

显著高于中部地区和西部地区,东部地区在经济总量上具有绝对优势。从结构上看,东部地区第一产业占比仅有 5.13%,第二产业占 41.89%,第三产业占 52.98%,第二产业和第三产业的占比合计超过 94.85%,且第三产业的占比超过了第二产业。这说明东部地区已经基本完成了工业化的过程,实现了由第一产业向第二产业,进而向第三产业转移的过程,而中部地区和西部地区还分别处于工业化的中期和初期,第一产业占比还相对较高,第二产业仍然还处在增长上升阶段,第三产业的发展规模和带动作用不够强。图 1-3 则描绘了 2017 年东中西部三大地区分三次产业从业人数的构成情况。同样可以发现,东部地区的第二产业和第三产业就业人数均高于中西部地区,就业结构呈现出了第一、第二、第三产业逐步增多的态势,体现了劳动力从第一产业流出,转入第二产业,最终进入第三产业的工业化结果。中部地区和西部地区则呈现出中间低、两头高的趋势,说明在中部地区和西部地区,第二产业的发展还相对不足。进一步分析中部地区和西部地区的从业人员分布情况还可以发现,中部地区的第三产业就业人数略高于第一产业,而西部地区第一产业的就业人数高于第三产业。这清晰地体现出我国产业结构转型升级过程中的梯度特征:东部地区已经基本完成了工业化,实现了产业结构由低到高的顺次转移;中部地区则处于工业化的中期,第一产业的劳动力开始大量向第二产业和第三产业转移,但是第二产业还有较大的发展空间尚未挖掘,工业化程度需要进一步提升;西部地区则处在工业化的初期,虽然在产值结构上第三产业已经超过了第二产业和第一产业，但是劳动力却主要还集中在第一产业，需要进一步通过工业化的发展，将劳动力从生产率相对较低的第一产业转移到工业和现代服务业。

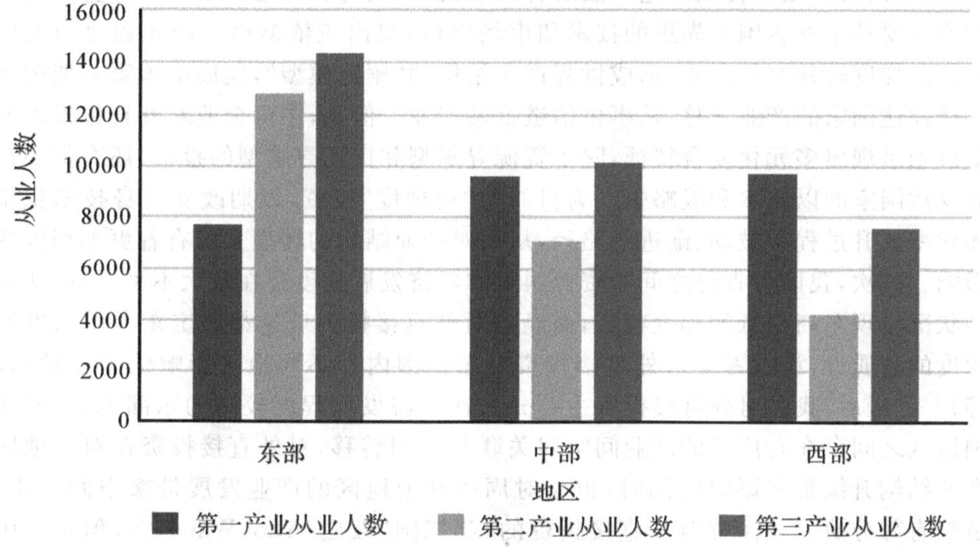

图1-3 2017年东中西部地区三次产业从业人数构成差异(单位:万人)

“一带一路”倡议的实施，为我国区域协调发展提供了新的动力，它不仅为东部地区的产业转移和产能过剩的化解提供了广阔的迂回空间，也将原本处于对外开放边缘地位的西部地区纳入政策的辐射中心。但是，现有的基于“一带一路”倡议背景下对我国对外直接投资的研究，主要还是侧重于产能过剩的化解，较少涉及对产业转型升级的研究，特别是针对我国西部地区产业转型升级问题的研究。

国际投资理论认为对外直接投资是与生产要素相伴的先进生产技术的国际转移过程，而参与国际投资是一国实现产业结构优化升级的重要途径。针对发达国家的经验研究发现，对外直接投资与其国内产业结构升级过程相伴而行，但是在对外直接投资对国内产业的影响方向上，则存在两种观点：一种是“产业升级论”，认为对外直接投资将国内失去比较优势的夕阳产业转移到其他国家，释放了生产要素，有利于集中资源发展新兴产业，促进国内产业结构升级(Dowling，Ray；Tang，Altshuler)[1-2]；另一种看法是“产业空心化论”，认为对外直接投资所带来的产业转移，会对国内就业和投资造成挤出，使得国内产业出现空心化，不利于国内产业的健康发展(Kokko；Cowling，Tomlinson)[3-4]。遗憾的是，针对不同国家的实证研究没有得到一致的结论，因此学者们推测对外直接投资对产业结构升级的实际作用，可能与其对外直接投资动机、投资目的地选择、投资模式和本国产业发展特征等因素有关。

相对于发达国家的对外直接投资行为，中国对外直接投资的动机和模式都更为复杂，出现了很多传统理论无法解释的新现象。首先，发达国家的对外直接投资理论主要基于发达国家先进的技术和市场地位，提出应依据边际产业顺序向发展中国家梯度转移夕阳产业，形成世界产业结构的“雁阵模型”，发展中国家只能被动承接发达国家的产业转移，从事价值链低端产业。但是，中国企业对外直接投资的动机则呈现出多元化复合特征，除了资源寻求型和市场寻求型的投资，还有很多针对发达国家的以技术和战略资产为目的的“逆梯度”投资，以期改变自身技术积累和效率提升过程中被动、渐进的路径，从而对产业结构的转型升级有着更加积极的影响。其次，我国各省份之间的资源禀赋和经济发展程度存在较大不平衡，产业发展状况呈现东高西低的梯度特征，而经典对外直接投资理论都假定东道国内发展程度的匀质性，没有考虑对外直接投资对东道国内部不同地区影响的差异性（Ju等）[5]。最后，我国对外直接投资主要分布在经济发展程度较高的东部地区，而我国地区之间存在着广泛的产业间空间关联与空间转移，对外直接投资在对本地区产业结构升级带来影响的同时，也会对周边其他地区的产业发展带来空间溢出。虽然有部分研究关注过对外直接投资的“第三国”效应（Yao，Wang）[6]，但是在中国特殊的要素配置和市场环境下，对外直接投资对周边地区的空间溢出可能有不同的作用机理。

因此，基于以上背景，本书以“一带一路”倡议背景下对外直接投资对我国西部地区产业转型升级的作用为研究主题，试图回答以下问题：①西部地区产业结构的基本特征是怎样的？产业结构转型升级的方向和面临的主要困难是什么？②“一带一路”沿线国家的投资需求特征与西部地区对外直接投资的区位选择和效率如何？③对外直接投资促进产业结构转型升级的理论机制和作用机理是怎样的？④当前我国对外直接投资对西部地区的产业结构转型升级的作用如何？怎样的投资节奏和投资模式最能促进产业结构的转型升级？⑤我国对外直接投资空间分布不均衡，其他地区的对外直接投资是否对西部地区的产业结构转型升级具有间接的影响和作用？

1.2 研究意义

2013年，“一带一路”倡议的提出，为我国广大的西部地区通过对外直接投资“走出去”提供了新的历史机遇，也为西部地区推进产业结构转型升级提供了新的方向和思路。然而，一方面，对于如何利用好“一带一路”的政策红利来促进西部地区产业转型升级还缺乏理论上的系统研究；另一方面，对于对外直接投资对国内产业转型升级的具体作用效果的评价也没有得到统一的结果。因此，基于我国区域发展存在较大差异的现实背景，研究对外直接投资对西部地区产业结构转型升级的影响机制和作用效果，具有重要的理论意义和现实意义。

1.2.1 理论意义

1）系统分析了对外直接投资促进我国西部地区产业结构转型升级的作用机制和影响渠道

本书基于国际投资理论、产业结构变迁理论和区域经济发展理论，构建了对外直接投资影响西部地区产业结构的理论分析框架，形成了“对外直接投资—企业绩效提升—地区内产业结构升级—地区间空间溢出”的完整传导链条，系统分析了对外直接投资促进产业结构升级的一般作用机制和影响途径，为研究对外直接投资行为的宏观作用机制，提供了一定的思路和参考。

2）深化了对中国对外直接投资模式和效果的认识

中国对外直接投资的动机和模式相对于传统发达国家更为复杂，既有市场、资源等“顺梯度”投资，也有技术寻求的“逆梯度”投资，既采用跨国（境）并购，也采用绿地投资的进入方式。本书考察了中国对外直接投资的区位选择特征，检验了不同投资模式下的投资效率，弥补了现有文献的不足。

3）拓展了欠发达地区产业结构转型升级的驱动因素和作用渠道的研究

传统的开放经济下的产业结构升级理论主要关注对外贸易和利用外资的作用，本书基于中国西部地区对外开放和产业结构升级的新形势，论证了对外直接投资对地区产业结构升级的积极作用，并进一步指出了其空间溢出作用的存在，拓展了欠发达地区产业结构转型升级的驱动因素的相关研究。

1.2.2 现实意义

1）有助于合理认识中国对外直接投资的发展状况，科学评价对外直接投资的绩效和作用

本书立足于我国区域发展不均衡、西部地区产业结构转型升级滞后的现状，探讨了“一带一路”倡议下欠发达地区通过对外直接投资促进产业结构转型升级的可能路径，并且详细估计了对外直接投资对西部地区产业结构转型升级的直接和间接作用效果，检验了相关影响因素在其中所起的作用，有助于政府决策者和社会公众清楚认识我国对外直接投资的发展状况，合理评价对外直接投资的作用效果，从而有助于为我国对外直接投资的健康发展提供科学的政策保障和积极的舆论环境。

2)为政府相关产业政策出台,提供一定的理论依据和经验参考

本书从理论上论证了对外直接投资对产业结构升级的影响机制和作用机理,并利用实证研究检验了对外直接投资促进产业结构的作用效果和限制条件,这就为政府利用对外直接投资促进本地区产业结构升级提供了思路借鉴,有助于政府出台相关产业和投资引导政策,充分发挥对外直接投资的积极作用,促进本地产业结构升级。

1.3 研究思路与研究方法

1.3.1 研究思路

遵循科学研究的逻辑顺序,结合研究目标,本书的研究思路如下:

①梳理现实和理论背景,确定研究的切入点。基于“一带一路”倡议下中国对外直接投资迅猛发展和西部地区产业结构升级面临压力的现实背景,梳理对外直接投资与产业结构升级研究的最新理论成果,明确本书的研究背景、研究问题和研究意义,形成科学合理的研究框架,选定合适的研究方法。

②对西部地区产业结构的发展现状进行描述和分析,分析西部地区产业结构升级的影响因素和限制条件,梳理“一带一路”倡议为西部地区产业结构升级带来的机会和条件。

③构建理论分析框架,为实证研究提供理论指导。基于国际投资理论、产业结构变迁理论和区域经济发展理论,从对外直接投资对产业结构影响的微观基础、宏观表现和空间溢出三个角度构建理论分析框架,分析对外直接投资对西部地区产业结构升级的作用机理和传导机制,从而为后文的实证研究提供坚实的理论基础。

④提出研究假设,进行实证检验。基于理论分析,提出可验证的研究假设,利用上市公司对外直接投资的事件数据和省级层面的存量数据,选用科学稳健的实证研究方法,检验对外直接投资对产业结构升级的作用效果,并进一步考察投资方式、地区特征、投资节奏等对对外直接投资的产业结构升级效应的影响。

⑤总结全文,提出建议与展望。总结全书理论研究和实证研究的成果,提炼本书的研究结论,提出有针对性的政策建议,并分析研究的不足之处,指明今后可进一步研究拓展的方向。

1.3.2 研究方法

本书所使用的研究方法主要有以下一些:

1)文献研究法

本书对国内外相关研究文献进行查询、分析和整理,重点对对外直接投资、产业结构升级以及对外直接投资与产业结构升级相互作用的相关理论和实证文献进行了较为系统的梳理和归纳，掌握了该领域研究的主流理论和前沿成果，为本书的研究找到了恰当的切入点，并保证了本书在选题立意、逻辑框架和方法运用上的前沿性和科学性。此外，在作用机理的理论分析和实证模型的建立中，还借鉴了文献中的一些成果，并与中国产业发展的现实相结合，依据研究目的需要进行了一定的改进和拓展。

2)理论研究与实证研究相结合

本书综合采用理论研究和实证研究相结合的方法，理论分析为实证分析提供分析思路和研究假设，而实证分析的结果对理论分析进行验证和补充。一方面，本书基于现有的国际投资理论和产业组织理论，从理论上分析了对外直接投资对产业结构升级的作用机理和传导途径，提出了研究假设；另一方面，本书又从对外直接投资的微观作用、宏观影响和空间溢出三个角度，采用多种计量模型实证检验了对外直接投资对产业结构升级的作用效果。

3)多种新兴计量方法的综合运用

本书在实证分析过程中，依据研究目的和研究问题的具体情况，科学选择使用合适的计量方法：①在研究"一带一路"对外直接投资潜力时，同时考虑了投资潜力和投资阻力的影响因素，建立了异质性随机前沿引力模型，同时估计出了不同投资目的地的投资潜力和投资效率；②在研究对外直接投资影响产业结构的微观基础时，基于准自然实验的思路，采用了基于倾向得分匹配的双重差分方法，有效控制了样本选择和遗漏变量所带来的内生性问题，较好地识别了对外直接投资对企业绩效的因果作用；③在研究对外直接投资的宏观作用效果时，考虑到产业结构调整变动的路径依赖，使用了动态面板模型来估计对外直接投资的长期影响，提高了模型估计的准确度；④在研究对外直接投资的产业结构升级效应的空间溢出时，放宽了模型假设，同时引入时间滞后、空间滞后和空间误差项，采用纠偏的最大似然估计法对模型进行了稳健估计。此外，本书还对每一个实证模型都进行了多种稳健性检验，保证了模型选择的科学性和所得结论的稳健性。

1.4 本书的特色

第一，基于"一带一路"倡议的政策精神和建设实践，分析了西部地区对外直接投资的现有发展水平和"一带一路"倡议下西部地区的投资机会及发展定位，在此基础上构建异质性随机前沿引力模型，测算了我国在"一带一路"沿线国家的投资潜力和投资效率。

第二，在对产业结构升级的内涵及特征进行界定的基础上，借鉴国际投资理论、产业组织理论和区域经济发展理论的有关思想，构建了对外直接投资影响西部地区产业结构升级的理论分析框架，从影响作用的微观基础、宏观表现和空间溢出效应三个角度，系统分析了对外直接投资促进西部产业结构升级的一般作用机制和影响途径。

第三，基于产业结构升级的微观基础，遵循准自然实验的研究思路，采用倾向得分匹配和双重差分法检验了对外直接投资对企业绩效影响的微观效应。利用中国上市公司的对外直接投资事件数据，考察了对外直接投资对企业全要素生产率、盈利能力和产能利用率的影响效果，并检验了不同投资动机、投资模式和投资目的地选择的差异性影响，为分析对外直接投资的产业结构升级效应提供了微观证据。

第四，基于产业结构升级的宏观表现，从产业结构高级化和产业结构合理化两个维度，实证检验了对外直接投资对西部地区产业结构升级的作用效果。综合采用静态面板和动态面板模型检验了对外直接投资对地区产业结构升级的短期和长期效应，并进一步检验了投资节奏和地区异质性的影响，在宏观层面上证明了对外直接投资对西部地区产业结构升级的作用效果。

第五，基于产业结构升级的空间关联，考察了对外直接投资和产业转型升级过程中的区域互动和聚集特征，检验了对外直接投资对西部地区产业结构升级的空间溢出作用。利用地理关系和经济关联等多种空间权重，采用动态空间面板模型研究了对外直接投资对产业结构升级的空间溢出效应，检验了直接效应和间接效应的作用效果，并进一步考察了不同空间关系、不同区域范围内空间溢出效应的作用差异。

第2章 文献综述

在开放经济条件下，对外直接投资对产业结构升级的作用越来越受人关注，本章将对与本研究主题有关的文献进行梳理和总结，为本研究寻找一个恰当的逻辑起点。核心文献主要包括以下三个方面：①对外直接投资的相关研究，包括对外直接投资的概念界定、发达国家对外直接投资理论、发展中国家对外直接投资理论以及对中国对外直接投资相关研究的梳理；②产业结构升级的相关研究，着重从产业结构升级的内涵、驱动要素和衡量方式三个角度对产业结构升级的相关研究进行总结；③对外直接投资与产业结构升级关系的研究，分别从理论研究和实证研究两个角度展开述评。

2.1 对外直接投资的研究概述

跨国公司和与之相伴的对外直接投资一直是经济学、国际商务和企业管理等领域关注的热点话题。特别是近年来，随着中国经济的崛起和对外开放的深化，中国企业的对外直接投资和中国跨国公司的问题越来越受到理论界的广泛关注。

2.1.1 发达国家的对外直接投资理论

国际上对于企业对外直接投资的理论研究开始于20世纪60—70年代，主要形成了垄断优势理论（Hymer）[7]、产品生命周期理论（Vernon）[8]、内部化理论（Buckley，Casson）[9]、国际生产折衷理论（Dunning）[10]等，这些理论从微观企业的行为决策角度解释了企业对外直接投资的动机和跨国公司的形成。

1）垄断优势理论

垄断优势理论又被称为特定优势理论，是指市场中竞争力较强的企业拥有可以向外转移的特定优势（例如资金优势、技术优势、管理优势、信息优势、商誉和品牌的无形资产优势等），能够帮助企业克服跨国经营带来的额外成本和有关劣势。垄断优势理论认为市场的不完全竞争是企业对外直接投资的重要外在条件，企业可以凭借这种可转移的优势进行对外直接投资，从而获得超额利润。因此，出于对超额利润的追求，企业会进行对外直接投资以更好地利用其优势资源。相较于从国际贸易和国际分工等角度解释对外直接投资的产生和跨国公司的形成，垄断优势理论放宽了市场完全竞争的假定，更加贴近现实，但是该理论也假定只有具备了充足的垄断优势的企业才能够进行对外直接投资，无法解释后发国家的对外直接投资。

2)产品生命周期理论

产品生命周期理论基于 Vernon 对产品生命周期的划分。Vernon 认为产品从研发到退出市场，需要经过引入、成长、成熟、衰退等时期。对于刚刚研发上市的创新型产品，产品生产技术尚不成熟，生产成本较高，因此该种商品的销售应该针对发达国家内部的消费者；当产品逐步成熟，生产流程日益标准化，生产成本下降，同时产品的创新性逐步下降，市场中开始有竞争性产品出现时，跨国公司为了抢占市场，可以在发展中国家进行直接投资，以接近消费者市场，降低运输成本，扩大出口；当产品进入衰退期后，产品质量已经高度标准化，行业竞争的中心是价格和成本的比拼，此时，跨国公司应当通过对外直接投资的方式，将生产转移到劳动力成本更低的国家和地区。

3)内部化理论

内部化理论基于交易成本的视角，认为在市场交易存在交易成本，市场并非完全有效时，企业可以通过内部化的方式，将市场交易活动转换为企业的内部生产活动。具体而言，Buckley 和 Casson 提出的内部化理论可以解释企业的海外投资行为。伴随着分工的深化，中间品贸易在市场中变得越来越普遍，但是信息不对称等原因导致了知识、技能、技术等中间产品通过市场交易费用太高，因此当企业采用外包或者出口等市场方式进行国际经营的成本远远高于企业对外直接投资自己进行生产的成本，或企业想要尽量地减少知识和技术的外溢时，企业就会采用对外直接投资的方式服务国际市场。

4)国际生产折衷理论

Dunning 的国际生产折衷理论则是将之前的垄断优势理论、内部化理论进行了有机整合，认为只有同时具备所有权优势、内部化优势和区位优势的企业才能够进行对外直接投资。所有权优势就是垄断优势理论中所强调的企业所拥有的可转移的特定优势，这是企业对外直接投资的资源基础；内部化优势则是企业将外部市场交易活动转为内部生产活动时所带来的成本优势和信息优势，这是企业对外直接投资的重要条件；区位优势是指企业意向投资的东道国要具有特定的资源或禀赋优势，能够与企业的可转移优势充分互补，使得企业向外转移的特定优势能够得到充分发挥。三个条件缺一不可，相辅相成，共同构成了企业对外直接投资的基本要件。

2.1.2　发展中国家的对外直接投资理论

垄断优势理论、产品生命周期理论、内部化理论和国际生产折衷理论对发达国家对外直接投资的发生和跨国公司的形成进行了较好解释，但是这些理论都主要强调投资企业所具有的特定资源优势，难以对所有权优势不足的发展中国家的对外直接投资行为进行很好的解释，本小节则将对发展中国家对外直接投资理论进行总结和回顾。

1)小规模技术理论

为了解释不具有所有权优势的发展中国家的对外直接投资，Wells[11] 提出小规模技术理论，他认为发展中国家在国际竞争中的主要优势来源于低生产成本，而这种低成本的实现并非需要最先进、最前沿的技术，也不需要过大的生产规模，只要拥有与小市场相匹配的小规模的生产技术，企业就能够获得较低的成本，从而参与国际竞争。因此，拥有小规模技术优势的发展中国家，可以选择市场规模相近的发展中国家进行对外直接投资，在东道国复制母国的生产模式，利用小规模技术实现低成本的生产，最终获取可观利润。因此，不具有所有权优势的发展中国家，只要选对了适合小规模技术的东道国，就可以进行对外直接投资。

2)技术获取理论

小规模技术理论能够解释发展中国家之间的对外直接投资现象，但是无法解释发展中国家对发达国家的投资，特别是近年来出现了发展中国家大规模并购发达国家企业的“蛇吞象”现象。技术获取理论认为发展中国家对发达国家进行对外直接投资，主要是为了获取技术，其方式包括直接获取技术进行本地化再创新和对外投资过程中的技术逆向溢出等。Lall 等[12] 提出的技术本地化理论认为不同地区的企业具有不同的比较优势，企业在技术引进后会对技术进行本地化创新，以更适合国内的资源禀赋，开发出更多本地化差异化产品，最终形成本国企业独特的竞争优势。Cantewell 和 Tolentino[13] 则认为发展中国家的对外直接投资是积累“学习经验”从而实现技术提升、产业升级的过程。Mathews[14] 进一步将这个过程进行分解，提出了联系(linkage)-杠杆(leverage)-学习(learning)的“LLL”分析框架，认为发展中国家通过对外直接投资首先与国际先进生产方式建立联系，然后在杠杆效应下进行学习吸收，最终提升自身的竞争能力。

3)投资发展路径理论

投资发展路径理论是 Dunning 在其提出的国际生产折衷理论的基础上，根据现实世界中发生的深刻变化和学术界对其原有理论的有关评述的基础上，对国际生产折衷理论的修正、完善和扩展。Dunning[15] 认为，一国国际投资的流入和流出是与该国经济发展的水平密切相关的，具体而言，根据经济发展的不同水平，可以分为四个阶段：①一国经济发展困难，人均收入很低时，该国利用外资水平较低，没有对外直接投资；②一国的经济发展较差，人均收入较低时，该国利用外资水平有所上升，但是对外直接投资很低；③一国经济发展较好时，利用外资和对外直接投资都显著增加，但是利用外资高于对外直接投资，资本净流出为负；④一国经济高度发达时，对外直接投资超过利用外资，资本净流出为正。投资发展路径理论在肯定了发展中国家具备三优势，成为对外直接投资的主要投资国的同时，又对发展中国家的对外投资的发展路径进行了预测，指明了随着一国经济的发展，发展中国家的对外直接投资会逐步增多。

2.1.3 中国对外直接投资的相关研究

近年来，随着企业走出去的步伐加快，我国对外直接投资迅猛发展，针对我国对外直接投资的研究也逐渐增多。我国企业的对外直接投资相对于其他国家的对外直接投资，既有发展中国家降低成本、寻求技术等共性，也有着独特的发展特征，本小节将从中国企业对外直接投资的动机、中国企业对外直接投资的影响因素和中国企业对外直接投资的后果三个方面展开评述。

1）中国企业对外直接投资的动机研究

在中国对外直接投资的发展过程中，政府扮演了非常重要的角色。20 世纪 90 年代以来中国对外直接投资的迅猛发展，很大程度上受益于中国政府给予的政策鼓励和各项优惠措施（Cai）[16]。Buckley 等[17]则从中国对外直接投资的主体构成出发，发现中国对外直接投资以国有企业，特别是中央企业为主，国有企业的海外投资行为体现了政府的宏观发展战略，也更能获得政府的政策扶持和银行信贷优惠等便利条件。裴长洪和樊瑛[18]、裴长洪和郑文[19]在西方传统的“企业特定优势”的基础上，针对我国对外直接投资的发展模式，提出了“国家特定优势”的概念，认为我国国内经济的迅猛发展为对外直接投资企业提供了行业优势、区位优势、组织优势和其他特定优势，这些特定优势与企业自身优势一起，成为促进我国企业对外直接投资的原动力。

传统的对外直接投资理论认为，企业对外直接投资主要存在市场寻求、自然资源寻求、战略资产寻求和效率寻求等几种动因（Dunning）[20]。吴先明和黄春桃[21]的研究发现，不论是投资到发达国家的逆向投资还是投资到发展中国家的顺向投资，中国企业的对外直接投资具有强烈的市场寻求动机和自然资源寻求动机，但效率寻求动机只在顺向投资中表现明显，而战略寻求动机在逆向投资中并不明显。吴先明和苏志文[22]采用案例研究的方法分析了我国企业海外投资的技术寻求动机，认为技术寻求类的海外投资是以技术提升为目标，带有一定冒险特征的能力更新过程。发展中国家的后发企业沿着传统的技术发展路径进行发展，在接近技术创新的前沿时，往往会面临缺乏核心技术的窘境，此时可以选择收购国际上具有满足该需求的技术或研发团队，然后通过技术融合完成技术迁移和自身技术的提升，从而实现技术追赶的目标。

李杰等[23]对我国低端下游企业并购国外高端上游企业的海外投资行为进行分析后发现，垂直并购国外高端上游企业既能够扩大市场份额，还能够提升产品定位。特别是当市场遭受负向的需求冲击时，国外上游企业成本上升、国外下游竞争对手品牌价值下降，此时是最优的投资契机。张海亮等[24]基于对我国矿产资源类国有企业海外投资的研究发现，套利动机加速了我国企业的对外直接投资。他们将套利动机区分为制度套利（凭借国企身份或"走出去"的政策优惠获取收益）、期限套利（利用资产价格变动的时滞差异获取利益）和市场套利（区域性投资机会所带来的收益），研究发现制度套利会加速企业的全球化布局，期限套利激发了企业的对外直接投资冲动，而市场套利则会鼓励企业进行"海外抄底"。郑志丹[25]则发现最低工资标准和平均工资上升也是促进企业对外直接投资的重要因素，劳动力成本的上升倒逼企业将生产转移至劳动力成本更低的地区。

2）中国企业对外直接投资的影响因素研究

企业对外直接投资决策的影响因素，可以从微观角度、宏观角度、东道国角度、双边关系等方面来进行归类梳理。

（1）微观因素

异质性企业理论认为生产率是决定企业海外经营模式的最重要的因素，市场中生产率最低的企业只能服务于本国市场，生产率居中的企业在服务本国市场的同时，进行出口，而生产率最高的企业才能进行对外直接投资（Melitz；Helpman，Melitz，Yeaple）[26-27]。田巍和余淼杰[28]采用我国的微观企业的海外投资数据发现，生产率越高的企业对外投资的概率越高，对外投资的金额也越大，证实了对外投资的生产率门槛在我国的存在性。蒋冠宏[29]则发现，投资到高收入国家的企业生产率并不一定比投资到低收入国家的企业高，越有效率的企业也不一定进行市场寻求动机的投资，而更可能进行技术研发寻求类的投资。

在企业的其他特征方面，葛顺奇和罗伟[30]发现，企业的竞争力越强，对外直接投资的可能性越高。具体来看，新产品占比、人均管理成本、资本密集度、人均产出、出口强度等体现企业竞争优势的因素与企业的对外直接投资的概率正相关，而企业的债务利息率则与企业的对外直接投资概率负相关。刘莉亚等[31]的研究发现企业的对外直接投资行为受到了融资约束的制约，企业所面临的融资约束越紧，其对外直接投资发生的概率越低，特别是对于外源性融资依赖较高的企业，这种制约作用更加明显。王自锋和白玥明[32]发现产能过剩是引致企业进行海外直接投资的重要因素，进一步考察行业特征和所有制特征还可以看出，竞争性的产能过剩是市场理性行为的结果，并不需要通过对外直接投资来化解，而体制性的产能过剩是国内现有需求无法消化的，需要通过对外直接投资来处置。

(2)宏观因素

企业所处的行业和国家整体经济的发展状况也影响了企业的对外直接投资决策。Dunning 提出的投资发展路径理论认为，一国的国民收入水平是影响该国对外直接投资规模的最重要的原因。彭刚和苑生龙[33]采用 1985—2011 年中国对外直接投资数据对投资发展路径理论进行了检验，发现中国的对外直接投资处于投资发展路径理论所提出的第二和第三阶段的过渡期，中国的对外直接投资在人均水平上已经超过自身的经济发展水平。裴长洪和郑文[19]进一步提出，除了母国人均收入，母国服务业的发展水平也是进行对外直接投资的重要起步条件，一国对外直接投资的开展和规模扩大，都需要服务业与之配套同步提升。李洪亚[34]则指出国内产业结构变动是推动中国企业对外直接投资的重要因素，产业结构升级所带来的产业结构合理化和高级化推动了对外直接投资结构的变动，最终促进了我国对外直接投资的扩张。

刘莉亚、何彦林和杨金强[35]从宏观角度考察了一国的整体生产率水平对国内并购和跨境并购的影响，发现一国总体生产率的提高对国内并购和跨境并购都有显著的正向作用，跨境并购受到国内劳动力成本、资金成本和市场规模的影响，国内股市的上涨对企业海外并购也有明显的促进作用。

冀相豹和王大莉[36]研究了金融错配和政府补贴对企业对外直接投资的影响，发现金融错配抑制了企业的对外直接投资，政府补贴则在一定程度上减弱了这种负面作用。王亚星和李敏瑞[37]也发现金融错配所带来的资本扭曲会对对外直接投资企业带来更高的生产率要求，倒逼企业提高生产率，进而以此为中介提升企业对外直接投资的可能性。姜广省和李维安[38]则详细研究了政府干预对企业对外直接投资的影响，发现政府干预对企业对外直接投资的概率和数量都有负面作用，但是会提升企业的对外直接投资绩效。对于营销资源丰富的企业，政府干预促进了企业的对外直接投资，而对于技术资源丰富的企业，政府干预则抑制了企业的对外直接投资。

刘凯和伍亭[39]研究了实际汇率和汇率波动性对中国企业对外直接投资的长期和短期影响，发现人民币实际汇率水平的上升只在长期对企业对外直接投资有影响，但是在短期内的作用并不显著，而汇率的波动程度则对对外直接投资始终具有抑制作用。田巍和余淼杰[40]则进一步研究了汇率对于生产性投资和贸易服务型投资的不同影响，发现实际汇率上升时，服务贸易型投资的概率上升高于生产性投资。但孙文莉、余靖雯和伍晓光[41]基于“货币—汇率—反倾销—对外直接投资”的机制的研究却发现本国汇率波动性的增加，将显著推动中国企业的对外直接投资意愿，而外国货币波动性的增加，则会降低中国企业的对外直接投资意愿。

(3)东道国因素

东道国的区位分布、经济发展状况、资源禀赋和制度质量是影响中国企业对外直接投资选址的重要原因。

引力模型认为两国之间的投资流量与两国的经济发展水平成正比，而与距离成反比。Buckley等[42]对中国对外直接投资的数据分析表明，中国的对外直接投资与东道国市场规模明显正相关，东道国的市场规模的大小决定着对外直接投资后规模经济和范围经济的潜力，对企业的投资决策具有重要的作用。程惠芳和阮翔[43]的研究也发现，中国的对外直接投资与东道国的市场规模、人均收入水平和双边贸易额都显著正相关。杨娇辉、王伟和谭娜[44]还发现中国的对外直接投资仍然遵循新古典投资理论的预测，资本应当由资本密集度高、投资收益率较低的地区流向资本密集度低但投资收益率较高的地区，因而中国的对外直接投资与东道国的资本密集度呈现负相关的关系。邱立成、刘奎宁和王自锋[45]则关注到东道国城镇化对中国对外直接投资的影响，发现东道国城镇化水平负向影响中国的对外直接投资，而东道国城镇化速度则与中国对外直接投资正向相关。

Cheung和Qian[46]、Yao等[47]均发现中国的对外直接投资具有明显的资源寻求的动机，面对国际能源价格的剧烈波动，对于处在工业化过程中同时面临相对的自然资源稀缺的中国而言，自然资源类的海外投资是一个重要的投资方向。王永钦、杜巨澜和王凯[48]的研究发现，东道国的自然资源储量对中国企业的对外直接投资选址具有显著的正向作用。

东道国制度质量对中国对外直接投资的影响也是学术界争论较多的领域。Buckly等[42]提出中国的对外直接投资具有偏好制度风险的特征，Kolstad和Wiig[49]也发现中国的对外直接投资更加青睐自然资源丰富但是制度质量较差的国家。但是，蒋冠宏和蒋殿春[50]以及杨娇辉、王伟和谭娜[44]则发现，中国的对外直接投资并不是真正偏向制度质量较差的地区，在限定了东道国的经济发展水平和资源丰腴程度的影响后，中国对外直接投资其实具有显著的风险规避特征，制度质量越差，对中国企业投资的抑制作用越大，但是高制度质量对中国对外直接投资的作用却相对有限。

(4)双边关系

首先，从经济关系上看，宗芳宇、路江涌和武常岐[51]指出双边投资协定作为联系两国的双边制度安排，能够显著促进中国企业到缔约国进行对外直接投资。一方面，双边投资协定能够在一定程度上弥补东道国制度的不足，对企业在制度环境较差的缔约国的投资促进作用更多；另一方面，双边投资协定还能弥补母国制度的非平衡性，对非国有企业在缔约国投资的促进作用更大。

其次，从政治关系上看，杨连星、刘晓光和张杰[52]则发现中国与东道国的友好政治关系促进了企业的对外直接投资，对投资规模、投资广度和投资的成功率均有正向的影响。特别是领导人的高层互访，对企业的投资规模和投资广度的促进作用最大，而友好城市关系的缔结有助于提高企业对外直接投资的成功率。郭烨和许陈生[53]进一步考察了访问形式和访问身份的影响，发现正式出访的作用最大，其次是来访，双方领导人的工作会晤对投资没有明显的促进作用；国家主席和国家总理的作用也有所差异，两者的出访都对投资增长具有促进作用，两者的双边会晤对投资增长的作用均不显著，但是在接待来访的影响上不同。

最后，从文化关系上看，谢孟军、汪同三和崔日明[54]发现中国的文化输出能够显著促进企业的对外直接投资，以孔子学院为代表的文化输出项目降低了文化交易成本和文化壁垒对资本国际流动的阻碍作用。孔子学院在亚洲和非洲的投资促进作用高于在美洲和大洋洲的投资促进作用；在发展中国家的促进作用也大于在发达国家的作用，这表明相对于西方发达国家的主流文化，我国的文化还处于劣势地位，因而推广的难度较大，最终对投资的促进作用也相对较弱。谷媛媛和邱斌[55]考察了来华留学教育对中国对外直接投资的影响，发现来华留学教育能够明显推动中国在当地的对外直接投资，但是这种作用会随着来华留学规模和两国的地理距离的远近而发生变化，奖学金等优惠政策也会扭曲来华留学教育对对外直接投资的促进作用。

3)中国企业对外直接投资的后果研究

对中国企业对外直接投资后果和绩效的研究，主要从微观角度研究对外直接投资对企业的影响，从宏观角度研究对外直接投资对国内经济和产业结构的影响。

(1)微观影响

就对外直接投资的市场绩效而言，顾露露和 Reed[56]采用事件研究法评估了中国企业海外并购的长短期绩效，研究发现中国企业海外并购的短期市场绩效显著为正，长期市场绩效非负，表明中国企业的海外并购获得了市场的正面评价。邵新建等[57]进一步发现国有企业发起的、以战略资源为目标的海外投资的市场绩效更好。王凤彬和杨阳[58]则区分了不同类型的对外直接投资的绩效差异，提出利用型的对外直接投资具有短期绩效的优势，而探索型的对外直接投资具有长期绩效的相对优势。

就对外直接投资的生产率效应而言，蒋冠宏和蒋殿春[59]采用倾向得分匹配和倍差法对中国工业企业对外直接投资后的生产率变化进行了研究，发现对外直接投资能够提高企业的生产率水平，但是这种促进作用会随时间推移逐步衰减。张海波[60]从投资广度和投资深度的视角，考察了对外直接投资对企业生产率的影响，发现企业投资的区域越广泛，企业生产率的提升效果越好，而投资的深度对生产率的提升则没有显著的影响。

就对外直接投资的"出口效应"而言，蒋冠宏和蒋殿春[61]发现企业的对外直接投资提升了企业的出口水平，特别是对商贸服务类的投资和投资到高收入国家的投资，对出口的作用最大。对外直接投资对企业出口的影响，不仅促进了出口的深度边际，也促进了企业出口的地域广度。顾雪松、韩立岩和周伊敏[62]进一步探讨了母国与东道国的产业结构差异如何影响对外直接投资的"出口效应"，发现母国与东道国之间的产业结构差异越大，对外直接投资对出口的促进作用就越大。毛其淋和许家云[63]则考察了对外直接投资对企业加成率的影响，认为对外直接投资通过促进企业产品创新和降低企业边际生产成本提高了企业的加成率。

(2)宏观影响

对外直接投资不仅能够在企业层面促进生产率的提升和企业竞争力的增强，同时能够在行业和总体经济层面对产业结构调整和经济结构带来影响。潘雄锋、闫窈博和王冠[64]提出对外直接投资不仅对经济增长具有直接的促进作用，还能够通过逆向技术溢出效应和竞争效应间接促进经济增长。贾妮莎和申晨[65]发现中国企业的对外直接投资促进了产业结构的升级。刘海云和喻蕾[66]则认为制造业企业对外直接投资的过快扩张挤出了国内投资，推升了实际利率的上升，使得资本向外转移和向虚拟经济转移，最终造成制造业"空心化"的发生。杨连星和罗玉辉[67]从理论和实证上分析了对外直接投资对中国全球价值链位置的影响，发现对外直接投资促进了全球价值链的嵌入程度，提升了中国企业在全球价值链的位置。白俊红和刘宇英[68]考察了对外直接投资对资源错配的影响，发现对外直接投资显著地改善了国内的资本错配和劳动力错配程度，但是对外直接投资对资源错配的影响存在地区差异。

2.2　产业结构升级的研究概述

库兹涅茨[69]认为产业结构变迁相伴于经济增长，是经济发展过程中的客观规律，经济发展过程中会出现第一产业比重逐步下降、第三产业比重逐步上升、第二产业比重先上升后下降的"库兹涅茨事实"。改革开放 40 多年来，我国经济在总量增长的同时，也发生着产业结构比例的调整，顺应了这一规律。目前，中央政府也频繁强调通过供给侧改革推动产业结构升级，促进经济高质量增长。本节将从微观和宏观两个层面，梳理归纳产业结构升级的内涵和驱动因素，为后文研究对外直接投资对产业结构升级的作用进行理论铺垫。

2.2.1　产业结构升级的内涵

产业结构升级的概念最早可以追溯到 Rostow[70] 的经济成长起飞理论。该理论认为一国经济的发展过程中将先后经历传统社会、准备起飞、起飞、成熟、大众消费和超越大众消费这六个阶段，在此过程中，一国应当选择扩散效应较强的产业部门作为主导产业，从而带动和促进其他相关产业的发展。产业结构升级就是指产业结构从较低级别形态向较高级别形态不断转化的演进过程。梳理现有文献对产业结构升级内涵的界定，可以将其主要归纳为两个层面：第一个层面主要从微观企业的角度出发，考察企业生产率的变动以及企业在产业链中的位置变化；第二个层面则是从宏观经济的角度出发，研究微观企业加总得到的行业构成的结构和比例的变动。

1）产业结构升级的微观基础

企业是经济增长的微观基础单元，没有企业层面的绩效提升，国家经济发展方式就无法实现根本性的转变（赵昌文和许召元）[71]。产业结构升级在微观层面体现为技术进步和创新所带来的企业生产率提升和附加值的增加。企业层面的升级则是指企业凭借自身技术优势或市场优势提高竞争能力，获取更大的市场份额（Poon）[72]。从企业绩效提升的角度看，其主要包含两个方面的内容：一是企业经营范围的跨行业、跨领域升级转型，例如生产加工类的企业进入技术研发和服务集成等新行业（刘明宇和芮明杰）[73]；二是企业组织管理层面的升级，例如企业为了适应外部竞争环境，在组织架构和公司治理机制等方面进行优化升级，提升内部运行效率（宣烨、孔群喜和李思慧）[74]。Baumol[75]提出如果不同产业部门所生产的产品存在一定的互补性，那么技术进步较快的部门，由于生产率水平更高，单位产品的生产成本较低，因此该产品的市场价格相对较低，将推动劳动力转移到其他的产业部门中去（Ngai，Pissarides）[76]。Acemoglu 和 Guerrieri[77]则进一步提出即使各产业中的技术进步速度相同，只要不同产业部门使用的要素密集程度有差异，部门间产品的相对价格也会发生改变，由此带来要素在产业间进行转移，从而实现产业结构升级。Porter[78]也指出，产业结构升级是通过产业间的要素流动，使资本和技术密集型产业不断获得要素流入从而发展壮大的过程。

Gereffi 和 Tam[79]则从企业的价值创造的视角出发，将产业升级定义为企业价值链的提升。他们认为产业结构升级就是企业向高利润或高资本、技术密集型实体转变的过程，以及在贸易和产品网络中所处地位的改变。产业结构升级的实质是企业产品附加值和加成率的提升，而基础是企业生产率的提升。Humphrey 和 Schmitz[80]提出企业层面的产业升级包括流程升级（流程重组优化提高生产效率）、产品升级（产品附加值的提升）、功能升级（生产环节的提升）和部门间升级（从供应链中获得知识溢出）。葛顺奇和罗伟[81]从全球价值链的角度，以企业参与全球分工的工序构成来度量产业结构升级，认为单纯以高资本、高技术产业占比等产出指标构成来衡量我国产业结构并不合理，因为发达国家高资本、高技术产业在向我国投资时，并未转移整条价值链，只是转移了部分加工工序，因而应该以工序构成替代产出构成，来衡量我国产业结构。刘明宇和芮明杰[73]则分析了华为集团基于国际分工形成新比较优势，通过价值网络重构实现产业结构升级的案例，对全球价值链下企业的升级策略进行了详细的分析和研究。

2）产业结构升级的宏观表现

Fisher[82]依据社会生产活动的发展次序和对劳动对象进行加工处理的工序，最早将国民经济部门划分为三大产业，形成了第一产业（农业）、第二产业（制造业）和第三产业（服务业）的基本框架，并被各国沿用至今。Kuznets[83]则在此基础上，明确提出了农业、工业和服务业的产业划分。2003年国家统计局印发了《三次产业划分规定》（国统字〔2003〕14号），明确规定：第一产业包括农、林、牧、渔业；第二产业包括采矿业，制造业，电力，燃气及水的生产和供应业，建筑业；第三产业则是指除第一、二产业以外的其他行业。2013年，国家统计局根据2011年新颁布的《国民经济行业分类》（GB/T 4574—2011），对三次产业划分进行了修订。主要是将国民经济行业A门类中的“05 农、林、牧、渔服务业”、B门类“采矿业”中的“11 开采辅助活动”，C门类“制造业”中的“43 金属制品、机械和设备修理业”三类调整进入第三产业，明确第三产业即为服务业①。至此，我国第一产业包含4个大类，第二产业包含2个门类36个大类，第三产业则包含15个门类3个大类。2018年，国家统计局根据2017年更新的《国民经济行业分类》（GB/T 4574—2017），将第二产业和第三产业内部部分行业的名称和类别做了相应的调整，由此构成了我国现行的三次产业划分标准②。

在这样的划分方式下，产业结构升级被定义为重点产业由低向高依次转移，也就是说产业结构的重心由第一产业逐步向第二产业、第三产业进行演进。著名的配第-克拉克定理就揭示了经济发展过程中劳动力在三次产业中的转移规律：随着人均收入水平的上升，劳动力将首先从第一产业向第二产业进行转移，进而由第二产业向第三产业转移。库兹涅茨[69]则进一步提出，产业结构变迁相伴于经济增长是经济发展过程中的客观规律，经济发展过程中会出现第一产业比重逐步下降、第三产业比重逐步上升、第二产业比重先上升后下降的“库兹涅茨事实”。因此，采用三次产业之间的比重关系的变化来衡量产业结构升级，就成为现有研究中最主要的定义方式。

---

① 国家统计局．三次产业划分规定[A/OL]．(2013-01-04)[2019-10-20]．http://www.stats.gov.cn/tjsj/tjbz/201301/t20130114_8675.html.

② 国家统计局关于修订《三次产业划分规定(2012)》的通知[A/OL]．(2018-03-27)[2019-10-20]．http://www.stats.gov.cn/tjsj/tjbz/201804/t20180402_1591379.html.

除了从三次产业的构成关系的变动来定义宏观层面的产业结构升级，也有研究从要素密集度的视角认为产业结构升级就是产业结构从劳动密集型的产业为主向资本密集、技术密集和知识密集型产业为主的结构进行变化的过程。林毅夫和李永军[84]指出要素结构的变化内生决定产业结构升级的方向。波特[85]基于国家竞争优势的分析框架，提出了初级要素与高级要素的分类。劳动为初级要素，而技术、物质资本和人力资本等则被定义为高级要素，初级要素对竞争优势的作用将随着发展过程的推移越来越小，而高级要素的作用则将越来越大，因此国家经济发展和竞争力提升的过程就是高级要素在要素结构中所占比重逐步增加的过程。

从以上文献的梳理中可以归纳得出，对产业结构升级内涵的学术研究主要包含两个方面：第一是微观层面上以技术创新和技术进步所引起的企业的生产率提升和产品附加值的提高所带来的产业内部的升级运动；第二是宏观层面上生产要素顺次转移所引起的三次产业比重关系和产业要素密集度变动所带来的产业结构的高级化和合理化的过程。

2.2.2 产业结构升级的驱动因素

产业升级是中国经济发展的必由之路，也是中国目前面临的重大挑战。对世界经济史的考察可以发现，发达国家自工业革命后至20世纪40年代，基本完成了第一产业向第二产业的转移，之后到20世纪90年代，进一步完成了向第三产业的转移。与此同时，发达国家相继爆发了第一、二、三次科技革命，依靠科技革命所带来的生产率提升，发达国家实现了产业结构的转型升级。20世纪40年代以后，发展中国家也开始了产业结构升级的道路，但以中国为代表的发展中国家经济的迅猛发展仍然主要依赖于要素的巨大动员与投入能力(徐康宁和冯伟)[86]。伴随着要素价格的攀升与资源环境约束收紧，原有的要素驱动和投资驱动的生产方式难以为继，产能过剩、环境污染、资源配置扭曲等问题的出现，促使学术界开始思索我国产业结构升级的动力和路径。

1)比较优势论

关于产业升级的路径选择一直存在两种观点。一种观点以林毅夫[87]的新结构经济学为代表，认为后发国家之所以能够取得较快的经济增长，是因为推行了遵循比较优势的产业政策，地区最优产业结构内生于比较优势，政府应当科学甄别出本地的比较优势，因势利导地出台产业政策，减少资源配置的扭曲。杨亚平和周泳宏[88]提出要素成本变动带来的比较优势的动态变化，促使资本在区域和产业间进行流动，从东向西的产业转移和区域内的结构升级，推动了全国层面的产业结构升级。代谦和别朝霞[89]则基于动态比较优势模型研究了发展中国家的产业结构升级，他们认为人力资本积累是动态比较优势的核心，人力资本的外部性能够降低生产成本，提高研发效率，人力资本水平的不断提高使得发展中国家能够不断进入更高级别的行业，从而实现产业结构升级和经济的持续增长。

另一种观点则强调后发国家的产业结构升级，应当允许在一定程度上偏离比较优势，通过积极推动新兴产业的成长，实现跨越式发展(Chang)[90]。杨汝岱和姚洋[91]的研究表明在一定范围内偏离比较优势的有限赶超战略能够帮助发展中国家实现更快的经济增长，但是国家长期的产业和贸易结构最终仍然收敛于比较优势。邓向荣和曹红[92]基于产品空间结构模型测算了中国 1962—2014 年的产业结构升级路径，也表明中国产业升级具有适度偏离比较优势的特征，赶超式发展所带来的生产能力的累积是促进经济跨越式发展的重要原因，而劳动密集型产业的退出障碍则阻碍了配置效率的提升。

2)政策推动论

金碚、吕铁和邓洲[93]认为中国工业已经进入必须依靠结构转型升级推动发展的新阶段，而完善的产业政策对中国工业的升级具有明确的引导和推动作用。孙早和席建成[94]的研究认为中央政府出台产业政策能够在一定程度上促进地区的产业升级，但是受到地方政府短期经济增长动机的干扰。韩永辉、黄亮雄和王贤彬[95]则发现以地方性法规和地方政府规章为代表的地方性产业政策促进了当地产业结构的合理化和高级化，促进作用与地方市场化程度和地方政府能力高度相关。安苑和王珺[96]基于中国式分权的历史背景，研究了地方政府的财政行为对产业结构升级的影响，发现地方财政行为的波动抑制了产业结构升级，对于技术复杂度越高的产业，抑制作用越大；行政管理支出波动的影响作用比基本建设支出和教科文卫支出的影响作用更大。宋凌云、王贤彬和徐现祥[97]则发现地方官员对地区产业结构升级具有引领作用，引领效果与官员的政治激励正相关。宋凌云和王贤彬[98]还采用工业企业数据库加总到四位码行业的行业面板数据，研究了政府补贴对产业结构调整的影响，发现政府补贴对产业结构变动只存在短期促进作用，行业的外部融资依赖度、资本密集度和国有化程度正向影响政府补贴对产业结构调整的作用。洪俊杰、刘志强和黄薇[99]则重点关注西部大开发、东北振兴、中部崛起等区域振兴战略对目标地区产业结构升级的影响，发现西部大开发战略促进了西部地区资源密集型产业的发展，中部振兴战略促进了中部地区承接东部地区的产业转移，而东北振兴战略则作用较弱。

3)对外开放论

金京、戴翔和张二震[100]认为全球要素分工深入演进所表现出的趋势特征与中国产业发展的升级方向具有高度的一致性，融入全球要素分工为促进产业结构升级带来了新的战略机遇。章潇萌和杨宇菲[101]则基于两国-三部门模型框架，使用中美两国的数据进行模拟，研究了对外开放对我国产业结构变动的影响，发现对外开放是造成我国制造业占比迅速增加并持续偏高的重要原因,但是对外开放抑制了我国服务业的发展。从时间趋势看,对外开放对我国产业结构升级的作用逐渐减弱,产业结构的调整仍应立足内需。刘明宇和芮明杰[73]研究了国际分工下发展中国家陷入价值链低端的瀑布效应的形成原因和后果,提出发展中国家要突破瀑布效应实现产业结构升级,应该通过产业链、价值链和供应链的重构,形成自主发展型的价值网络,实现产业结构的优化。此外,已有大量研究发现对外贸易对我国产业结构升级带来了积极的作用(唐东波;毛其淋和许家云)[102,63],同时,外资进入和中国的对外直接投资对产业结构升级的作用也越来越受到学术界的重视(江小娟;潘素昆和袁然)[103-104]。

4)技术推动论

何德旭和姚战琪[105]认为中国产业结构调整要以高新技术产业为驱动力,以现代服务业和制造业为车轮,以此带动产业结构的整体性升级。黄茂兴和李军军[106]通过构建技术选择、产业结构升级与经济增长的关系模型,分析了技术选择、产业结构升级与促进经济增长之间的内在关系,认为通过技术选择和合理的资本深化,能够促进产业结构升级。姜红和陆晓芳[107]也指出创新是推动产业结构升级的核心力量,但是不同产业在产业集群创新中具有不同的地位与作用,因此需要基于产业的创新能力,对产业进行分类选择,从而制定出科学合理的产业政策。付宏、毛蕴诗和宋来胜[108]利用 2000—2011 年中国 31 个省区市的面板数据,实证检验了创新对产业结构高级化进程的影响,发现创新对产业结构高级化进程具有持续的促进作用。

2.2.3 产业结构升级的衡量

根据前文对产业结构升级内涵的综述,产业结构升级具有微观层面和宏观层面的两层含义。因此,对产业结构升级的衡量也主要从这两个角度分别进行展开。

1)微观层面的衡量方法

站在微观视角上衡量产业结构升级,主要是从企业或者行业的生产角度出发,通过测算其生产率、要素密集度、附加值、加成率等指标来反映产业结构升级。

企业的生产率是衡量投入产出之间比例关系的重要指标。早期的研究主要关注劳动生产率的变化,通过衡量单位劳动力在一定时间内的产出来衡量企业生产水平的高低。伴随着对技术、管理等资本和劳动以外的因素的重视,全要素生产率逐步成为衡量企业生产率水平的最主要指标(杨汝岱)[109]。全要素生产率为总产出中不能被要素投入所解释的剩余,一方面反映了各种投入要素转化为最终产品的总体效率,另一方面也体现了技术进步、管理技能以及制度环境等因素对产出的影响(鲁晓东和连玉君)[110]。王昀和孙晓华[111]采用企业绿色生产率的提升来衡量产业结构升级，研究了政府补贴促进工业产业结构升级的作用机理。

邬义钧[112]从产业附加值的角度来度量产业结构升级，认为可以使用附加值溢出量来度量产业结构升级。附加值的增加体现产品加工度的提升、投入要素中科技含量的提高和劳动者素质的提高。市场势力的提升也是企业层面产业升级的重要体现，而加成率就是反映企业市场势力和定价能力的重要指标。毛其淋和许家云[63]以及诸竹君、黄先海和宋学印[113]用加成率来度量企业竞争能力的提升，而刘斌、王杰和魏倩[114]则是从“分工位置”和产品技术复杂度来度量企业的价值链升级和产品升级。葛顺奇和罗伟[81]则是基于价值链工序构成的视角，采用企业的增加值率和要素密集度的变动情况来衡量企业层面产业结构升级。

2)宏观层面的衡量方法

早期国外学者主要采用配第-克拉克定理所提出的非农业产值比重、霍夫曼系数提出的消费品与资本品的比例关系、钱纳里标准结构模型等方法计算产业结构，并同经验阈值相比较来测度产业结构升级的水平，但是这些方法所产生的时代背景与我国当前的经济发展阶段存在较大差异，要求使用连续观测时间长、统计口径一致的高质量数据，因而在我国很难适用。目前，国内学术界对产业结构升级水平的测度方法主要有以下几类：

(1)产业结构层次系数

配第-克拉克定理认为经济发展过程中的产业结构变动将经历由低级向高级逐步转变的过程，劳动力不断从低级产业向高级产业转移的过程就是产业结构升级的标志(石涛和张磊)[115]。因此，很多研究使用第二产业增加值占比、第二产业和第三产业累积增加值占比来衡量产业结构的水平(赵伟和江东[116]；王滢淇和阚大学[117])；也有学者对不同产业赋予不同的权重，计算加权的产业结构层次系数，例如陈建奇[118]、茶洪旺和左鹏飞[119]分别对第一产业、第二产业、第三产业的产值占比赋以 1、2、3 的权重，加权计算综合的产业结构层次系数。

(2)产业结构高级化指数

刘伟、张辉和黄泽华[120]提出产业结构的演进不仅包括产业间定向的、有规律的份额变动，而且还应包括各个产业劳动生产率的提升。产业结构高级化表现为不同产业的份额和比例的变化，但实质是劳动生产率的水平，一个经济体的产业结构高度越高，表明这个高劳动生产率的产业所占的份额越大。基于这样的思想，他们将产业结构的高级化指数定义为产业份额和劳动生产率乘积的加权。

(3)产业结构合理化指数

周振华[121]认为产业结构的优化不仅指产业结构的高级化，还应考虑产业结构的合理化水平。合理化一方面指产业间比例关系的均衡和协调程度，另一方面还指产出结构与要素投入结构之间的耦合程度关系。干春晖、郑若谷和余典范[122]，戴魁早[123]，韩永辉、黄亮雄和王贤彬[95]都采用基于份额偏离的思想构造不同的指标来衡量产业结构的合理化程度。

2.3 对外直接投资对产业结构升级影响的研究概述

2.3.1 对外直接投资对产业结构升级影响的理论发展

1)基于国际投资理论的研究

从现有的国际投资理论的发展来看，多数理论都集中于对对外直接投资的动机和产生机理进行研究，例如 Hymer 提出的垄断优势理论认为企业对外直接投资的原因在于企业在技术、管理、资金、信息等方面具有的特定优势能够在不完全竞争的市场上通过向外转移而获取利润，Dunning[15] 的国际生产折衷理论则认为光有所有权优势还不够，企业还需要同时具备内部化优势和区位优势才能进行对外直接投资。也有部分理论对对外直接投资与投资国的产业结构之间的关系进行了论述，其中比较明确提到了对外直接投资与产业结构相互作用关系的理论主要有以下一些：

(1)内部化理论与产业结构升级

Buckley 和 Casson 提出的内部化理论将对外直接投资的产生动机解释为企业为了克服市场交易成本和避免技术和管理知识外溢，采用对外直接投资的方式将跨国生产流程内部化。企业通过对外直接投资的内部化行为不仅节约了市场交易时由于信息不对称和市场摩擦所带来的交易费用，降低了企业的生产成本，提高了企业的市场竞争力，也使得企业的核心技术和管理经验在内部进行不断的传递和再创造，最终促进企业管理效率和技术水平的提升。Rugman[124] 也从外部市场可能存在失灵的视角出发，认为企业采用内部化的方式可以避开贸易壁垒、降低交易费用和市场不完全所带来的其他影响。总的来看，企业基于内部化动机的对外直接投资，既有利于企业内部的技术传递和成本降低，也可以促进所在行业和相关上下游行业的技术进步和产业结构升级。

(2)产品生命周期理论与产业结构升级

产品生命周期理论则基于 Vernon 对产品生命周期的划分。Vernon 认为产品从研发到退出市场，需要经过引入、成长、成熟、衰退等时期，对于处在不同生命周期的产品，企业应该采取不同的投资策略。产品生命周期的更迭也预示着企业投资策略的不断变化。企业在产品的成熟期开始进行对外直接投资，这样既扩大了产品的市场范围，增加了企业的利润，又逐步将国内即将消退的产业转移出去，释放国内生产要素，为新技术的研发和新产品的推出储备足够的资源，同时也可以为相关产业的升级和转型提供相关的生产要素。因此，伴随着产品生命周期变化而进行的对外直接投资有助于投资国国内产业结构升级。

(3)技术获取理论与产业结构升级

Cantwell 和 Tolentino[13]将发展中国家的对外直接投资与产业结构升级结合起来,认为发展中国家的产业升级与其不断积累的技术能力有密切关系,而对外直接投资是发展中国家获得技术能力的重要手段。他们认为由于发展中国家有限的资金和技术创新能力,发展中国家无法像发达国家那样依靠大量的研发投入来进行自主的研发行为,而主要通过对外直接投资等方式获取"学习经验",从而实现技术提升和产业升级。他们还进一步分析了发展中国家对外直接投资区位选择的变化特征:初期由于发展中国家自身产业结构发展水平和创新能力的限制,发展中国家首先从产业结构、资源禀赋和社会文化类似的周边国家开始对外直接投资,其次逐步扩展到其他发展中国家,获取与自身发展水平相适应的技术经验,最后伴随着本国工业化水平的提高和吸收能力的增强,对外直接投资的区位选择逐步扩散到发达国家。对外直接投资的目标也不再简单局限于传统产业和初级产品,而开始从事高科技领域的研发和生产活动。技术创新与产业升级理论较为全面地解释了20世纪80年代以来新兴国家对外直接投资迅猛发展的趋势,新兴国家通过投资过程中获取的"学习经验",实现了对现有技术的学习、运用和再开发,并在模仿、改进的过程中积累了自主创新的能力,最终在技术积累和创新能力提升过程中实现了产业的转型升级。

2)基于国际贸易理论的研究

对外直接投资与国际贸易是一国参与全球竞争的最主要的两种方式,二者的关系是国际经济学领域长期关注并争论不断的一个话题。有的学者认为二者是相互替代的,对外直接投资通过生产向外转移替代了出口(Helpman 等;Chang)[27,125];有的学者则认为二者是相互促进的,对外直接投资可以进一步引致出口(Hejazi,Safarian;Kleinert,Toubal)[126-127]。由于国际贸易是影响一国产业结构变迁的重要驱动因素,因此,基于国际贸易理论角度探讨对外直接投资的产业结构升级效应的研究,多数都通过分析对外直接投资与进出口的关系,来研究对外直接投资对产业结构升级的影响和作用。

(1)雁行理论

雁行(flying geese)理论是赤松要(Akamatsu)[128-129]基于国际分工视角所提出的产业转移理论,解释了发展中国家产业的顺序发展。雁行理论认为一个国家的产业发展过程中要先后经历进口、进口替代、出口和再次进口等四个阶段,描绘了产业在不同国家间进行动态转移的雁行模式。这样的动态转移首先从低附加值的消费品产业中开始出现,其次逐步过渡到生产资料的生产部门,最后扩散到整个制造业部门。例如,日本的产业转移先从纺织品工业开始,向外先转移到经济发展较快的“亚洲四小龙”地区(韩国、新加坡、中国台湾、中国香港),然后逐步向中国、印度、越南等发展中国家进行转移(Hiley)[130]。投资国在产业不断向外转移的过程中,实现了自身产业结构的逐步攀升,也促进了整个雁群的共同繁荣,推动了各投资国的产业顺次转型升级。Dowling 和 Ray[1]对 1970—1995 年亚洲国家的比较优势和对外直接投资的关系进行了研究,发现符合比较优势的对外直接投资能够促进产业的转型升级,亚洲各国的产业结构升级的动态变化基本呈现雁行形态。

(2)边际产业转移理论

日本学者小岛清(Kojima)[131]在对日本企业对外直接投资的研究中提出了边际产业转移理论,其核心是对外直接投资可以将国内已经不具有比较优势的产业向外转移,在国外重新获得比较优势,从而实现比较优势的国际延伸。因此,一国的对外直接投资应当遵循“边际产业”的顺序,从已经出现比较劣势的边际产业开始进行对外直接投资,将在本国内已经不具有比较优势或者发展前景的产业向外转移,由于发达国家与发展中国家在发展阶段上存在较大差异,这些发达国家中的“夕阳产业”在发展中国家可能还是“朝阳产业”。因此,发达国家把边际产业转移到发展中国家,既发挥了国内落后产能的剩余价值,为企业扩宽了国际市场,使企业获取丰厚利润,又有利于释放这些产业中所占用的资源和空间,从而积蓄力量发展新的比较优势产业。小岛清对比分析日本和美国的对外直接投资,发现日本的对外直接投资是依据比较优势的变化,以自然资源、纺织、低端制造等劳动密集型产业为主,而美国的对外直接投资则是以美国拥有比较优势的汽车、计算机、化学制品、医药制造等资本和技术密集型的产业为主。虽然美国的投资能够利用海外的成本优势,但是出口替代的生产方式造成了国内产业的空心化,不利于产业结构升级,而日本模式的对外直接投资既能够促进投资国的资源释放,也能促进东道国产业结构逐步升级。因此,小岛清的边际产业转移理论认为各国应当采取“顺贸易导向”的对外直接投资模式,向发展中国家逐步转移比较劣势产业,从而为投资国发展比较优势产业提供生产要素,促进产业结构升级。

(3)动态比较优势理论

小泽辉智(Ozawa)[132]在小岛清的边际产业转移的基础上,提出了动态比较优势理论。他认为一国产业的比较优势不是一成不变的,而是随着时间动态变化的。通过对外直接投资将国内夕阳产业转移到国外,一方面可以凭借国外廉价的劳动力成本和要素成本,继续发挥过剩产能的生产能力,在海外市场赚取利润;另一方面,通过对外直接投资将过剩产业转移到海外,也释放了国内相关产业的生产要素,为新产业的发展提供了重要的资源和发展空间。动态比较优势理论强调对外直接投资模式的选择应当以最大限度发挥本国潜在比较优势为基础,对于经济发展不同阶段和针对不同的产业结构,对外直接投资的模式和策略应当是有所差别的。徐建伟和李金峰[133]则基于中间国家的情景，将产业按比较优势划分为优势领先、优势消退、平行部门、相对优势、劣势部门五种类别，提出了不同类型产业的对外直接投资路径。

2.3.2 对外直接投资对产业结构升级影响的实证研究

1)国外实证研究结果

国外学者对对外直接投资与产业结构升级的实证研究，得到的结论主要分为以下三类：

一是研究发现对外直接投资显著促进了产业结构升级。Hiley[130]、Dowling和Ray[1]等对亚洲多国的研究表明，对外直接投资有助于实现国内不再具有比较优势的产业的边际转移从而继续从海外经营获利的同时，也为国内新兴产业的形成和发展提供了生产要素，推动了国内产业结构的转型升级。Navaretti和Castellani[134]对意大利的研究发现对外直接投资促进了国内生产率的提高和产出的增加，Tang和Altshuler[2]对美国的研究也发现对外直接投资能够通过产业链之间的上下游关联，促进美国国内相关产业的效率提升和技术升级。Padilla-Perez和Nogueira[135]则分析了小型发展中国家对外直接投资对国内产业发展的影响，发现受制于国内市场范围的限制，这些国家的对外直接投资多数都是以市场寻求为导向的，这样的对外直接投资促进了出口增长，有助于国内优势产业的规模增大。

二是研究发现对外直接投资对产业结构升级有负面的影响。Kokko[3]分析了发达国家对外直接投资对本国产业结构的影响，发现对外直接投资对产出和出口的增加仅有微小的作用，但是对国内就业却有较大的负面影响，因此对外直接投资对发达国家的产业结构优化并没有积极的作用。Cowling和Tomlinson[4]等对日本制造业的对外直接投资与国内投资和就业的关系的分析发现，对外直接投资所引起的产业转移，使得国内相关产业的就业人数急剧下降，造成了产业结构的空心化。Vahter和Masso[136]对爱沙尼亚的研究也发现对外直接投资对国内产业并没有带来显著的逆向技术溢出作用。

三是研究发现对外直接投资对产业结构升级的作用并不确定，在不同的东道国、不同的母国特征下，其影响存在差异。Falzoni和Grasseni[137]采用分位数回归的方法对意大利企业的对外直接投资行为进行了研究，发现对外直接投资对企业生产率的影响因企业本来的生产率水平和东道国选择的不同而不同。投资到发展中国家的对外直接投资对国内企业的生产率提高没有作用，而本身生产率水平较高的企业投资到发达国家，最能促进企业生产率的进一步提升。Hsu、Wang和Clegg[138]对中国台湾地区的对外直接投资与本地的产业结构升级的关系研究发现，只有投资到中国大陆的对外直接投资能够促进台湾地区具有比较优势的产业的发展，而投入其他地区的投资对这些产业的发展则没有作用。Hamida[139]发现对外直接投资的逆向技术溢出效应的发挥需要一定的条件，海外研发机构的管理程度、东道国的渗入水平以及海外投资的进入方式选择都影响知识资本向国内有效转移。

2)国内实证研究结果

从影响方向上看，多数研究认为我国的对外直接投资促进了产业结构的转型升级，但是也有部分研究认为我国对外直接投资会造成产业结构空心化，不利于产业结构升级。潘颖和刘辉煌[140]利用1990—2007年我国对外直接投资与产业结构层次系数，采用协整和格兰杰因果检验的方法，发现对外直接投资在短期内并不能促进我国产业结构升级，但是在长期可以通过技术获取、产能转移和资源获取来促进产业结构升级。贾妮莎、韩永辉和邹建华[141]则比较了外商直接投资与对外直接投资对我国产业结构升级的影响，发现短期内，主要是外商直接投资能够促进产业结构升级，而从长期来看，双向FDI对产业结构都有促进作用，对外直接投资对产业结构合理化的作用更显著。刘海云和聂飞[142]发现对外直接投资通过初级产业向外转移和推动制造业的规模提升，促进了我国产业结构升级。汪琦[143]则认为对外直接投资对中国的产业结构升级具有正负两方面的作用：一方面对外直接投资可以通过资源补缺、边际产业转移、新兴产业促进、产业关联等途径带动国内产业结构升级；另一方面对外直接投资加据了国内外的竞争，对本国就业和投资可能带来负面影响。冯春晓[144]也发现制造业的对外直接投资对优化产业结构的作用非常微弱。刘海云和聂飞[145]则认为当前我国制造业对外直接投资的过快增长导致了国内资本存量的降低，推高了实际利率，使得资本出现"离本土化"和"离制造化"，造成了国内制造业的空心化，不利于国内产业结构的转型升级。刘海云和喻蕾[66]也发现，这种空心化作用在对外直接投资规模较大的东部地区更加突出。

从影响作用的行业差异上看，陈琳和朱明端[146]将产业结构升级分解为产业内升级和产业间升级，利用2003—2012年30个省区市面板数据对对外直接投资对产业结构升级的作用进行了检验，发现对外直接投资具有产业间的升级效应，促进了产业结构由第二产业向第三产业转移，但是对外直接投资对第二产业和第三产业内细分行业的人均增加值的影响却不显著，说明对外直接投资的产业内升级作用不存在。贾妮莎和韩永辉[147]则将产业分为劳动密集型和资本密集型，发现劳动密集型行业的对外直接投资显著促进了中国的产业结构升级，但资本密集型行业的对外直接投资对产业升级的作用并不明显，进一步分析这种影响的动态变动可以发现，劳动密集型行业的对外直接投资对产业结构升级的作用呈现递增趋势，而资本密集型行业的对外直接投资对产业结构升级的作用则呈U形特征。李逢春[148]发现制造业对外直接投资对产业升级的促进作用最大，其次是资源类投资，商贸服务业等投资的促进作用较弱，而金融业的对外直接投资对产业升级的作用不明显。You 和 Solomon[149]则发现，国有控制程度不同的行业，对外直接投资对产业发展的作用也不相同。国有控制行业的对外直接投资对国内投资的促进作用更大，其原因在于国有企业的对外直接投资主要在于资源类的投资，对国内投资具有更大的引致作用。

从影响作用的地区差异来看，由于我国经济发展水平的地区差异和对外直接投资分布的不平衡，现有研究也关注到在不同地区的对外直接投资对产业结构升级的作用可能是不同的。王滢淇和阚大学[117]、赵云鹏和叶娇[150]的实证研究都表明对外直接投资对产业结构的促进作用在东部地区比较明显，而在中西部地区则不显著。宋林和谢伟[151]从对外直接投资对国内投资影响的角度考察了对外直接投资对国内产业发展的影响，发现在东部地区对外直接投资对国内投资有显著的促进作用，而在西部地区，对外直接投资挤出了国内投资，金融发展程度和对外开放程度能够减弱对外直接投资对国内投资的挤出作用。李逢春[152]则发现市场化程度显著影响对外直接投资的产业结构效应的发挥，市场化程度越高的地区，对外直接投资对产业结构升级的促进作用越明显。此外，李东坤和邓敏[153]、赵云鹏和叶娇[150]还从空间溢出的角度发现对外直接投资在影响本地区的产业结构升级的同时，对临近地区的产业结构的转型升级也有一定的促进作用。刘海云和聂飞[142]则发现对外直接投资不仅会引起产业向国外转移，同时还会促进国内制造业的省际转移，对外直接投资带来了国内市场的扩张，能够促进制造业向周边市场潜力相近的省份进行资本转移，特别是在东部、中部以及西南地区等经济发展相似度较高的区域，对外直接投资带来的制造业的区域转移更加明显。

从影响作用的动机和区位选择差异来看，潘素昆和袁然[104]基于 2003—2012 年我国对 58 个国家的投资数据发现市场寻求、资源寻求和技术寻求的对外直接投资都能够促进我国的产业结构升级，但是作用大小存在差异，促进作用最大的是技术寻求型的对外直接投资，其次是市场寻求型的对外直接投资，作用最小的是资源寻求型的对外直接投资。Li 等[154]认为中国与投资国之间的技术差距影响了对外直接投资对国内生产率提升的作用效果，当双方技术差距过大时，国内产业并不能从对外直接投资中获得技术溢出。李逢春[152]则利用灰色关联的方法研究了区位选择对中国对外直接投资的产业升级效应的影响，发现投资到亚洲的对外直接投资对产业升级的作用最大，其次是投资到欧洲和北美的对外直接投资，促进作用最小的则是投资到非洲的对外直接投资。刘海云和聂飞[142]按投资目的地将我国的对外直接投资分为顺梯度和逆梯度两种类型，运用 Heckman 选择模型估计了我国对外直接投资对贸易结构的影响，发现顺梯度的对外直接投资导致出口减少、进口增多，而逆梯度的对外直接投资则提升了本国产业的生产率，促进了产品出口。

2.4 本章小结

本章主要对国内外学者对于对外直接投资和产业结构升级的相关研究进行了梳理和总结，对有关经典理论的发展演变规律和实证研究中差异冲突进行了比较和分析，为本书后续的机理分析和实证检验提供了坚实的理论基础和方向指引。从对文献的梳理分析可以发现，现有研究基于国际投资理论和国际贸易理论等视角，对对外直接投资与产业结构升级的作用关系进行了一些理论分析，并基于不同国家的数据进行了一定的经验分析，为后续的研究提供了较好的研究基础和经验借鉴，但是现有研究也存在一些不足和需要拓展的方面。

①从研究视角上看，现有理论分析多数都立足于发达国家的视角，从发达国家凭借垄断优势进行跨国经营（针对美国、欧洲等的研究）和依据比较优势进行边际产业转移（针对日本、韩国等的研究）的角度，分析对外直接投资对国内产业升级的影响，缺乏针对发展中国家，特别是以中国为代表的新兴国家既有“顺向”又有“逆向”的对外直接投资的深入分析。中国这种特殊的对外直接投资模式究竟会对产业结构升级产生怎样的影响，还需要在理论上进行进一步归纳和分析。

②从研究内容上看，虽然已有文献对我国对外直接投资与产业结构升级的关系进行了一定的研究，但是现有研究在内容上也存在一些局限：一是现有研究对产业结构内涵的定义较为单一，衡量方法多数采用三次产业占比等单一标准，没有考虑到产业结构的升级不仅包括产业间构成比例的变化，还包含产业生产率的提升；二是现有文献多数从静态角度来构建实证分析模型，并没有考虑到产业结构升级本身具有的惯性和对外直接投资作用的动态性和滞后性；三是现有文献对于我国不同地区对外直接投资对产业结构升级的作用差异的研究不够，虽然有研究考虑到可能的空间外溢作用，但是在研究过程中也只是简单考虑了空间距离的影响，缺乏从产业结构差异性和经济距离角度来分析空间关联的影响。

③从研究方法上看，现有研究所采用的方法比较简单，对模型的内生性处理较为粗糙。基于微观企业数据的研究往往只是将企业对外直接投资行为作为虚拟变量引入，并没有考虑企业的“自选择”对结果的影响，估计得到的结果可能是有偏的；基于宏观数据的研究在早期很多采用了时间序列、灰色关联和格兰杰因果检验等粗糙方法，并不能真正反映对外直接投资对产业结构的“净影响”，近期已有研究采用动态面板和空间面板数据来进行实证研究，但是在遗漏变量偏误控制和内生性处理方面较为粗糙，也缺乏规范严谨的稳健性检验。

第3章 “一带一路”倡议下我国西部地区对外直接投资潜力分析

3.1 我国西部地区对外直接投资的发展现状分析

随着“一带一路”倡议的逐步实施，我国对外直接投资的主体正在逐步发生变化，地方企业越来越多地参与到对外直接投资的行列中。因此，本节将对我国对外直接投资的区域分布和各区域发展演变特征进行描述分析。

3.1.1 我国对外直接投资的总体变动特征

1)规模特征

图 3-1 给出了我国分地区的对外直接投资存量的变动情况。其中，(a)图中纵坐标为各地区的对外直接投资存量的绝对金额，而(b)图中纵坐标则是各地区对外直接投资存量所占比重。(a)图反映了我国分地区对外直接投资发展的总趋

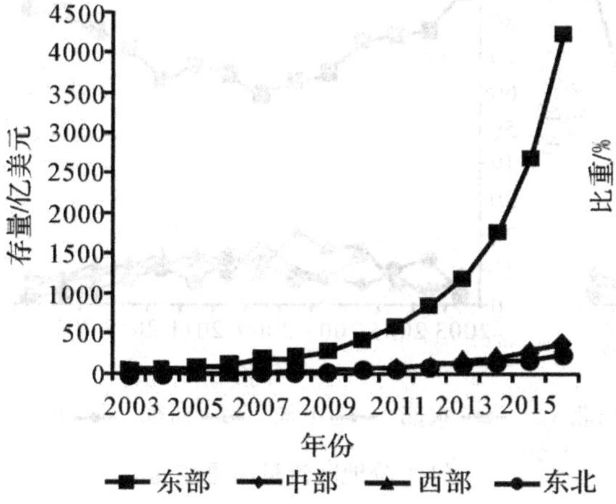

(a) 分地区存量金额变动图

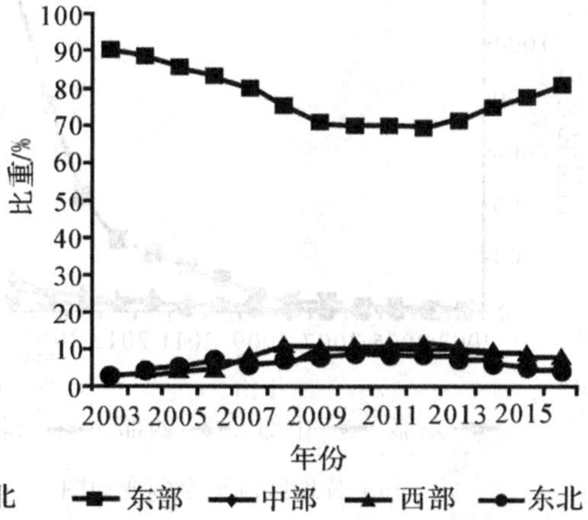

(b) 分地区存量比重变动图

图 3-1 我国对外直接投资存量分区域变动情况

势，(b)图则进一步反映了总趋势背后的分化特征。具体而言，从(a)图可以看出，我国各地区的对外直接投资都呈现出增长趋势，且上升幅度在 2013 年后迅速增大。东部地区的对外直接投资在存量规模和增长速度上都显著高于其他地区，中部地区、西部地区和东北地区的对外直接投资存量很低，中部地区和西部地区的对外直接投资存量相差不大。从(b)图来看，虽然东部地区的对外直接投资存量规模远远大于其他地区，但是 2003—2010 年，东部地区的对外直接投资存量占比出现了一定程度的下降，比重从 90%以上下降到了不足 70%，但是在 2012 年之后，比重又开始回升，逐步达到 80%左右。

图 3-2 则描绘了我国分地区的对外直接投资流量变动图。其整体趋势同图 3-1 所反映的情况类似，东部地区对外直接投资流量的绝对规模和增长速度都快于其他地区，2003—2009 年，东部地区的对外直接投资流量占比呈现逐年下降的趋势，但是同时期，西部地区的对外直接投资流量迅速增加，2009 年东部地区的对外直接投资流量占比下降到 59.33%，而西部地区的对外直接投资流量占比在 2008 年一度达到了 21.2%。需要注意的是，对外直接投资流量的变动容易受到个别大额投资事件的影响，变动并不必然具有规律性。但是，总的来看，无论是存量的变动趋势还是流量的波动特征，都反映了我国对外直接投资在区域分布上的严重不均衡，东部地区较好的经济发展基础和沿海条件，使得东部地区企业在走出去时具有更好的资源优势和区位优势。

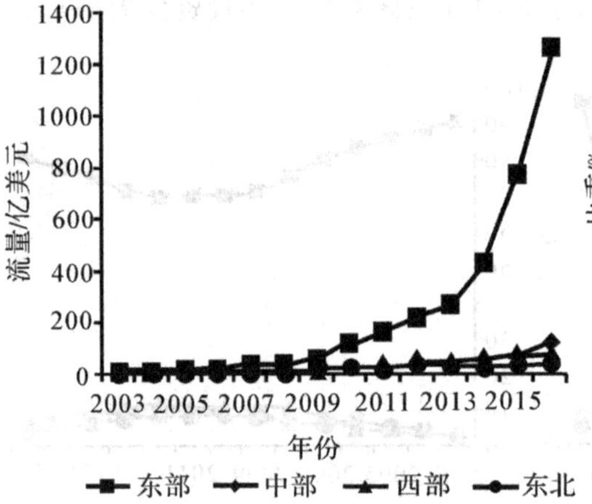

(a) 分地区流量金额变动图

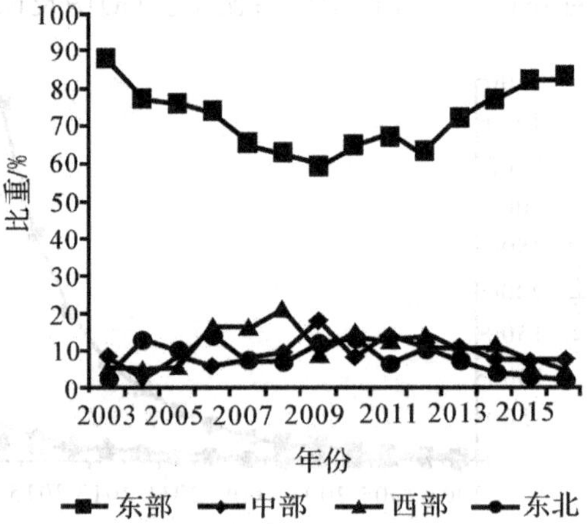

(b) 分地区流量比重变动图

图 3-2 我国对外直接投资流量的分区域变动图

2)区位特征

由于我国并没有分省份公布对外直接投资的区位分布和行业分布，因此笔者采用全国的投资数据近似地观察对外直接投资的区位分布特征。表3-1列示了2016年我国对外直接投资的区位分布情况。首先，从地理位置的分布来看，亚洲是我国对外直接投资的主要区域，无论是从流量还是从存量来衡量，占比都超过了60%，地理距离的相近性和文化制度等方面的相似性，使得我国企业在亚洲的投资更加容易；拉丁美洲是我国第二大投资目的地，2016年有272.3亿美元的投资进入拉丁美洲，反映了我国对外直接投资具有较强的资源获取动机；北美洲和欧洲也是近年来我国对外直接投资增长速度最快的地区，特别是2008年金融危机后，大量中国企业进入欧美发达国家“抄底”，收购技术、品牌等战略资产；我国在大洋洲和非洲的投资占比较低，主要都是资源和能源类的投资，资产总量仅占我国海外资

表3-1 2016年我国对外直接投资的区位分布

地区	流量		存量	
	金额/亿美元	比重/%	金额/亿美元	比重/%
大洲分布				
亚洲	1302.7	66.4	9094.5	67
拉丁美洲	272.3	13.9	2071.5	15.3
北美洲	203.5	10.4	754.7	5.6
欧洲	106.9	5.4	872	6.4
大洋洲	52.1	2.7	382.4	2.8
非洲	24.0	1.2	398.8	2.9
经济发展水平分布				
发展中经济体	1457.5	74	11426.2	84.2
转型经济体	135.6	7	233.8	1.7
发达经济体	368.4	19	1913.9	14.1
是否“一带一路”沿线国家和地区				
“一带一路”沿线	153.4	7.8	1294.1	9.5
非“一带一路”沿线	1808.1	92.2	12279.8	90.5
合计	1961.5	100	13573.9	100

注：统计口径为全行业对外直接投资。根据《2016年度中国对外直接投资统计公报》划分，转型经济体包括阿尔巴尼亚、波黑、塞尔维亚、黑山、马其顿、亚美尼亚、阿塞拜疆、白俄罗斯、吉尔吉斯斯坦、摩尔多瓦、俄罗斯、乌克兰、塔吉克斯坦、哈萨克斯坦、土库曼斯坦、乌兹别克斯坦、格鲁吉亚。

数据来源：作者根据《2016年度中国对外直接投资统计公报》整理。

产的2.9%。其次,从投资东道国(地区)的经济发展水平来看,2016年我国74%的对外直接投资都投入了发展中经济体,发展中经济体累计投资存量占我国海外资产存量的84.2%;投资到发达经济体的投资增长迅速,但存量相对于发展中经济体而言,还存在较大的差距;此外,还有7%的海外投资投入以独联体国家为代表的转型经济体,其中,俄罗斯和哈萨克斯坦、乌兹别克斯坦是主要投资目标。最后,从是否是"一带一路"沿线国家和地区来看,中国的对外直接投资90%以上都投入非"一带一路"沿线国家和地区,但是随着"一带一路"倡议的提出以及各国的积极响应和共同推进,我国在"一带一路"沿线的投资正迅猛发展。

除了按大洲分布、经济水平分布、是否"一带一路"沿线国家和地区对我国对外直接投资的区位分布结构进行统计,本书还进一步统计了2016年我国对外直接投资排名前二十的东道国(地区)名单,如表3-2所示。总的来说,我国对外直接投资的集中度较高,前二十个国家(地区)的累计比重超过了90%,排名前五位的国家(地区)累计比重超过80%。不论是从流量还是从存量来看,中国香港都是我国对外直接投资最主要的目的地,占比超过57%。香港地区作为全球金融中心和自由贸易中心,毗邻内陆,具有得天独厚的制度优势和区位优势,往往成为我国企业对外直接投资的第一目的地。开曼群岛、英属维尔京群岛排名前四,占比均超过6%,表明我国企业对外直接投资具有明显的避税动机,很多企业投资都是以中国香港、开曼群岛和英属维尔京群岛为跳板,注册空壳公司,最终实际投资到别的国家或地区,甚至以外资身份返回国内。但是由于我国对外直接投资流向的统计只统计第一流向,而未统计最终流向,数据的局限也限制了本书对对外投资区位分布和投资动机的进一步探究。美国、澳大利亚、新加坡等发达国家也是我国的主要投资方向,占比均超过1%,表明我国对外直接投资的结构正在经历从发展中国家向发达国家逐步转变的过程。此外,对比流量排名和存量排名还可以发现,加拿大、德国、以色列、马来西亚等国的流量排名高于存量排名,说明我国在这些国家的对外直接投资正逐步增多,而在荷兰、英国、俄罗斯、南非、哈萨克斯坦的对外直接投资存量排名高于流量排名,说明我国在这些国家的对外直接投资的增长在相对放缓,这也与当前这些东道国经济发展和投资吸引力相对下滑的现状相一致。

表3-2 2016年我国对外直接投资排名前二十的国家(地区)

排名	按流量排名			按存量排名		
	国家(地区)	金额/亿美元	占比/%	国家(地区)	金额/亿美元	占比/%
1	中国香港	1142.3	58.2	中国香港	7807.45	57.5
2	美国	169.8	8.7	开曼群岛	1042.09	7.7

续表

排名	按流量排名			按存量排名		
	国家(地区)	金额/亿美元	占比/%	国家(地区)	金额/亿美元	占比/%
3	开曼群岛	135.2	6.9	英属维尔京群岛	887.66	6.5
4	英属维尔京群岛	122.9	6.3	美国	605.80	4.4
5	澳大利亚	41.9	2.1	新加坡	334.46	2.5
6	新加坡	31.7	1.6	澳大利亚	333.51	2.5
7	加拿大	28.7	1.5	荷兰	205.88	1.5
8	德国	23.8	1.2	英国	176.12	1.3
9	以色列	18.4	0.9	俄罗斯	129.80	1.0
10	马来西亚	18.3	0.9	加拿大	127.26	0.9
11	卢森堡	16.0	0.8	印度尼西亚	95.46	0.7
12	法国	15.0	0.8	卢森堡	87.77	0.6
13	英国	14.8	0.7	德国	78.42	0.6
14	印度尼西亚	14.6	0.7	中国澳门	67.83	0.5
15	俄罗斯	12.9	0.7	南非	60.01	0.4
16	越南	12.8	0.7	老挝	55.00	0.4
17	荷兰	11.7	0.6	哈萨克斯坦	50.95	0.4
18	韩国	11.5	0.6	法国	51.16	0.4
19	泰国	11.2	0.6	越南	49.84	0.4
20	新西兰	9.1	0.5	阿联酋	48.88	0.3
合计		1862.6	95.0		12288.77	90.5

数据来源:《2016 年度中国对外直接投资统计公报》。

3)行业分布

除了区域分布,我国对外直接投资的行业分布也是令人关注的一个重要结构特征,图 3-3 给出了 2016 年我国对外直接投资的行业分布特征。从图中可以看出,无论是从流量所占比例还是从存量所占比例来看,租赁和商务服务业都是我国对外直接投资最青睐的行业。很多国内企业走出去时,都采用在境外注册商务服务类型的经营实体来具体实施海外投资业务。金融业的对外直接投资存量在各行业中排名第二,截至 2016 年末,我国金融业对外直接投资存量达 1773.4 亿美元。其中,货币金融服务业占 57.5%,证券业占 4.2%,保险业占 1.6%,而其他金融业占 36.7%。但是金融业海外投资的流量在近年有所下滑,2016 年金融业对外直接投资流量同比下降 38.5%,占当年流量比重的 7.6%,排名下降至第六位。批发和零售业的对外直接投资以市场寻求为动机,在国外设立分支机构以更好地服务当地市场,促进产品出口。我国批发和零售业的对外直接投资发展比较稳定,2016 年发生流量 208.9 亿美元,年末存量达 1691.7 亿美元,流量和存量排名都居第三位。

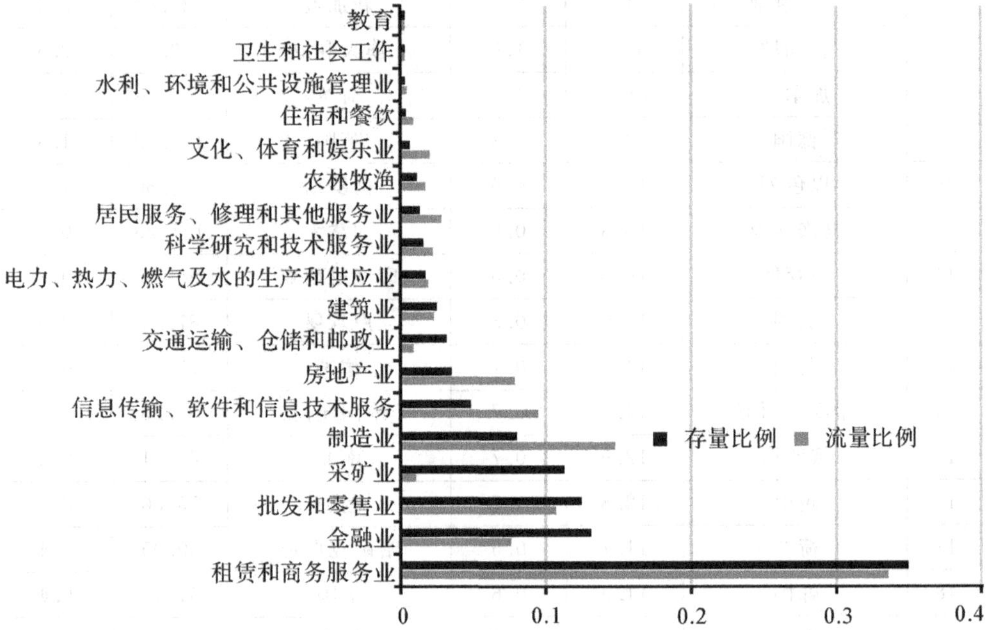

图 3-3 2016 年我国对外直接投资的行业分布特征

(注:图中行业按存量比例进行排序)

(资料来源:《2016 年度中国对外直接投资统计公报》)

3.1.2 我国西部地区对外直接投资分省区市的变动特征

1)我国西部地区对外直接投资的省区市分布特征分析

我国西部地区整体相对于东部地区而言,对外直接投资水平明显偏低,就西部地区内部 12 个省区市而言,各省区市之间也存在着较大的差异。图 3-4 给出了 2016 年西部地区 12 个省区市对外直接投资存量的分布情况。从图中可以看出,云南省依托紧邻东盟和南亚国家的区位优势,对外直接投资起步较早,规模较大,2016 年末对外直接投资存量达到 681510 万美元,规模排名西部地区第一。西部唯一的直辖市重庆市凭借其在汽车制造、计算机制造等领域积累的经验和资本，大力开展对外直接投资，对外直接投资存量达到 636560 万美元，位列西部地区第二位。位列第三的是西部地区经济总量第一的四川省，其对外直接投资存量为 584727 万美元。沿边的内蒙古和新疆对外直接投资存量分别位列西部地区第四和第五位，对外直接投资存量分别达到了 496332 万美元和 434766 万美元。令人略微感到惊讶的是，甘肃省的对外直接投资存量排到了西部地区第六位，排名高于其经济发展水平，仔细研究甘肃省的对外直接投资事件可以发现，该省的对外直接投资主要由金川公司、白银公司发起，在英属维尔京群岛和中国香港成立子公司，在全球从事矿产资源的并购和开发。与甘肃类似的还有陕西，其对外直接存量为 361166 万美元，陕西煤业、延长石油和西北有色三家企业的投资就占了全省投资的 60%以上。广西坐拥北部湾，近年来与东盟国家互动频繁，对外直接投资得到了较快的发展，对外直接投资存量达到了 343295 万美元。宁夏对外直接投资存量为 247420 万美元，主要集中在批发零售业和制造业领域，主要投资目标则是中国香港和英属维尔京群岛。最后，贵州、青海和西藏三地区位优势较差、经济发展水平相对滞后，对外直接投资发展较慢，截至 2016 年末，对外直接投资存量均不足 5 亿美元。

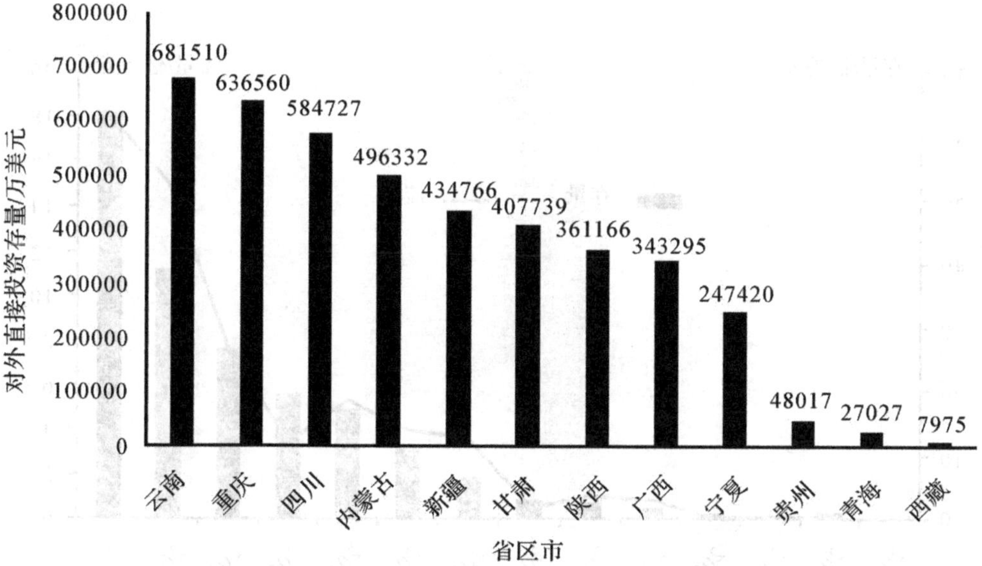

图 3 - 4 我国西部各省区市对外直接投资存量

2)我国西部地区对外直接投资的典型省区市分析

在对西部地区总体情况分析的基础上，笔者选取重庆和新疆，进一步揭示西部地区对外直接投资的发展变化特征。选取重庆和新疆作为代表，主要基于以下两点考虑。第一，从区位优势上看，重庆和新疆分别代表了西部各省区市的两种区位分布情况：重庆不沿边不沿海，是内陆省份的典型代表，是“一带一路”建设的腹地纵深；而新疆与多国在陆地接壤，是丝绸之路经济带的核心区和桥头堡。对重庆和新疆的典型分析，能够从一定程度上反映西部地区不同地理位置的省区市所具有的对外直接投资的发展变化特征。第二，从投资动机和行业选择来看，重庆的对外直接投资主要集中在批发和零售业、制造业等第二和第三产业，而新疆则主要是资源类的并购投资，因此，通过对它们的典型分析，能够较为全面地反映出西部地区不同产业比较优势下各省区市对外直接投资的区位和模式选择的差异性。

(1)重庆市对外直接投资的典型分析

首先，分析 2003—2016 年重庆市对外直接投资规模发展的总体变动特征。图 3-5 描绘了 2003—2016 年重庆市对外直接投资的存量和流量变动情况。其中，柱形图为对外直接投资存量值，其取值大小标示在左侧的纵坐标轴上，反映了重庆市对外直接投资净值的累积变动；折线图则是对外直接投资流量值，其取值大小标示在右侧的纵坐标轴上，反映了重庆市对外直接投资在各年的增量。从存量上看，重庆市对外直接投资一直呈现增长趋势，年均增长率达 75%，特别是在 2009 年后，增长速度明显增快。从流量上看，这一增长趋势更加明显，2013 年到 2016 年，

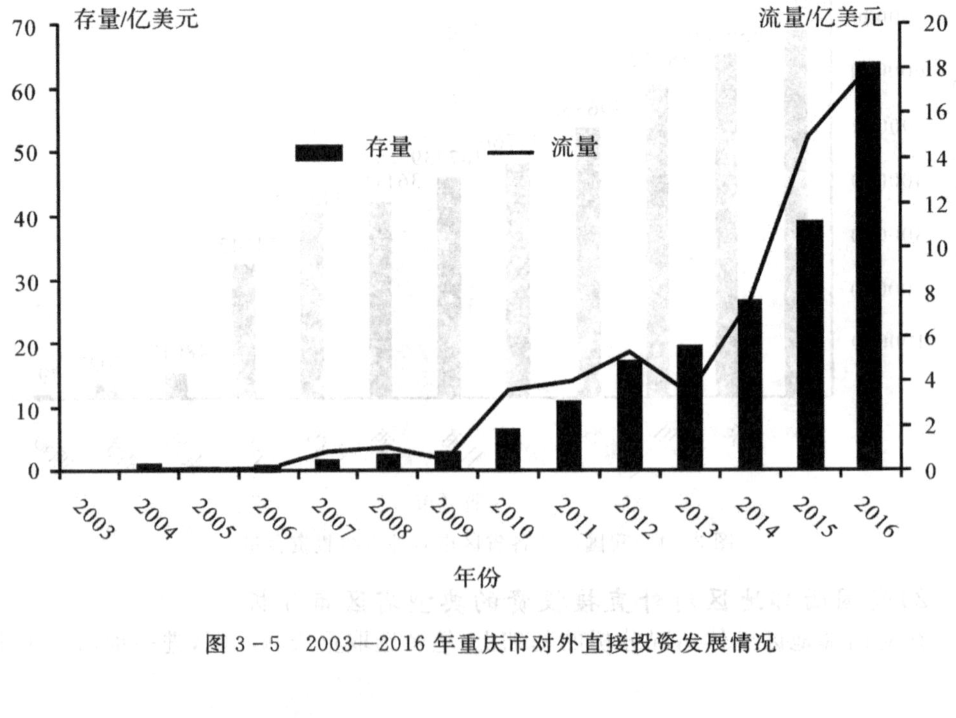

图 3-5 2003—2016 年重庆市对外直接投资发展情况

对外直接投资流量增长了接近5倍。2016年,重庆市对外直接投资协议金额达76.5亿美元,实际投资18.1亿美元,同比分别增长375.4%和70.5%。新增对外直接投资项目92个,资金主要流向了全球49个国家和地区。依托于直辖市的政策优势和“一带一路”倡议红利的逐步释放,重庆市的对外直接投资发展速度引领整个西部,成为内陆开放的重要窗口。

其次,分析2016年重庆市对外直接投资的发展水平和结构特征。①从重庆市对外直接投资流出的市场布局来看,香港是最主要的投资目的地,超过一半的投资(122167万美元,50.3%)都流向了香港,表明香港仍然是西部地区对外直接投资的首选落脚地。美国是重庆市对外直接投资的第二大目的地,投资金额达55368万美元,占比达22.8%。其他主要的投资目的地还包括中国澳门(13950万美元,5.7%)、贝宁(10994万美元,4.5%)、坦桑尼亚(8346万美元、3.6%)等。②从重庆市对外直接投资的行业构成来看,合同对外直接投资金额最多的三个行业分别是互联网及其相关服务业,废弃资源综合利用业,电信、广播电视和卫星传输服务业;实际对外直接投资金额最多的三个行业则是汽车制造业,批发和零售业,电信、广播电视和卫星传输服务业。可以发现,重庆市的对外直接投资与本地的产业结构优势高度契合,体现出了较强的技术寻求和市场寻求的投资特征。③从重庆市对外直接投资的主体构成来看,民营企业发起的投资项目占总项目数的85.9%,合同投资金额占全市总额的98.4%,实际投资额占全市总额的71.1%,表明随着民营经济的发展成熟,民营企业已经成为重庆市对外直接投资的主要力量。

最后,分析重庆市对外直接投资的典型投资案例。在2016年重庆市对外直接投资项目中,金额超过5000万美元的有15个,其中最大的是三圣股份在埃塞俄比亚投资的三圣(埃塞)药业有限公司项目,计划投资8500万美元,生产维生素类、胃肠道类、抗结核类等基础药品,设计生产能力为年产100亿片片剂、50亿粒胶囊和4000万袋输液产品。该项目入驻的东方工业园,是中国-埃塞俄比亚的首个国家级境外经贸合作区。东方工业园被当地政府作为国家“可持续发展和脱贫计划”的一部分,列为工业发展计划中重要的优先项目。该工业园区由中国民营企业主导建设,现在已有建材、汽车、纺织、化工、制药等83家企业入驻,除了中国企业,还包括联合利华等跨国公司。同在重庆的民营企业力帆汽车2014年入驻东方产业园,以埃塞俄比亚为中心辐射非洲大陆,如今已在当地积累了很高的口碑,力帆汽车也成为埃塞俄比亚首都出租车的主要品牌。由此可以看出,重庆市对外直接投资形成了“搭建平台、抱团出海”的投资模式,以民营企业为主体的重庆企业借助“一带一路”倡议契机,摸索出了一条海外扩张的独特道路。

(2)新疆维吾尔自治区对外直接投资的典型分析

首先,分析2003—2016年新疆维吾尔自治区对外直接投资规模发展的总体变动特征。图 3-6 描绘了 2003—2016 年新疆维吾尔自治区对外直接投资的存量和流量变动情况。从存量上看，新疆维吾尔自治区的对外直接投资存量以年均 45.8%的速度持续增长，特别是在 2013 年后，增长速度明显增快；从流量上看，这一增长趋势更加明显，投资增速波动上升，特别是“一带一路”倡议实施以后，作为桥头堡的新疆的对外直接投资加速发展。

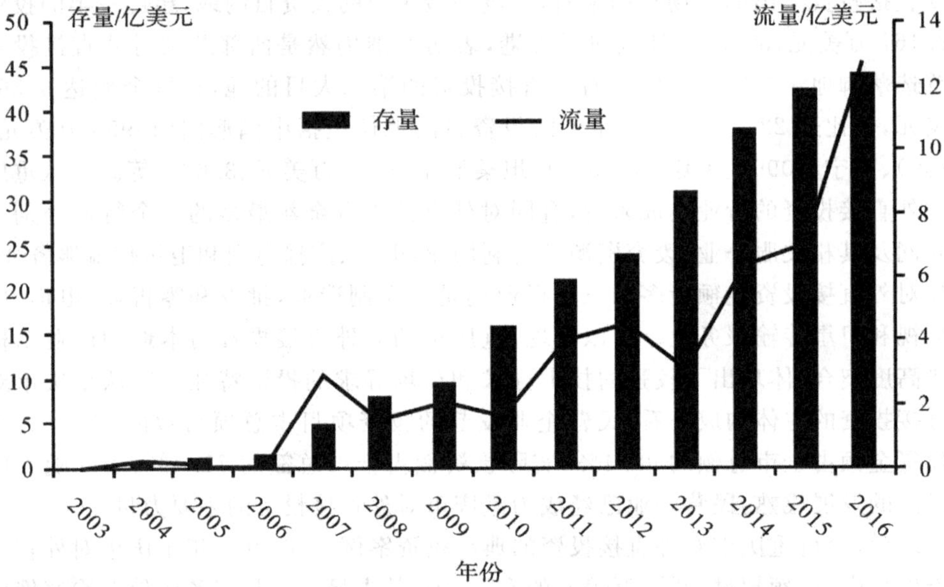

图 3-6 2003—2016 年新疆对外直接投资发展情况

其次，分析新疆维吾尔自治区对外直接投资的发展水平和结构特征。由于商务部发布的《中国对外投资合作发展报告 2016》中只披露了新疆 2015 年的对外直接投资的地区、行业等的分布情况，因此，本书后文对新疆的分析均以 2015 年数据为依据。①从新疆维吾尔自治区对外直接投资的区位分布上看，对外直接投资涉及 41 个国家和地区，其中 70%是周边国家和地区，说明独特的地理区位是新疆对外直接投资的特有优势。具体来看，2015 年新设境外投资企业 96 家，其中 69 家分布在亚洲的 14 个国家和地区，11 家分布在北美洲的 2 个国家，8 家分布在欧洲的 5 个国家，2 家分布在非洲的 2 个国家，此外在拉丁美洲和大洋洲各新设了 1 家企业。具体而言，拥有新疆新设境外投资企业最多的五个国家和地区为：哈萨克斯坦(21 家)、吉尔吉斯斯坦(10 家)、美国(10 家)、中国香港(9 家)、乌兹别克斯坦(8 家)，中亚五国累计数量达到 46 家，占新疆新设境外企业总数的 47.9%。②从新疆对外直接投资的行业选择上看，2015 年新疆对外直接投资包含 13 个行业，其中投资金额最多的三个行业分别是采矿业(41.3%)、软件和信息技术服务业(18.5%)、制造业(11.5%)。其原因在于新疆地大物博，本身具有较为丰富的矿产储备，因此采矿业发展较为成熟，拥有一定的投资实力与开发经验，而软件和信息技术服务业对外直接投资较多的原因在于新疆对高科技产业投资具有一定的投资和税收优惠，因此吸引了内地互联网企业利用新疆的政策平台进行对外直接投资。

最后，分析新疆维吾尔自治区对外直接投资的典型案例。矿产资源开发和国际产能合作是新疆对外直接投资的两个重要的投资方向。①矿产资源开发方面，新疆广汇集团 2009 年在哈萨克斯坦投资 57.06 亿元开发斋桑油气区块，2011 年又投资参与哈萨克斯坦南依玛谢夫油气项目的开发，2015 年在美国新设成立了广汇美国投资(集团)股份有限公司，从事油气资源和房地产开发、投资、贸易等活动，2017 年则使用自有资金 2.2 亿美元，投资美国著名的巴奈特页岩核心区的天然气开发项目。②国际产能合作方面，特变电工通过承揽国际工程，带领国内电力、钢铁、建材"走出去"，促进国际产能合作和制造装备合作。目前，特变电工已经累计承担超过 30 亿美元的海外成套项目，在全球设立了上百个办事处，在印度建立了特高压产品研制基地，在塔吉克斯坦建设了能源矿产基地，产品出口"一带一路"沿线 60 多个国家。

3.2 "一带一路"倡议与我国西部地区对外直接投资机会

在前面的分析中，发现我国西部地区当前对外直接投资的水平还比较低，产业结构的转型升级滞后于东部地区，依靠对外直接投资推动产业结构转型升级还存在着较大的困难。但是，"一带一路"倡议的提出为地处内陆的西部地区带来了对外开放和跨越式发展的新机遇，本节将结合"一带一路"沿线国家的发展情况和投资需求，梳理西部各省区市在"一带一路"倡议下的发展定位和投资潜力，分析通过对外直接投资促进西部地区产业转型升级的可能路径。

3.2.1 "一带一路"倡议下我国西部地区对外直接投资机会分析

1)"一带一路"沿线的国家构成

对于"一带一路"沿线国家的具体范围，并没有一个完全确定的统一标准，参考学术界的通行研究范围和商务部公布的"一带一路"沿线国家投资的统计口径，本研究主要选取了 64 个国家作为"一带一路"的沿线国家。从表 3-3 中可以看出，"一带一路"沿线地区按所在的自然地理和人文地理划分，主要分为东亚、西亚、南亚、中亚、独联体和欧洲 6 个区域。东亚国家包括处于 21 世纪海上丝绸之路上的东盟 10 国和东帝汶，以及处在丝绸之路经济带上的蒙古；西亚国家主要是阿拉伯海、波斯湾、红海沿岸的中东地区国家以及西奈半岛上的北非国家埃及；南亚国家则是印度、巴基斯坦、尼泊尔、阿富汗、不丹等与我国西南地区接壤的国家以及印度洋上的斯里兰卡、孟加拉国、马尔代夫等国；中亚地区则是传统意义上的中亚五国，是亚欧大陆桥的中心腹地；独联体国家则是以俄罗斯、乌克兰和白俄罗斯为代表的7个独联体成员国家；欧洲部分包括中欧和东欧的16个国家。

表3-3 “一带一路”沿线国家名录

区域	国家数	国家名称
东亚	12	新加坡、印度尼西亚、马来西亚、菲律宾、泰国、老挝、缅甸、柬埔寨、越南、文莱、东帝汶、蒙古
西亚	16	伊拉克、伊朗、叙利亚、约旦、以色列、土耳其、黎巴嫩、沙特阿拉伯、巴勒斯坦、也门、阿联酋、卡塔尔、阿曼、科威特、巴林、埃及
南亚	8	印度、巴基斯坦、尼泊尔、不丹、阿富汗、斯里兰卡、孟加拉国、马尔代夫
中亚	5	哈萨克斯坦、土库曼斯坦、乌兹别克斯坦、塔吉克斯坦、吉尔吉斯斯坦
独联体	7	俄罗斯、白俄罗斯、乌克兰、阿塞拜疆、格鲁吉亚、亚美尼亚、摩尔多瓦
欧洲	16	波兰、立陶宛、捷克、斯洛伐克、匈牙利、北马其顿、波黑、塞尔维亚、黑山、爱沙尼亚、拉脱维亚、斯洛文尼亚、克罗地亚、阿尔巴尼亚、保加利亚、罗马尼亚

数据来源：作者整理。

2)“一带一路”沿线的基本需求特征

经济发展水平和人口数是决定需求大小的最重要的因素，表3-4列出了“一带一路”沿线国民总收入、人口数和国土面积的基本情况。首先，从国民总收入看，“一带一路”沿线国家绝大多数为发展中国家，经济总量占全球经济总量的14.31%，从“一带一路”沿线内部来看，西亚地区和南亚地区是经济发展情况较好的地区，而处于欧亚大陆中心的中亚和独联体经济发展程度较差；其次，从人口分布上看，“一带一路”沿线集中了全球43.70%的人口，其中南亚人口数达到17.88亿，占世界人口数的23.84%，其次是东亚地区，人口数占全球的8.69%；最后，从国土面积上看，“一带一路”沿线包括欧亚大陆的大部分板块，国土面积占全球面积的44.90%，其中，横跨欧亚的独联体国家总面积达到1813万平方千米，占全球面积的19.35%。从以上分析可以发现，“一带一路”沿线地域广袤，人口众多，具有很大的市场空间和广阔的发展前景，但是由于地理环境和经济基础的原因，这一区域现有的经济发展水平还较为落后，孕育着极大的投资潜力。

表 3-4 “一带一路”沿线的基本需求特征

地区	国民总收入(阿特拉斯法)		人口数		国土面积	
	绝对数/亿美元	占比/%	绝对数/百万人	占比/%	绝对数/万平方千米	占比/%
“一带一路”沿线	127179	14.31	3277.6	43.70	4205.63	44.90
其中： 东亚	26715	3.01	651.7	8.69	606.57	6.48
中亚	2606	0.29	71.3	0.95	400.17	4.27
南亚	31176	3.51	1788.3	23.84	513.54	5.48
独联体	15811	1.78	218.8	2.92	1812.94	19.35
欧洲	14143	1.59	118.8	1.58	134.28	1.43
西亚	36728	4.13	428.7	5.72	738.13	7.88
非“一带一路”沿线	641346	72.15	2835.9	37.81	4205.63	44.90
中国	120429	13.55	1386.4	18.49	956.29	10.21
合计	888954	100.00	7499.9	100.00	9367.55	100.00

数据来源：世界银行数据库。

3)我国在“一带一路”沿线的投资现状

截至 2016 年末，我国已在“一带一路”沿线 64 个国家中的 63 个国家进行了对外直接投资，累计对外直接投资存量为 1294.1 亿美元，占我国对外直接投资存量的 9.5%。2016 年我国在“一带一路”沿线的对外直接流量为 153.4 亿美元，占比为 7.8%。无论是对外直接投资流量占比还是对外直接投资存量占比，均显著低于“一带一路”沿线国家在全球的经济比重。由此可以说明我国在“一带一路”沿线的对外直接投资还严重不足，具有较大的投资潜力。表 3-5 给出了 2017 年中国在“一带一路”沿线前十个投资目的地，其中，前三列为对外直接投资存量排名，后三列则为对外直接投资流量排名。从表中可以看出，无论从流量还是存量上看，新加坡均排名第一，反映了新加坡作为区域内唯一的发达国家，经济发展程度高，且在地理距离和文化距离上都与中国较为接近，因而成为中国对外直接投资的重要目的地。俄罗斯是中国在“一带一路”沿线对外直接投资存量第二多的国家，累计投资量达到 138.7 亿美元，俄罗斯产业基础雄厚，与我国政治关系紧密，在能源、制造业等方面与我国产业发展具有较强的互补性。对外直接投资流量排名第二的为哈萨克斯坦，其背后的原因主要在于随着“一带一路”倡议的纵深推进，我国对与西北接壤的周边国家的投资迅速增加，同理，我国对巴基斯坦的投资也在近几年有着较为明显的增加。从表中可以清晰地看出，除了俄罗斯、哈萨克斯坦和巴基斯坦以外，我国在"一带一路"的主要投资伙伴都分布在东南亚，说明相对于陆上的丝绸之路经济带，我国在21世纪海上丝绸之路沿线的投资起步更早、规模更大。

表3-5 2017年中国在"一带一路"沿线投资目的地排名

对外直接投资存量			对外直接投资流量		
排名	国家	金额/亿美元	排名	国家	金额/亿美元
1	新加坡	445.7	1	新加坡	63.2
2	俄罗斯	138.7	2	哈萨克斯坦	20.7
3	印度尼西亚	105.3	3	马来西亚	17.2
4	哈萨克斯坦	75.7	4	印度尼西亚	16.8
5	老挝	66.5	5	俄罗斯	15.5
6	巴基斯坦	57.2	6	老挝	12.2
7	缅甸	55.2	7	泰国	10.6
8	柬埔寨	54.5	8	越南	7.6
9	阿联酋	53.7	9	柬埔寨	7.4
10	泰国	53.6	10	巴基斯坦	6.8

数据来源：《中国对外投资合作发展报告2017》。

3.2.2 "一带一路"倡议下我国西部地区对外开放的发展定位

2015年3月28日，国家发改委、外交部和商务部三部委联合发布的《推动共建丝绸之路经济带和21世纪海上丝绸之路的愿景与行动》为各地区的对外开放态势进行了顶层设计，该规划涉及18个省区市，包括西北地区6省区（新疆、甘肃、宁夏、内蒙古、青海、陕西）、西南地区4省区市（西藏、云南、广西和重庆）、东北3省（黑龙江、吉林、辽宁）、东南5省（福建、浙江、广东、上海、海南），其中，新疆定位于丝绸之路经济带核心区，而福建则定位于21世纪海上丝绸之路核心区。

西部12省区市中，除四川和贵州外，其他10个省区市均在规划中明确提到。四川省的省会成都市入选"一带一路"建设的十个节点城市，只有贵州并未明确出现在规划中，但是贵州省在《贵州省国民经济和社会发展第十三个五年规划纲要》中明确提出将积极融入"一带一路"发展，发挥贵州处于"一带一路"结合部的优势，积极参与中国-中南半岛经济走廊和孟中印缅经济走廊建设，深化与东盟国家和南亚国家的多领域合作，积极参与21世纪海上丝绸之路的建设。同时，借助"渝新欧"和"蓉新欧"大通道和沿线开放平台，积极加强与中亚、西亚和欧洲国家在机械设备、酒、化工、大数据和大健康等多领域的合作。

目前,“一带一路”各省份大都制订了本省份对接“一带一路”倡议的定位和相关举措,表 3-6 列出了西部各省区市在“一带一路”中的定位。新疆于 2016 年 10 月出台了《丝绸之路经济带创新驱动发展试验区总体规划纲要》,提出要以丝绸之路经济带核心区建设为中心,探索具有新疆特色的创新道路、模式和机制,全面建设创新型新疆;青海则于 2015 年 12 月通过了《青海省参与建设丝绸之路经济带和 21 世纪海上丝绸之路实施方案》,提出要构建对外开放通道,打造西宁、海东和格尔木三个对外节点城市和“澜沧江-湄公河源头风情文化旅游”线路;甘肃在《甘肃省国民经济和社会发展第十三个五年规划纲要》中提出要着力打造丝绸之路经济带甘肃黄金段,打造面向“一带一路”的综合经济走廊和物流集散大枢纽;陕西则以自由贸易试验区建设为契机,建设“一带一路”重要节点,打造西安内陆型改革开放新高地;宁夏提出以打造丝绸之路经济带战略支点为方向,先行先试“一带一路”重大项目合作方式,提升开放型经济的产业支撑能力、基础设施互联互通能力、开放平台辐射能力、市场主体国际竞争能力和人文经贸互融互动能力;内蒙古则提出建设国家向北开放桥头堡,围绕以“双核、多点”着力建设沿边经济带;重庆在《重庆市国民经济和社会发展第十三个五年规划纲要》中指出将在“十三五”期间基本建成

表 3-6 “一带一路”倡议下我国西部各省区市的定位

省区市	定位
新疆	丝绸之路经济带上重要的交通枢纽、商贸物流和文化科教中心,丝绸之路经济带核心区
青海	丝绸之路经济带的战略通道、重要支点和人文交流中心
甘肃	丝绸之路经济带黄金段,国家向西开放的重要门户和次区域合作战略基地
陕西	丝绸之路经济带重要支点,我国向西开放的重要枢纽
宁夏	内陆开放型经济试验区,丝绸之路经济带战略支点
内蒙古	向北开放桥头堡
重庆	内陆开放高地
西藏	面向南亚的战略枢纽和开放门户
四川	“一带一路”的重要交通枢纽和经济腹地
云南	“一带一路”的战略支点,沟通南亚、东南亚国家的通道枢纽
贵州	内陆开放型经济试验区
广西	面向东盟的国际通道,西南、中南地区开放发展新的战略支点,形成 21 世纪海上丝绸之路与丝绸之路经济带有机衔接的重要门户

资料来源:作者整理。

“一带一路”重要的流通节点城市和长江上游地区的现代商贸中心，实施五大功能区发展战略与“一带一路”倡议的深度融合；四川则提出积极融入“一带一路”建设，加快构建国家交通物流大通道，建设“一带一路”重要的交通枢纽和经济腹地；云南依托于自身区位优势，着力推动与周边国家间的运输通道建设，打造大湄公河次区域经济合作的新高地，建设面向东南亚、南亚的辐射中心；西藏则着力推进与尼泊尔等国家的边境贸易和旅游文化合作；广西与东盟国家陆海相邻，将构建面向东盟的国际通道，打造西南、中南地区开放发展的新的战略支点，形成21世纪海上丝绸之路和丝绸之路经济带有机衔接的重要门户。

3.3 “一带一路”倡议下我国西部地区对外直接投资潜力的测算

前面的分析已经表明，我国在“一带一路”沿线国家的投资比例远远低于“一带一路”沿线国家在世界经济中的重要性。在国家政策大力推动“一带一路”建设的背景下，本节将对我国在“一带一路”沿线的投资潜力和投资效率进行测算，从而对我国对外直接投资区位分布的合理性进行科学判断。

3.3.1 测算模型的设定

引力模型是研究双边贸易和投资的实证研究中最常使用的模型，其基本思想借鉴于物理学思想，认为事物之间的相互引力与双方质量成正比，而与距离成反比。对于国际投资而言，投资引力模型可以表示为

$$y_{it}^* = X_{it}\beta + v_{it} \tag{3-1}$$

式中，y_{it}^* 为引力模型理论上决定的投资额；X_{it} 中包含影响双边投资引力的各种因素；v_{it} 为除 X_{it} 外其他可能影响投资额的随机干扰。式中给出的是自然状态下，两国间投资流量的决定，得到的是各种投资决定因素的平均效应。但是在现实世界中存在着许多阻碍投资的因素，实际投资额往往低于理论上的投资额。

$$y_{it} = y_{it}^* - u_{it} \tag{3-2}$$

式中，y_{it} 为实际投资发生额，低于理论上给定的投资潜力水平 y_{it}^*；u_{it} 就是人为因素导致的投资阻力，一般认为 $u_{it} \geqslant 0$。由此，式(3-1)和式(3-2)可以合并为一个统一的表达式：

$$\begin{aligned} y_{it} &= X_{it}\beta + \varepsilon_{it} \\ \varepsilon_{it} &= v_{it} - u_{it} \end{aligned} \tag{3-3}$$

为了对式(3-3)进行估计，需要对 u_{it} 和 v_{it} 的分布进行一定的假设。假定 v_{it} 为常规意义上的随机干扰项，分布服从 $v_{it} \sim N(0, \sigma_v^2)$。假定 u_{it} 取值始终为正，具有

单边分布的特征，随机前沿分析的文献中一般有单边正态分布、截断单边正态分布、指数分布和伽马分布等设定方法，本书假设其服从截断单边正态分布。一方面，相对于单边正态分布，截断单边正态分布允许在任意值处截断，设定更加灵活；另一方面，相对于指数分布和伽马分布，正态分布优良的数学性质降低了后续似然函数的估计难度，提高了估计的效率。因此，本书假定 u_{it} 服从如下的异质性的截断单边正态分布：$u_{it} \sim N^{+}(\mu_{it}, \sigma_{it}^2)$，其中：

$$\mu_{it} = \exp(c_0 + Z_{it}\delta) \tag{3-4}$$

$$\sigma_{it}^2 = \exp(c_1 + Z_{it}\gamma) \tag{3-5}$$

式中，c_0，c_1 为常数；Z_{it}为影响投资阻力的有关因素；δ 和 γ 则是参数。本书对 u_{it} 的分布特征采用了完全异质性的设定：首先，假定投资阻力 u_{it} 随着个体 i 和时间 t 同时发生改变，考虑了个体之间的差异性和长周期内的变动性，更加贴近现实。其次，将影响投资阻力的外生解释变量纳入模型，构建了两个回归方程分别考察解释变量对投资阻力的大小和投资阻力的不确定性的影响。此外，采用指数函数的模型设定也保证了 μ_{it} 和 σ_{it}^2 严格为正。

由式(3-3)、式(3-4)和式(3-5)的设定，可以得到该异质性随机前沿模型的对数似然函数：

$$\ln L = -\frac{1}{2}\ln(\sigma_v^2 + \sigma_{it}^2) + \ln\left[\phi\left(\frac{y_{it} - X_{it}\beta + \mu_{it}}{\sqrt{\sigma_v^2 + \sigma_{it}^2}}\right)\right] - \ln\left[\Phi\left(\frac{\mu_{it}}{\sigma_{it}}\right)\right] + \ln\left[\Phi\left(\frac{\tilde{\mu}_{it}}{\tilde{\sigma}_{it}}\right)\right] \tag{3-6}$$

其中：

$$\tilde{\mu}_{it} = \frac{\sigma_v^2\mu_{it} - \sigma_{it}^2(y_{it} - X_{it}\beta)}{\sigma_v^2 + \sigma_{it}^2} \tag{3-7}$$

$$\tilde{\sigma}_{it} = \frac{\sigma_v^2\sigma_{it}^2}{\sigma_v^2 + \sigma_{it}^2} \tag{3-8}$$

式中，$\phi(\cdot)$和 $\Phi(\cdot)$分别是标准正态分布的密度函数和累积分布函数。在此基础上可以从两个方面来分析实际投资与投资前沿之间的偏离情况。

首先，可以采用似然比检验分析投资阻力 u_{it} 是否显著大于 0，如果 u_{it} 显著大于 0，则说明投资阻力确实存在，使得实际投资低于投资前沿；其次，构造投资效率指数(IEI_{it})定量测度实际投资与最优投资水平的偏离程度，定义如下：

$$\mathrm{IEI}_{it} = \frac{\exp(X_{it}\beta - u_{it})}{\exp(X_{it}\beta)} = \exp(-u_{it}) \tag{3-9}$$

由于 $u_{it} > 0$，投资效率指数介于 0 到 1 之间，u_{it} 越接近于 0，即投资阻力越小时，IEI_{it} 越接近 1，因此，就可以用实际投资与最优投资之间的接近程度来度量投资效率。

采用最大似然法对式(3－6)进行估计，得到参数的估计值后，借鉴巴特斯(Battese)等就可以进一步得到效率值的估计值：

$$E(\exp(u_{it}|\varepsilon_{it}=\hat{\varepsilon}_{it}))=\exp(-\frac{1}{2}(2\hat{\tilde{u}}_{it}-\hat{\tilde{\sigma}}_{it}^{2}))\frac{\Phi(\frac{\hat{\tilde{u}}_{it}}{\hat{\tilde{\sigma}}_{it}}-\hat{\tilde{\sigma}}_{it})}{\Phi(\frac{\hat{\tilde{u}}_{it}}{\hat{\tilde{\sigma}}_{it}})} \quad (3-10)$$

3.3.2 变量选择

被解释变量是中国投资到各国和地区的对外直接投资额。由于分国别(地区)的对外直接流量数据缺失较多，存在负值，且年度流量数据容易受到各种短期因素和单笔投资的影响，呈现出较强的无规则波动性，因此为了尽可能不损失样本容量，同时保证结论的稳健，本书参照乔兵和胡晶的方法采用分国别的对外直接存量数据作为我国对外直接投资额的测度指标，并采用GDP平减指数将名义值调整为2010年美元价格的实际值。

传统引力模型中的解释变量主要包括双方的经济规模和地理距离。经济规模用双方2010年美元价格的GDP来表示。东道国GDP越大，市场空间越大，越容易吸引国外直接投资，而我国GDP规模越大，经济实力越强，也越容易发生对外直接投资。地理距离(Dis)则反映了两国之间的贸易和投资成本。两国之间的地理距离越大，越不容易发生对外直接投资。本书在地理距离的衡量上并没有直接采用两国间简单的地理距离，而是考虑了各国国内城市分布的不均衡，使用了人口和经济集聚加权的地理距离。我国的对外直接投资具有明显的资源获取动机，东道国丰富的矿产资源和能源储藏是吸引我国对外直接投资的重要原因，因此，本书在引力模型中加入燃料、矿石和金属出口值占该国商品出口总值的比重来衡量东道国的资源禀赋。此外，本书还控制了是否与我国接壤(Contig)和是否与我国使用共同的语言(Lang)这两个虚拟变量，以反映地理位置和文化因素对投资引力的影响。由此，得到如下的引力模型：

$$\begin{aligned}\ln\mathrm{OFDI}_{it} = {} & \beta_0+\beta_1\ln\mathrm{GDP}_{it}+\beta_2\ln\mathrm{GDP\_C}_t+\beta_3\ln\mathrm{Dis}_{it}+ \\ & \beta_4\mathrm{Res}_{it}+\beta_5\mathrm{Contig}_i+\beta_6\mathrm{Lang}_i+\varepsilon_{it}\end{aligned} \quad (3-11)$$

式(3－11)中得到的是基于双方经济发展规模和地理位置关系所引发的自然投资的前沿水平，但是现实世界中，不同地区制度环境不同，国与国之间的关系亲疏有所差别，这些都阻碍了实际投资水平真正达到理论上的最优投资水平，因此我国在世界各国的投资都存在不同程度的效率损失。本书主要从东道国制度特征和双边投资协定两个角度，来分析我国对外直接投资效率损失的影响因素。将式(3－4)和式(3－5)具体设定为以下形式：

$$\mu_{it} = \exp(c_0 + \delta_1 \mathrm{Inv}_{it} + \delta_2 \mathrm{Pro}_{it} + \delta_3 \mathrm{Lab}_{it} + \delta_4 \mathrm{Bit}_{it}) \quad (3-12)$$

$$\sigma_{it}^2 = \exp(c_1 + \gamma_1 \mathrm{Inv}_{it} + \gamma_2 \mathrm{Pro}_{it} + \gamma_3 \mathrm{Lab}_{it} + \gamma_4 \mathrm{Bit}_{it}) \quad (3-13)$$

东道国制度环境和法律规制是阻碍国际投资顺利进行的重要原因，美国传统基金会和《华尔街日报》每年会发布全球主要国家的经济自由度指数，包括投资自由度、产权保护、商业自由度、贸易自由度、财政自由度、金融自由度、劳工自由度等 10 个方面的指标。根据不同维度的经济自由度对吸引投资的影响程度和我国对外直接投资的具体特征，本书主要考察投资自由度、产权保护和劳工自由度对投资阻力的影响。

①投资自由度(Inv)：现实世界中，绝大多数国家都会对跨国投资采取不同程度的限制和规定，有的直接对国内投资与外商投资采取不同的限制政策，有的则在外汇兑付、结算方式、资本交易、行业准入等方面进行限制。投资自由程度的高低反映了外资进入的制度障碍，将对我国对外直接投资的投资阻力产生直接的影响。

②产权保护(Pro)：东道国对产权的保护可能从两个方面对我国的对外直接投资产生影响。一方面，产权保护能够保障投资者的投资收益不受侵害，降低了违约风险与交易成本，企业对利润具有更好的预测性，因此能够促进我国的对外直接投资。另一方面，对产权保护的严格，也意味着我国企业在进入东道国进行并购和其他经营活动时，会面临更多的审查和监督，提高了企业的经营成本，从而可能阻碍海外业务的发展(王永钦等)[48]。特别是我国的对外直接投资具有资源和技术的获取动机，严格的产权保护反而会对企业的投资带来阻碍，因而会影响我国对外直接投资的增长。

③劳工自由度(Lab)：劳动力市场自由度主要度量一国对劳动力市场的监管和规制的程度，包含最低工资标准的执行、最长工作时长的规定、解雇雇员的难度、强制遣散费等的要求。我国企业对外直接投资主要采用跨国(境)并购的形式进行，收购过程中，对于员工安置和员工福利的谈判常常是影响我国企业并购成败和并购后整合绩效的重要因素。因此，对于我国对外直接投资而言，东道国劳工自由度越强的国家，可能越有利于我国投资进入。

④双边投资协定(Bit)：双边投资协定作为两国政府签订的旨在鼓励、促进和保护双边投资的法律协定，对投资的准入门槛、投资待遇、税收征管和争端解决办法等做出了一系列的规定，从法律层面是对投资者形成了鼓励和保护。Busse 等发现，双边投资协定通过产权保护和保障外资公平和优惠待遇，促进了缔约双方的双边投资。宗芳宇等[51]则发现，双边投资协定还能弥补东道国制度的缺位，在东道国制度较差的地区，双边投资协定对投资的促进作用更加明显。

3.3.3 样本选择与数据来源

由于我国并没有公布分省区市分国别的对外直接投资数据，无法直接对西部各省区市对外直接投资的潜力进行测算，考虑到我国经济发展和对外开放程度的区域梯度特征，西部地区的发展路径在模式上往往与东部地区存在较强的一致性，只是在发展程度上存在一定的滞后，因此本书将采用全国层面的数据进行"一带一路"投资潜力的测算。相对于其他地区，西部地区在"一带一路"沿线投资中具有更大的潜力，采用全国数据进行测算，可以认为得到的是西部地区对外直接投资潜力的下限值。基于数据的可得性和现实研究的需要，本书选择 2003—2016 年作为研究范围。样本期间内，我国共在 192 个国家和地区发生过对外直接投资，为了保证结论的稳健和可靠，首先剔除了中国香港、中国澳门、英属维京群岛、开曼群岛、百慕大群岛等"避税天堂"，因为这些国家和地区只是投资跳板，并不能代表最终真实的投资去向。其次，删除数据缺失的国家和地区，删除不再存续的塞尔维亚和黑山，最终获得 154 个国家 14 年的非平衡面板数据，共计 1780 笔观察值。国家分布方面，亚洲 34 个，非洲 42 个，欧洲 41 个，拉丁美洲 28 个，北美洲 2 个，大洋洲 7 个；包含"一带一路"沿线 64 个国家中的 53 个，其中，丝绸之路经济带沿线国家 29 个，21 世纪海上丝绸之路沿线国家 24 个。

表 3－7 给出了主要变量的描述性统计和数据来源。对外直接投资数据来源于历年《中国对外直接投资统计公报》。东道国GDP、我国GDP和自然资源的

表 3－7 主要变量的描述性统计

变量名称	变量	均值	标准差	最小值	最大值	数据来源
对外直接投资	lnOFDI	8.823	2.931	0.031	18.582	统计公报
东道国 GDP	lnGDP	24.901	2.205	19.137	30.938	WDI
中国 GDP	lnGDP_C	29.426	0.401	28.692	31.131	WDI
自然资源	Res	26.796	28.341	0	98.812	WDI
地理距离	lnDis	9.005	0.535	6.845	9.857	CEPII
是否相邻	Contig	0.065	0.247	0	1	CEPII
共同语言	Lang	0.024	0.152	0	1	CEPII
投资自由度	Inv	54.731	20.262	0	95	Heritage Fund
产权保护	Pro	49.499	23.982	0	95	Heritage Fund
劳工自由度	Lab	62.881	16.148	20	100	Heritage Fund
双边投资协定	Bit	0.632	0.483	0	1	UNCTAD

数据来源于世界银行公布的世界发展指数(WDI)。地理距离、是否相邻、是否共同语言来源于 CEPII 数据库。投资自由度、产权保护和劳工自由度三个指标来源于美国传统基金会,均是百分制的评分数据。双边投资协定则来源于联合国贸发委员会。

3.3.4 测算结果分析

1)异质性随机前沿引力模型的估计结果分析

我们使用最大似然法对式(3-11)、式(3-12)和式(3-13)构成进行估计,估计结果如表 3-8 所示。其中,模型 1 为没有对异质性随机前沿引力模型的参数设置施加任何的限制条件的一般化模型,模型 2 至模型 5 则在此基础上,对模型参数增加一定约束条件后得到。模型 2 假定投资自由度、产权保护、劳工自由度和双边投资协定等因素对投资阻力的不确定性没有影响,只影响到投资阻力的水平高低,这与 Battese 和 Coelli 的设定一致;模型 3 则假定这些因素对投资阻力的大小没有影响,只影响投资阻力的不确定性;模型 4 则假定投资阻力项在 0 处截尾,模型退化为一个半正态分布的异质性随机前沿模型;模型 5 则是不考虑投资阻力的传统投资引力模型,表中的最后两行 LR1 和 LR2 分别代表的是各模型相对于模型 5 和模型 1 的似然比检验结果,据此可以判断各模型中施加的约束条件是否合理。从 LR1 和 LR2 的结果来看,拒绝了“不存在投资阻力”和“投资阻力不随个体改变”的假设,说明模型 1 是优于其他模型的,投资阻力是确实存在的,且受到制度性因素和双边投资协定等变量的异质性影响。

表 3-8 异质性随机前沿模型的估计结果

指标	模型 1 无约束	模型 2 $\gamma=0$	模型 3 $\delta=0$	模型 4 $\mu_{it}=0$	模型 5 $u_{it}=0$
lnGDP	0.503***	0.512***	0.500***	0.499***	0.549***
	(19.31)	(22.79)	(21.23)	(19.97)	(21.01)
lnGDP_C	3.571***	3.490***	3.432***	3.438***	3.418***
	(20.21)	(19.10)	(19.51)	(19.41)	(16.39)
Res	0.009***	0.009***	0.010***	0.009***	0.011***
	(6.86)	(6.37)	(6.67)	(6.61)	(6.51)
lnDis	−0.392***	−0.401**	−0.382***	−0.414***	−0.161
	(−2.81)	(−2.41)	(−3.42)	(−3.13)	(−1.04)
Contig	1.306***	1.350***	1.372***	1.232***	2.201***
	(6.26)	(5.61)	(5.39)	(4.93)	(7.63)
Lang	3.298***	3.386***	3.398***	3.399***	3.463***
	(9.77)	(9.12)	(9.29)	(9.25)	(8.95)

续表

指标	模型 1 无约束	模型 2 $\gamma=0$	模型 3 $\delta=0$	模型 4 $\mu_{it}=0$	模型 5 $u_{it}=0$
Constant	−109.228***	−103.431***	−93.334***	−99.364***	−95.128***
	(−21.36)	(−18.84)	(−14.25)	(−18.58)	(−16.15)
μ_{it}					
Inv	−0.161***	−0.130**			
	(−6.39)	(−2.31)			
Pro	0.138***	0.031			
	(4.12)	(1.35)			
Lab	−0.059***	−0.022			
	(−4.18)	(−1.01)			
Bit	−1.374***	−1.126***			
	(−2.98)	(−3.41)			
Constant	2.031*	−2.312**	−1.121		
	(1.81)	(−2.45)	(−1.25)		
σ_{it}^2					
Inv	−0.338***		−0.012***	−0.010***	
	(−10.70)		(−3.11)	(3.52)	
Pro	−0.025***		0.003	0.000	
	(−13.24)		(0.19)	(0.20)	
Lab	0.220***		0.000	0.000	
	(3.79)		(0.05)	(0.04)	
Bit	−0.038		−0.213**	−0.331***	
	(−1.24)		(−2.43)	(−3.01)	
Constant	1.361***	2.392***	2.516***	1.282***	
	(2.99)	(13.26)	(4.25)	(6.21)	
N	1780	1780	1780	1780	1780
Log Likelihood	−2618.3	−2336.3	−2490.7	−2581.3	−2539.1
LR1	212.21***	161.53***	147.39***	138.31***	
LR2		81.35***	80.15***	84.82***	209.31***

注：括号内为 t 值，*、**、*** 分别表示在 10%、5%和 1%水平下显著。

从估计结果看，无论在哪种模型设定下，双边 GDP 水平的影响都显著为正，地理距离的系数显著为负，说明我国的对外直接投资与经典投资引力模型的结论是一致的：双边市场规模增强了投资吸引力，而地理距离的增大则会显著降低最优投资水平。自然资源的系数显著为正,证实了我国对外直接投资的资源获取动机,能源、矿产、金属等自然资源丰裕的国家,更容易吸引我国资本进入。地理相邻和共同语言的系数也显著为正,因为地理临近、语言相同,降低了对外投资的交通成本和信息成本,因而能够显著地促进我国投资在当地的发展。

投资阻力方程中,投资自由度对投资阻力的大小和投资阻力的不确定性的作用都至少在5%的水平下显著为负,说明东道国的投资自由度能够显著降低我国对外直接投资的投资阻力,而且这种降低作用是稳定的,能够减少投资效益的不确定性。产权保护对我国对外直接投资阻力的影响为正,也就是说产权保护越严格的地方,我国对外直接投资的阻力越大,这主要是因为东道国审查和监督手续的繁杂,加大了我国企业投资的成本,形成了阻碍我国企业投资的障碍。然而,产权保护对投资阻力的不确定性的影响则显著为负,这可能是因为产权保护严格的地区,外来投资一旦进入,就会受到完善的法律保护,降低了投资的风险,有助于企业形成稳定的收益预期,从而持续进行投资。劳工自由度的提高能够降低我国企业投资的阻力水平和不确定性,自由的劳动力市场有助于我国企业尽快雇佣到所需的劳动力,降低了企业的经营和整合的成本。双边投资协定在显著降低了投资阻力大小的同时还能减少投资阻力的不确定性。

2)分地区估计结果分析

在整体分析的基础上,本研究进一步对“一带一路”沿线国家进行分样本的估计,以考察在不同区域内对外直接投资的潜力和阻力是否具有不同的特征。表3-9给出了分地区的估计结果。其中,第一列和第二列分别报告了非“一带一路”沿线国家样本和“一带一路”沿线国家样本的估计结果,第三列和第四列则进一步细分为“一带”和“一路”两个子样本,分别进行了估计。就引力方程中的影响因素而言,东道国的GDP仍然对该国的投资吸引力有着显著的正向的影响,我国的经济发展对我国在非“一带一路”沿线国家和“一带”国家的投资有着显著的促进作用,但是对我国在“一路”国家的投资则有着显著的负向作用,这也与Fan等的结果一致,表明随着我国的经济发展,对外直接投资的重心正在逐步由东南亚国家向中亚等内陆地区转移。自然资源丰裕度对我国在非“一带一路”沿线国家的投资有显著的促进作用,而对“一带一路”沿线国家的影响为负,这与我国在“一带一路”的投资主要为资源寻求型的传统观念有所出入,可能原因在于本书采用的“一带一路”沿线国家的界定是一个相对狭义的界定,并没有包含我国资源主要获取地澳大利亚、非洲和南美。地理距离临近和国家接壤能够促进我国在当地的投资,但是对于21世纪海上丝绸之路国家而言,地理距离的作用并不显著,这主要是因为在这些国家与我国之间,海运通道较为便捷,距离带来的投资和贸易成本的上升相对较小。与我国有共同语言的国家都分布在“一路”地区,因而对于非“一带一路”样本和“一带”样本而言,该变量没有参与回归。

表 3-9 分地区估计结果

指标	非“一带一路”	“一带一路”	“一带”	“一路”
lnGDP	0.467***	0.488***	0.897***	0.590
	(20.77)	(4.36)	(13.13)	(0.64)
lnGDP_C	3.117***	−0.053	3.635***	−0.682***
	(20.69)	(−0.60)	(12.16)	(−130.29)
Res	0.013***	−0.005***	−0.014***	−0.022**
	(6.92)	(−5.11)	(−3.18)	(−2.57)
lnDis	−0.78***	−1.695	−3.521***	0.374
	(−5.11)	(−1.32)	(−6.21)	(0.95)
Contig	4.924***	1.653***	1.368***	0.436
	(8.65)	(4.56)	(3.36)	(0.54)
Lang		1.111***		0.236
		(3.57)		(0.45)
Constant	−72.13***	23.647	−43.552***	15.994
	(−21.58)	(0.84)	(−13.87)	(0.36)
μ_{it}				
Inv	−0.209***	−0.035**	−0.061**	0.021
	(−5.177)	(2.41)	(−2.21)	(0.35)
Pro	0.211***	0.013	0.032	0.003
	(5.12)	(1.29)	(1.06)	(0.23)
Lab	−0.086***	−0.022	−0.104***	−0.011
	(−2.97)	(−1.06)	(−4.18)	(−0.09)
Bit	−2.623**	−2.132**	−1.733***	0.041
	(−2.27)	(−2.48)	(−3.21)	(0.09)
Constant	−2.313	1.481*	2.123**	4.013**
	(−1.41)	(1.85)	(2.39)	(2.45)
σ_{it}^2				
Inv	−0.033***	−0.024*	−0.059***	−0.012
	(−5.15)	(−1.85)	(−3.53)	(−1.02)
Pro	−0.032***	0.012	0.010	0.018
	(−5.91)	(1.61)	(0.72)	(1.63)

续表

指标	非"一带一路"	"一带一路"	"一带"	"一路"
Lab	0.010**	0.005	0.004	−0.041***
	(2.21)	(0.97)	(1.31)	(−2.81)
Bit	−0.341*	−1.101***	−1.041***	−0.194***
	(−1.81)	(−4.19)	(−3.31)	(−4.32)
Constant	2.223***	4.131***	−3.131*	4.178***
	(2.97)	(3.80)	(−1.83)	(3.15)
N	1141	639	315	324
Log Likelihood	−1923.8	−1321.7	−519.6	−707.5

注:括号内为 t 值,*、**、*** 分别表示在 10%、5%和 1%水平下显著。

在影响投资阻力的因素方面,投资自由化程度能够降低我国投资阻力的水平,促进我国投资效率的稳步提升,而且这种投资促进作用在"一带"地区更加明显,在"一路"地区则不显著,这是因为"一带"沿线国家对外开放程度普遍相对较低,对资本进入的限制性较强,因而投资自由化程度的改善将显著降低我国投资的进入阻力,而"一路"地区与我国贸易往来频繁,华人众多,普遍具有较高的投资自由化水平,因此东道国的投资自由化程度对资本进入的作用不显著。

产权保护会阻碍我国在非"一带一路"沿线国家的投资,对我国在"一带一路"沿线国家的投资则没有显著影响,因为在"一带一路"沿线国家,产权保护整体较弱,我国企业面临的审查与监督相对较低,因此东道国的产权保护措施不会对我国企业投资带来明显的阻碍作用。东道国劳工自由度能够降低投资阻力,而且这种作用在"一带"地区更加明显,这可能由于"一带"地区民族、宗教信仰构成复杂,女性劳动力供给受到抑制,政府提高劳工自由度的举措能够为我国投资进入带来充足的劳动力供给。双边投资协定的签订也能显著降低我国在当地的投资阻力,特别是在"一带一路"沿线国家,双边投资协定不仅能够降低投资阻力的大小,而且能够降低投资阻力的不确定性,帮助企业形成稳定的预期,促进我国在沿线国家的投资。

3)测算结果的分析

根据测算的结果,图 3-7 列示了 2016 年分地区的投资潜力和投资效率的分布情况。其中,柱形图代表各地区的投资潜力得分,折线图则表示了各地区的投资效率。从图中可以看出:①就投资潜力而言,"一带一路"沿线显著高于非"一带一路"沿线,说明"一带一路"沿线拥有广阔的市场规模和发展空间可供开发。从"一带一路"内部来看,21 世纪海上丝绸之路沿线国家的投资潜力高于丝绸之路经济带沿线，原因在于21世纪海上丝绸之路沿线国家的经济发展水平更高，制度环境质量更好，与我国的经济和贸易往来更加密切，具有更好的发展前景。②从投资效率来看，我国在“一带一路”沿线的投资效率显著低于非“一带一路”沿线，反映了我国投资结构的不平衡性，我国在“一带一路”沿线的平均水平低于最优水平40%以上。从“一带一路”内部来看，我国在21世纪海上丝绸之路沿线的投资发展较好，投资效率与非“一带一路”沿线基本持平，但是我国在丝绸之路经济带沿线的投资效率却明显偏低，低于理论最优水平45%左右。

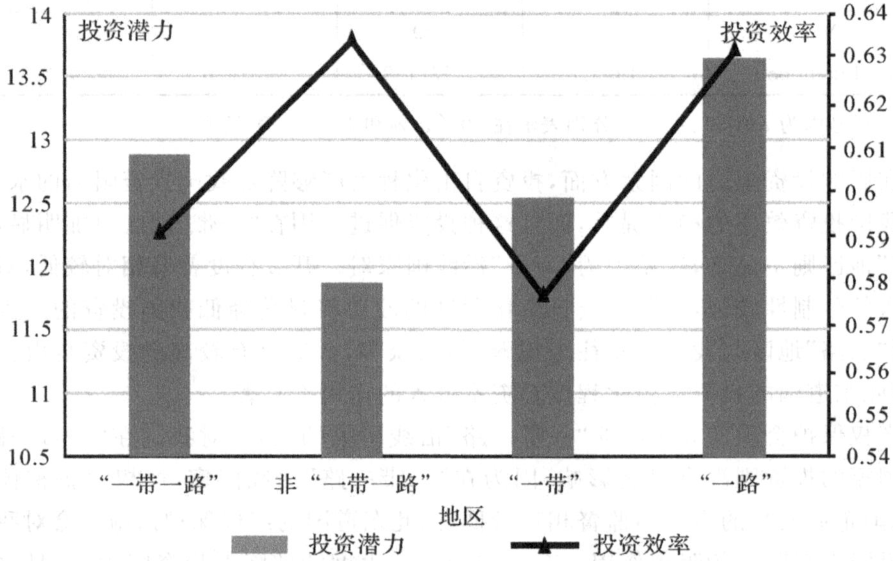

图3-7 投资潜力与投资效率的地区分布

为了进一步分析我国在“一带一路”沿线各个国家的投资潜力和投资效率的分布特征，表3-10列出了我国在“一带一路”沿线对外直接投资潜力和投资效率最高和最低的五个国家。从表中可以看出，在“一带一路”沿线，投资潜力排名最高的五个国家分别为马来西亚、新加坡、俄罗斯、印度和哈萨克斯坦，这五个国家都是各自所在区域内的大国，具有较大的市场空间和辐射能力，因此对我国的对外直接投资具有较大的需求；而对外直接投资潜力较小的国家则是格鲁吉亚、阿尔巴尼亚、北马其顿、摩尔多瓦等国，以及以旅游业为主，产业发展空间相对有限的岛国马尔代夫。从对外直接投资效率排名来看，我国在柬埔寨、阿联酋、印度尼西亚的投资效率较高，投资水平达到最优水平的70%以上，而在北马其顿、巴林、黎巴嫩等国，我国的对外直接投资水平明显低于理论最优水平。值得注意的是，我国投资潜力排名前五位的国家与投资效率排名前五位的国家没有重合，说明我国在这些国家还具有较大的投资潜力可以发挥，应当加大对马来西亚、新加坡、俄罗斯、印度和哈萨克斯坦的投资。

表 3－10　我国在“一带一路”沿线主要国家的投资潜力和效率

排名	投资潜力排名	投资效率排名
1	马来西亚	柬埔寨
2	新加坡	阿联酋
3	俄罗斯	印度尼西亚
4	印度	蒙古
5	哈萨克斯坦	菲律宾
－5	格鲁吉亚	拉脱维亚
－4	阿尔巴尼亚	波斯尼亚和黑塞哥维纳
－3	北马其顿	黎巴嫩
－2	摩尔多瓦	巴林
－1	马尔代夫	北马其顿

资料来源：作者测算整理。

3.4　本章小结

本章详细分析了我国西部地区对外直接投资的现有发展水平和“一带一路”倡议下西部地区的投资机会，在此基础上构建异质性随机前沿引力模型，测算了我国在“一带一路”沿线国家的投资潜力和投资效率。本章的研究发现：①我国对外直接投资分布严重不均衡，西部地区对外直接投资无论规模还是速度，都滞后于东部地区；②“一带一路”沿线面积占世界地表面积的 44.90％，人口占世界总人口的 43.70％，我国在“一带一路”沿线的投资潜力巨大，但是投资效率损失较大，特别是在丝绸之路经济带，投资不足更加严重；③东道国的投资自由度、劳工自由度水平不高是阻碍我国投资进入的主要原因，东道国的产权保护会降低我国对外直接投资的效率，但是能够减缓效率变动的幅度，双边投资协定能够降低投资阻力，提高我国对外直接投资的效率，降低投资收益的不确定性；④“一带一路”倡议为西部地区对外开放和跨越式发展提供了历史机遇，利用“一带一路”倡议契机，加快投资便利化进程，密切与“一带一路”沿线国家的经济往来，有助于提升我国的对外直接投资效率。

第4章　对外直接投资促进我国西部地区产业结构升级的作用机理分析

本章将在前面文献梳理总结的基础上，利用国际投资学、国际贸易理论、产业组织理论等学科的理论和方法，分析和探讨西部地区对外直接投资对产业结构转型升级发生影响的作用机理，以便为后续的实证研究提供思路和方向。具体而言，本章将首先建立一个微观投资行为到宏观经济后果的分析框架；其次从微观企业的对外直接投资决策出发，分析不同投资动机的投资行为对企业的效率升级的影响；最后从产业联动和地区互动的视角将微观投资行为对企业的影响加总到宏观层面，分析对外直接投资对宏观的产业结构变动和生产率提升的影响。

4.1　对外直接投资促进我国西部地区产业结构升级的基本机制

对外直接投资是企业国际化经营的重要战略，其决策的微观主体是企业，企业基于其发展战略和利益追求，制订对外直接投资决策，实施对外直接投资行为，因而对外直接投资对母国经济的影响也首先体现在其对投资母公司的影响。现有关于对外直接投资对产业结构升级的机理的分析研究，往往直接从宏观影响效果出发，分析对外直接投资可能对不同产业的发展产生的影响效果，忽视了对外直接投资影响产业结构的微观基础，难以缕清影响关系的先后顺序，使得作用机理的分析较为分散、笼统，缺乏一个统一的分析框架。本章构建了一个从微观到宏观的作用机理的统一分析框架，依照产业结构升级的内涵界定，先从微观上分析对外直接投资对企业的生产率提升、盈利增长及产能增长等的影响，然后从产业联动和空间溢出的角度，分析对外直接投资对其他企业效率提升的影响，以及这种影响如何影响到产业的比例关系变动和总体生产率的提升，最终实现产业结构升级。本章的整体分析框架如图4-1所示。

图4-1列出了对外直接投资对我国产业升级的影响作用机理。首先，根据本书第二章中对产业结构内涵的分析，产业发展的基础是企业生产率的提升以及不同产业企业生产率的构成变化，因此，产业结构升级应当有微观和宏观层面的两层内涵：微观层面上体现为以技术创新和技术进步所引起的企业的生产率提升和产

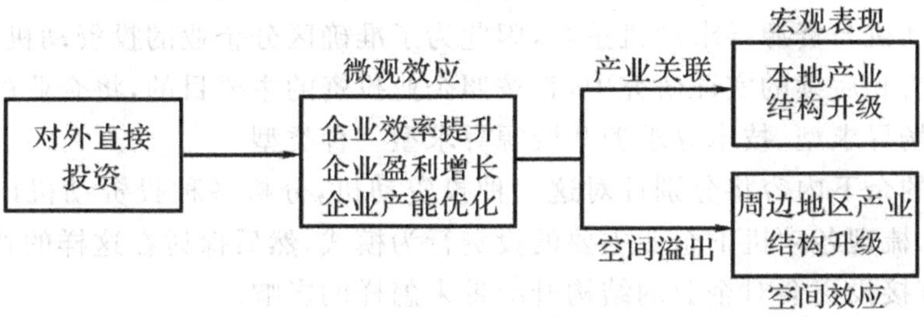

图 4－1　作用机理的理论分析框架

品附加值的提高所带来的产业内部的升级运动；宏观层面上则是生产要素顺次转移所引起的三次产业比重关系和产业要素密集度变动所带来的产业结构的高级化和合理化的过程。其次，对外直接投资对产业结构升级的影响既有直接作用，也有间接作用。直接作用体现为对外直接投资企业在实施对外直接投资后，通过逆向技术溢出、产业转移、资源补缺等渠道所获得的企业生产率的提升、盈利能力的增长和企业产能利用率的优化；而间接作用则体现为非对外直接投资企业从产业关联和空间溢出等途径所获得的来自对外直接投资的各种外部性效应。最后，对外直接投资对产业结构升级的影响，先体现在对外直接投资对微观企业的影响上，具体影响的作用大小和方向受到企业投资动机的影响；由于宏观产业结构由微观企业加总得到，对外直接投资的微观企业的影响通过产业转移、产业上下游关系以及产业竞争和模仿影响到产业内的其他企业以及其他产业企业的升级，并通过地区间的产业关联关系进行空间扩散，最终对宏观层面的产业结构高级化水平和产业结构合理化水平带来重要的影响。

本章在后续小节中将分别对对外直接投资影响产业结构升级的微观和宏观作用机理进行详细的分析。

4.2　对外直接投资促进我国西部地区产业结构升级的微观机理

本节主要以对外直接投资企业为分析主体，分析在不同的投资动机下，企业的对外直接投资会对企业的生产率和竞争能力带来怎样的影响。企业投资动机按基本类型可分为水平型和垂直型，按投资目的则可分为市场寻求、技术寻求、资源寻求和战略资源寻求四种类型。由于企业对外直接投资往往不是基于单一的动机，而可能是多个动机共同作用的结果（Dunning）[155]，考虑到战略动机所包含的内容与前三种动机的重合度较高，例如基于营销网络和渠道动机的战略投资与市场寻求动机重合，基于技术知识等战略资源的投资与技术动机重合，而基于重要投入要素的投资动机与资源寻求动机重合，因此为了准确区分企业的投资动机，本书在理论机理分析和后续的实证研究中，将按照企业投资的主要目的，将企业的投资动机区分为市场寻求型、技术寻求型和资源寻求型三种类型。

本节的余下内容将分别针对这三种投资动机，分析各种投资动机出现的现实经济背景，梳理各动机下企业主要的投资行为模式，然后探讨在这样的背景和模式下，对外直接投资会对企业的结构升级带来怎样的影响。

4.2.1 市场寻求型投资的微观作用机理分析

市场寻求型的对外直接投资是发展中国家国际化进程中最常见的形式。出于对海外市场发展的乐观预期，为了更加有效地服务于东道国市场、更好地稳定和扩张东道国市场，或降低运输成本和关税等对企业出口的不利影响，企业会采用对外直接投资的方式在东道国成立生产制造、销售服务等子公司。市场寻求型投资的内部动机主要是企业出于对利润的追求，希望以更大的生产规模来实现平均成本的下降，获得规模经济的好处，拓展市场占有率，提升企业的竞争能力；市场寻求型的对外直接投资的外部成本则在于本地市场的规模局限、运输和关税成本的影响，当企业所服务的本地市场不足以消化企业的生产能力，或者是企业采用出口的方式面临着较高的成本以至于影响到企业所生产的产品在当地的竞争力时，企业就会采用市场寻求型的对外直接投资，直接到东道国设立分支机构，更加接近市场，以获得消费者需求和偏好的最新信息，为当地产品提供更好的配套服务。

根据企业向外设立分支机构的经营范围，可以将市场寻求型的对外直接投资分为商贸服务类和当地生产类两种类型。其中，商贸服务类的对外直接投资只是在当地成立售前和售后的服务机构，负责商品宣传、市场情报收集和售后服务等辅助类工作，并不在当地直接进行生产；而当地生产类的对外直接投资则直接将生产线转移到当地，雇佣工人进行生产，最后将产品销售到当地或出口到第三方市场。因此，不同类型的市场寻求型的对外直接投资对母公司的产业结构升级的作用也会有所不同。商贸服务类的对外直接投资促进了企业在当地的出口，有利于母公司盈利能力的增长（蒋冠宏和蒋殿春；顾雪松、韩立岩和周伊敏）[61-62]，同时，伴随着出口的增加，企业面对着不同市场的消费者和竞争者，能够从“干中学”的过程中获得逆向技术溢出，从而促进企业生产率的提升（Van Biesebroeck；Feenstra，Li，Yu）[156-157]。当地生产类的对外直接投资则将部分生产环节转移到东道国，一方面，利用东道国的资源优势和劳动力成本，能够降低生产成本，使得企业获取可观利润，提高母公司的利润水平；另一方面，生产转移类的对外直接投资将国内不再具有比较优势的产业转出，释放了大量的资源，提高了本国企业的产能利用率和盈利水平。总的来看,市场寻求型的对外直接投资能够促进对外直接投资企业的生产率提升、盈利增长和产能优化,起到了促进企业升级和竞争力提升的作用。以上作用机制可以用图 4－2 直观表示。

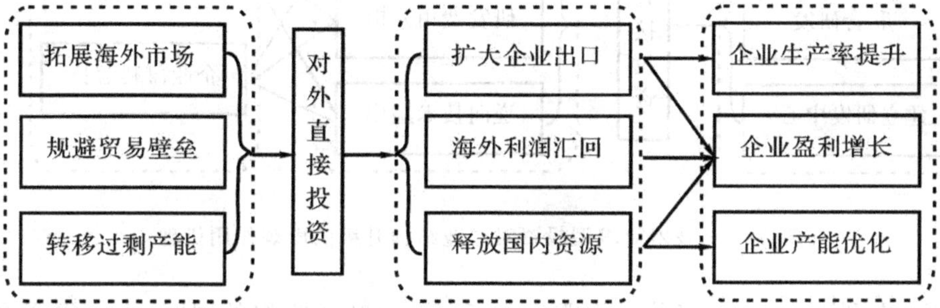

图 4－2　市场寻求型投资对产业结构升级的微观作用机理

4.2.2　技术寻求型投资的微观作用机理分析

技术寻求型的对外直接投资也是我国企业进行国际投资的一种重要类型。伴随着中国经济的持续发展,我国企业依靠着国内生产的低成本和外向型的生产方式,在国际市场赢得了一定的竞争力和市场份额,但是伴随着国内原材料价格、劳动成本的不断攀升以及外部需求波动性增强,原有粗放式的发展方式难以继续支撑企业的进一步发展,越来越多的企业开始艰难的转型。通过技术研发增强企业生产率、提升产品附加值,从而实现产业结构的转型升级,是很多企业的共识,但是自身研发基础薄弱限制了自主研发能力的提升,外部获取技术又存在很多壁垒,因此越来越多的企业开始以对外直接投资的方式,进入发达国家寻找适用技术。

一般说来,中国企业技术寻求型的对外直接投资主要有以下几种形式:一是通过并购的方式实现对发达国家技术型企业的控制,获得其核心技术和专利;二是与东道国科研机构或相关企业签订联合研发协议,集合双方的人力物力和技术优势,开展合作研发;三是直接在发达国家建立研发中心,吸引当地的优秀技术人才,掌握最新的科技发展动向。技术寻求型对外直接投资对国内企业转型升级的微观影响和作用,也通过以上三种方式来传递,具体影响机制如图 4－3 所示。

首先,通过并购东道国企业的方式进入的对外直接投资,能够直接获取企业所需要的核心技术和专利资源,通过直接引进消化吸收后,能够促进国内母公司生产率的提升,开发出更有市场竞争力的产品,促进企业的盈利增长。例如:联想公司通过收购 IBM 个人计算机事业部,一举获取了 4000 多项专利(蔚海燕和卫军

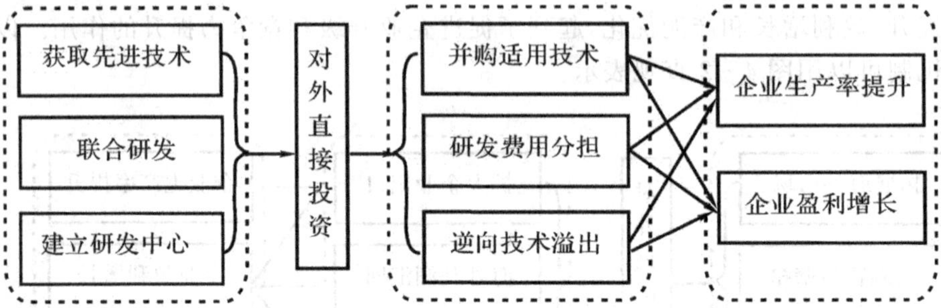

图 4-3 技术寻求型投资对产业结构升级的微观作用机理

朝)[158];吉利汽车以 18 亿美元收购沃尔沃轿车 100%股权的同时,也获得了全部的专利技术和知识产权的所有权。

其次,通过联合研发进入发达国家的对外直接投资,则可以通过"研发费用分担"和合作研究中的"学习效应"促进国内企业生产率的提升,研究成果反馈回国内,也有助于企业生产流程的改善和新产品的研发,促进企业市场竞争力的提升(Pradhan,Singh)[159]。例如,华为公司先后与摩托罗拉、英特尔、德州仪器等建立联合实验室,为引进和学习先进企业的研发经验提供了重要平台,与英特尔的联合研发中心实现了支持 IX 架构的设计方案,而与德州仪器的联合实验室则催生了华为的多媒体技术及其应用(许晖、单宇和冯永春)[160]。

最后,通过直接建立研发中心的方式进入的对外直接投资,则可以近距离地接触到世界科技发展的前沿,及时掌握本行业产品和生产技术的最新动向,同时凭借地理位置的优势可以吸引到发达国家的科技人才,充实研究队伍,利用技术的逆向溢出效应,可以学习到科技发展的最新成果和先进国家的管理经验,最终促进国内母公司生产率的改善和企业竞争力的提升。例如,华为公司在印度班加罗尔、美国硅谷、瑞典斯德哥尔摩等地分别设立了海外研发中心,瞄准当地的科技优势开展有针对性的学习和吸收。

4.2.3 资源寻求型投资的微观作用机理分析

Ramasamy、Yeung 和 Laforet[161],王永钦、杜巨澜和王凯[48]都发现中国对外直接投资的一个重要的动机是获取东道国的自然资源。中国企业的资源寻求型对外直接投资,大多数都是以国有企业为主的国内投资实体,在自然资源丰富的东道国建立分支机构,或与当地政府和当地企业合作,开发利用当地的自然资源,然后进行一定程度的提炼和加工,最后通过海外分支机构和参股合资公司将要素资源转移回国内，保障母公司生产发展所需资源要素。2016 年底，我国采矿业对外直接投资存量达 1523.7 亿美元，占我国对外直接投资存量总量的 11.2%，主要分布在亚洲（717.2 亿美元）、欧洲（238.6 亿美元）、大洋洲（208.5 亿美元）、拉丁美洲（159.3 亿美元）、非洲（104.1 亿美元）和北美洲（95.9 亿美元）；中国对外直接投资企业前五强中，有三家为资源类企业（中石化、中海油和中石油）。

资源寻求型的对外直接投资是企业为了保障关键原材料的稳定供给，或争取有利价格所进行的以自然资源为标的的投资，投资对象包括以矿产资源和能源为主的工业原材料或者农产品等自然资源。石油、煤炭、铁矿石、铜矿石为标志的自然资源，是工业发展的重要基础，对于国家经济发展具有重要的战略地位（李鹏飞等）[162]。同时，随着期货等衍生金融产品市场的发展，自然资源凭借其保值功能和投资功能，开始具有了一定的金融属性，因此，自然资源相对于一般的商品而言，既具有商品属性，还具有战略属性和金融属性，这三个属性决定的资源寻求型的对外直接投资既要从企业的利益动机出发，还要考虑国家战略需要，既要衡量资产本身的品质高低，还要考虑资产价格的波动因素（张海亮、齐兰和卢曼）[24]。

资源寻求型对外直接投资对国内企业的产业结构升级的影响，主要通过以下两个渠道来产生（如图 4-4 所示）：一是企业获取了原材料的稳定供给，降低了原材料供应的不确定性，使企业能够以最优的生产规模来进行生产，降低了企业的生产成本，提高了企业的生产效率，促进了企业盈利状况的改善；二是资源寻求型的对外直接投资突破了企业资源获取的地理局限，使企业能够从全球范围内寻找优质资源，提高了资源供给的质量水平，有助于提高最终产品的品质，提高企业的市场竞争力。

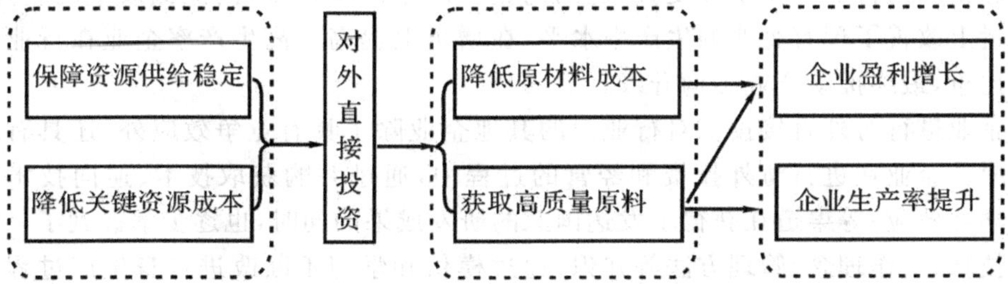

图 4-4　资源寻求型投资对产业结构升级的微观作用机理

4.3 对外直接投资促进我国西部地区产业结构升级的宏观效应

微观视角下，对外直接投资促进了投资企业的全要素生产率提升、企业盈利能力增长和企业产能结构优化，而宏观视角下对外直接投资对产业结构的影响作用则主要关注对外直接投资企业通过产业之间的关联关系影响到其他非对外直接投资企业，最终使宏观加总层面上的产业结构的比例构成和产业生产率发生变化。企业间的产业关联主要通过产业内的竞争示范效应、产业上下游间的产业链溢出以及不同产业间的边际转移来实现。

4.3.1 产业内的竞争、示范效应

波特的钻石模型理论首先强调了竞争对产业结构升级的作用。企业在进行对外直接投资后，就将自己置身于广泛的国际竞争中，不仅要和本地的企业进行竞争，还要与来自世界上其他国家的竞争者进行竞争，企业为了在竞争中获得生存和发展，就只有不断增强自身的竞争优势和竞争能力。与此同时，这种竞争也会传递扩散到国内，使得国内相关行业的竞争程度加剧，市场格局受到冲击(潘雄锋、闫窈博和王冠；尹斯斯和高云舒)[64,163]。市场竞争程度的增大一方面倒逼一部分国内企业改进自身生产技术和管理水平，更加努力优化内部生产流程，提升产品质量，提高企业的市场竞争能力；另一方面，竞争程度的增大也会加速行业内的优胜劣汰，使一部分生产率低下的企业无法继续经营，退出市场，释放出的生产要素转移配置到生产效率较高的企业中去(王文、孙早和牛泽东)[164]。由此，对外直接投资通过加剧国内行业的竞争程度，倒逼国内企业的生产率进步，淘汰低效率的企业，在存量上改善了现有企业的生产率水平，在增量上提高了高生产率企业在行业中所占比重，最终推动产业结构升级。

企业进行对外直接投资对行业内的其他企业除了具有竞争效应外，还具有示范效应。企业在进行海外投资和经营的过程中，通过并购获取技术、逆向技术溢出、“学习效应”等渠道在获得了发达国家的研发成果的同时，也逐步掌握到了一些生产技巧、工作理念、管理方法等知识，通过模仿和学习不断改进自身生产过程和产品质量。伴随着对外直接投资企业产品竞争力的逐步体现，行业内的其他企业也开始对该企业的产品、技术、管理经验等进行模仿、学习，对外直接投资的微观影响得以在行业内部溢出，促进了整个行业的生产率提升，有助于产业结构升级。

4.3.2 产业链的上下游关联效应

产业关联效应是指某一产业的技术和产出水平的变化会对与之线性关联的其

他产业带来影响，按照线性关联的发生顺序，可以将产业间的关联关系分为前向关联和后向关联（艾伯特・赫希曼）[165]。前向关联主要指沿着供应链所发生的由下游到上游的联系，例如下游产业的最终需求增大所引起的对原材料、设备、技术等上游产业的扩张需求；而后向关联则是指沿着供应链所发生的由上游到下游的联系，例如上游产业的技术提升所带来的中间品质量的提高最终会促进下游产品质量的提升。

由于产业之间是相互依存和紧密联系的，上下游产业间会通过供应链关系互相影响。已有大量研究探讨了外资进入对产业结构升级的垂直溢出作用（Du，Harrison，Jefferson；孙浦阳、蒋为和陈惟；毛其淋和许家云）[166-168]。类似的，处于供应链某一特定位置的企业所发生的对外直接投资，将会通过前向关联或者后向关联影响到产业链上的其他企业，由此将对外直接投资对单个企业的微观影响扩展为对关联企业以至于整个产业的宏观影响（赵云鹏和叶娇；赵伟和江东）[150,169]。

从前向关联的效应来看，下游企业进行对外直接投资，参与国际竞争，主要对上游企业带来三方面的影响：第一，下游企业的对外直接投资，增大了生产规模或出口规模，因而对上游产业的中间产品的需求增大，这会促进上游产业的规模扩张和技术升级；第二，下游企业进行对外直接投资，面临着更加复杂的国际竞争，各地消费者对产品质量和技术都会提出更高的要求，需要上游产业提供更高质量的中间产品和技术服务与之配套，这样就会倒逼上游产业的技术提升和质量改善；第三，对外直接投资企业在国际化经营中积累的技术能力和管理经验等除了能够在产业内横向溢出，也能在产业链中逆向溢出，通过学习模仿、技术合作、联合研发等方式传递到上游企业中，促进上游企业的提升（Lin，Saggi）[170]。

后向关联效应则强调上游企业进行对外直接投资所带来的专业化分工改进。上游企业进行对外直接投资，将上游生产环节转移到国外，那么国内产业部门就可以专注于下游产业的生产，对外直接投资实现了产业链的全球布局，将低端的初级产品生产制造转移到国外，母国企业为其提供必要的技术服务和管理咨询，本国部门则专注于最终产品的研发与生产环节，实现了价值链的攀升。与此同时，上游企业的对外直接投资，也保障了下游产业的原材料供应，使下游企业的生产能力得到充分利用，促进了下游产业生产率的提升。

4.3.3　产业间的边际转移效应

产业间的转移效应则是基于小岛清的边际产业转移理论，探讨企业国际化所带来的国内产业的结构转换。产业结构升级必然伴随着传统产业的衰落和新产业的兴起、生产要素不断从传统产业释放转移到新兴产业的过程。但是受到国内各种非市场因素的影响，有些企业并不能及时从市场中退出，导致生产要素不能及时释放，转移到其他产业，阻碍了传统产业的改造和新兴产业的成长。为了有效降低企业退出的经济成本，可以通过对外直接投资把国内不再具有比较优势的产业转移到国外进行生产，不仅转移了国内的过剩产能，释放了生产资源，而且也能够延长资产的生命周期，从海外生产中赚取收益。因此，随着一国经济的发展，会逐渐出现比较优势的转换，有些传统企业将逐步失去比较优势，对外直接投资应当首先从这些失去比较优势的“边际产业”开始，促进企业有序进行边际产业的向外转移，释放相关生产要素，发展具有比较优势的产业(Kojima；Ozawa)[131-132]。

具体而言，对外直接投资通过产业转移渠道对国内产业结构升级产生影响的作用机理主要体现在两个方面：一方面，国内即将失去比较优势的产业中的企业以对外直接投资的方式，将生产转移到国外，这些产业在当地可能仍然具有比较优势。因此这种转移延长了闲置资产的生命周期，同时带动了原材料、设备零部件、中间产品的出口(刘海云和聂飞)[145]，还能利用东道国所给予的投资、税收等方面的优惠政策，赚取高于国内生产的利润，并通过利润汇回的方式投入国内传统产业的改造和新兴产业的成长中，促进企业的技术改善和价值链升级。另一方面，通过对外直接投资向外转移过剩产能，释放了相关的资金、土地、人力资本等要素资源，这些资源可以转移到资源需求旺盛的新兴产业的企业中，带动新兴产业的发展(杨振兵；温湖炜)[171-172]。因此，总的来看，对外直接投资通过产业转移的方式，既实现了国内边际产业的妥善退出，延长资产生命周期，又为新产业的形成和发展释放了生产资源和提供了外汇支持。

4.4 对外直接投资促进我国西部地区产业结构升级的空间溢出作用

前一节分析了对外直接投资通过产业内部的竞争、示范作用，产业链上下游间的关联作用和产业间的边际转移作用，将对企业个体的微观影响传递到其他企业，乃至对整个行业产生影响，而这种产业联动的传导路径，也将沿着“企业内—区域内—区域间”路径延伸和演化，空间范围不断扩大(程李梅等)[173]。具体而言，对外直接投资对产业结构的空间作用，主要通过地区间产业转移、地区产业聚集和地区竞争这三个渠道来传导。

4.4.1 地区间产业转移效应

赤松要的雁行理论指出随着经济的不断发展，一国会逐渐将失去比较优势的产业转移到不发达的国家，同时打造新的优势产业以寻找经济增长的新动能(Akamatsu)[129]。但是对于我国这样一个存在较大区域差异的“大国经济体”，区域之间的要素禀赋结构和经济发展的差异程度可能并不弱于国家之间的差异，因此，产业的转移不仅发生在国家之间，也发生在国家内部的各区域之间（蔡昉、王德文和曲玥；曲玥、蔡昉和张晓波）[174-175]。对外直接投资不仅带来边际产业的向外转移，也会对国内地区之间的产业转移带来影响。具体而言，对外直接投资引致的地区间的产业转移作用主要有以下几个方面：

一方面，对外直接投资挤出了东部地区向中西部地区的产业转移，不利于中西部地区的产业发展。我国东中西部的产业发展水平具有明显的东高西低的梯度特征，通过招商引资承接东部地区产业转移成为西部地区培育优势产业、实现产业结构升级的重要制度安排（程李梅等）[173]。曲玥、蔡昉和张晓波[175]以及唐根年、许紫岳和张杰[176]等均发现我国出现了制造业自东向西转移的雁行模式。但是随着西部地区劳动力成本的上升，我国中西部相对于东南亚国家已不再具有劳动力成本优势（李建强和赵西亮）[177]，越来越多的国际商品制造商将生产向东南亚转移，而不是从东部向中西部转移①。对外直接投资减少了中西部承接的东部的产业转移，降低了中西部地区的资金流入，对中西部地区的产业结构升级带来了负面的影响。

另一方面，对外直接投资所带来的资本输出，会对母国区域市场规模带来影响，促使企业根据各地不同的比较优势采取不同的产业转移策略。具体而言，首先，对外直接投资影响企业需求，对外直接投资将生产转移到国外，形成对母国产业的出口替代，会导致企业外需下降。如果对外直接投资东道国具有较低的劳动力成本和政策优势，会使海外生产产品的竞争力进一步提升，部分进口到国内，加剧国内需求的竞争。其次，面对对外直接投资带来的外需下降和内需竞争加剧，企业会根据其比较优势的水平采取不同的国内产业转移策略：①如果企业的比较优势还存在，企业将采取扩张策略，以市场搜寻为目的，通过产业链在区域内的重新布局，提高国内产品的竞争优势，以增强国内市场占有率并弥补国际市场的需求缩减；②如果企业的比较优势变弱，则企业将采取衰退策略，以控制成本为目的，将产业转移到成本更低的地区。最后，企业策略和市场互动的结果决定产业在国内的转移方向。聂飞和刘海云[178-179]发现东部地区的对外直接投资对中西部地区的产业增长有正向作用，对中西部省会城市的转移主要是市场扩张型转移，而对中西部中小城市的转移主要是成本控制型转移。

4.4.2　地区间技术溢出效应

对外直接投资对国内企业的逆向技术溢出作用，不仅体现在行业内溢出和行业间溢出，也自然扩展到地区内和地区间的溢出。因为发生对外直接投资的企业

---

① 全球制造业正悄然从中国转战东南亚[EB/OL].（2013－05－20）[2019－11－20]. http://finance.people.com.cn/n/2013/0520/c348883－21539459.html.

和其他企业都分布在一定的地理空间范围内，因此对外直接投资的溢出作用也有一个空间维度（钟昌标）[180]。某一地区企业的对外直接投资行为不仅会影响到本地区其他企业的生产率，也会通过空间上的联系影响到其他地区企业的生产率，从而对周边地区的产业结构升级带来影响。企业和地区之间的这种空间依存关系所带来的效果可以认为是一种外部经济，它放大了企业内部规模经济的宏观效果，使对外直接投资对产业结构升级的作用在空间范围内产生溢出效应。具体的作用主要有：一是同一行业内的竞争企业往往处于不同的空间范围内，对外直接投资所带来的外溢作用很容易突破行政地理区位的范围限制，在更广泛的空间范围内对周边企业带来影响（郑展鹏）[181]；二是随着各地区市场化进程的推进，资源在区域间的流动越来越频繁，对外直接投资对企业产品质量、技术水平和管理水平的提升，可能通过产品区域间贸易、技术人员交流和信息沟通等方式在空间范围内扩散，使对外直接投资对产业结构的影响在空间上得到拓展，产生了空间溢出效应。

新地理经济学指出企业的技术溢出不会拘泥于地理或行政的边界，而只在初始投资企业所在地区发生（Krugman）[182]，对外直接投资对产业结构升级的影响会打破行政区划的限制，在更大的空间范围内发生作用。但是，地理经济学第一定律也提到“事物之间是广泛联系的，但是离得近的事物的相关程度更高”（Tobler）[183]。对外直接投资在地区间的外溢程度也与地区之间的相互距离有关：首先，当对外直接投资企业生产出了新产品，使用了新工艺或新的管理制度时，地理位置相邻的企业将最先感知到这种变化，开始进行模仿和学习；其次，地理位置越近，产业聚集的程度越高，专业化分工和人员流动的速率越快，对外直接投资企业内经过培训的员工越容易流动到周边地区的企业中，从而促进其他企业的效率提升；最后，产业的上下游关系往往也更多发生在地理位置临近的企业，对外直接投资企业基于成本的考量往往更多在周边地区寻找供应商和销售商。综合前面的分析可以发现，对外直接投资的技术溢出作用不仅发生在产业之间，也在地理空间范围内扩展，因此，对外直接投资不仅影响到当地的产业结构升级，也会对其他地区的产业结构升级带来影响，地理距离越近，这种空间外溢作用将越突出。

4.4.3 地区竞争效应

在我国对外直接投资迅猛发展的过程中，政府的推动发挥了重要作用。早期绝大多数对外直接投资都由中央企业来完成，而地方企业的对外直接投资则在2008 年金融危机之后开始走入快速上升通道，特别是 2013 年后，增速明显加快，在 2014 年，地方企业发起的对外直接投资首次超过中央企业，2015—2016 年，地方企业则开始成为我国对外直接投资的主力军，占比超过 80%。企业是对外直接投资的主体，但是政府干预能够对企业行为产生影响（夏立军和方轶强）[184]：首先，地方政府可以通过控制企业决策来影响国有企业的对外直接投资行为，拥有企业较多所有权和最终控制权的政府，能够通过任命高管等方式参与企业投资决策(Carvalho，Goldstein；Wang 等)[185-186]；其次，地方政府可以通过控制行政审批等手段来影响企业对外直接投资决策，以引导企业按照政府政策走向参与对外直接投资(姜广省和李维安)[38]；最后，地方政府可以通过金融信贷体系影响企业对外直接投资决策，而融资约束是影响中国企业对外直接投资的重要因素(刘莉亚等；王碧珺等)[31,187]，政府可以协调相关信贷政策帮助企业缓解融资约束。

在我国，各级地方政府工作人员有推进产业结构升级的激励，并整合其拥有的政策空间、资源禀赋和信息手段等加以实现。一方面，我国对地方领导干部的考核主要采用以经济绩效为主的考核方法，地方政府工作人员为了提高经济绩效，有动力发展那些增长较快的产业，推动本地产业结构升级。另一方面，加快产业结构升级、转变经济增长方式是中央政府经济政策的重要方向，地方官员有激励顺势而为，在中央关注的重点工作领域中做出成绩，从而向上传递出自身能力的信号。我国对地方政府工作人员的考核实行的是锦标赛式的“相对考核”，因而地方政府在产业结构的发展和调整上很可能开展追逐式的横向竞争，关注对手的产业结构调整，使得相邻地区或经济发展水平相似地区的产业结构调整之间出现明显的空间相关性(周黎安；黄亮雄等)[188-189]。

地方政府在促进对外直接投资和改善产业结构两个问题上都存在纵向上跟进中央政策和横向上进行地区竞争的动机。因此，地方政府会为了经济绩效的改善而进行竞争，密切关注竞争对手的政策动向，模仿跟进。但是中央的考核标准往往较为粗略和模糊，很难在文件中对产业结构的转型升级提出非常具体的量化指标，这使地方政府工作人员更倾向于对更加容易和更容易出现成效的产业结构升级施加政策干预，也导致了政府在鼓励对外直接投资中具有偏向性和选择性，优先选择那些能够快速做大规模、形成绩效的产业，而不是真正符合本地区竞争优势的产业，这也导致了竞争地区在进行对外直接投资时行业选择和地区选择的同构性，最终影响到整个区域的产业结构升级。

4.5　本章小结

本章在文献梳理总结的基础上，利用国际投资学、国际贸易理论、产业组织理论等学科的理论和方法，分析和探讨了西部地区对外直接投资对产业结构升级发生影响的作用机理，以便为后续的实证研究提供思路和方向。具体而言：①建立了一个从企业微观投资行为到宏观经济后果的统一分析框架，勾勒出西部地区对外直接投资影响产业结构升级作用机理的基本脉络；②对外直接投资对产业结构升级影响的微观基础体现为促进企业全要素生产率提升、企业盈利能力增强和企业产能优化，因此从微观企业的对外直接投资决策出发，分析不同动机的对外直接投资会对企业绩效产生怎样的影响；③从产业内的竞争示范效应、产业链上下游关联效应和产业间的边际转移效应出发，分析对外直接投资的影响如何外溢到其他企业，最终影响到宏观层面的产业结构升级；④从地区间的产业转移效应、地区间的技术溢出效应和地区竞争效应三条路径，分析了对外直接投资对产业结构升级影响的空间外溢作用。

第5章 对外直接投资与我国西部地区产业结构升级:微观机理的检验

本章将在第4章理论分析的基础上,利用中国上市公司对外直接投资的微观数据,实证检验对外直接投资对产业结构影响的微观基础。基于理论分析的结论,本章将对外直接投资促进产业结构升级的微观基础定义为参与企业的生产率提升、盈利能力增加和产能水平优化三个方面,利用倾向得分匹配和双重差分的方法,控制企业对外直接投资行为的内生性,检验对外直接投资对企业生产率、盈利能力和产能利用水平变动的因果效应,从而提供对外直接投资促进产业结构升级的微观证据。

5.1 假说提出

5.1.1 对外直接投资与企业全要素生产率

生产率是企业竞争优势的集中体现,也是影响企业国际化经营的关键因素。Melitz[26],Helpman、Melitz 和 Yeaple[27]等的异质性企业理论认为,生产率最低的企业服务本国市场,生产率较高的企业通过出口参与国际竞争,只有那些生产率最高的企业才能够进行对外直接投资,因为对外直接投资企业除了面临出口运输的冰山成本,还面临着较大的固定投资成本,只有生产率最高的企业才有足够的利润空间弥补这些国际投资的成本,这种效应被称为企业对外直接投资的“自选择效应”;与此同时,也有文献开始关注对外直接投资的“生产率效应”,也就是研究对外直接投资对企业生产率的影响(蒋冠宏和蒋殿春;Li 等;Smarzynska)[59,154,190]。

从理论上看,影响企业全要素生产率的因素主要有知识的创造、转移和吸收以及生产要素的供给质量和效率、有效的管理制度和富有竞争性的外部市场(Isaksson;Danquah,Moral-Benito,Ouattara)[191-192]。技术、专利、管理经验和市场渠道等资源不仅可以通过企业自身创造,而且也可以通过收购、模仿等方式从外部获取,对于中国这样的发展中国家而言,通过对外直接投资的方式从发达国家获取技术和管理经验就是促进生产率提升的重要渠道。对外直接投资对全要素生产率的影响主要有以下渠道:①逆向技术溢出效应。技术资源寻求是发展中国家企业投资发达国家的重要动因，通过购买专利技术、联合研发等方式，使先进的技术和管理经验逆向转移回本国，促进本国企业的技术进步和效率提升（Tang, Altshuler；Hamida；Du 等）[2,139,166]。②学习效应，即对外直接投资使企业参与到更广泛的国际竞争中，接触到更多的消费需求、研发资源和管理经验，通过“干中学”的过程促进效率提升（Van Biesebroeck；Feenstra，Li，Yu）[156-157]。③规模经济效应。企业通过对外直接投资进行全球生产布局能够有效扩大企业的规模，降低企业的平均成本，也摊薄了企业的研发成本，从而提升了企业的全要素生产率。④利润回流效应。海外分支机构所创造的利润回流至母公司，为企业的研发投入和创新活动提供了资金支持，因而有助于促进企业生产率的进步（毛其淋和许家云；蒋冠宏）[193-194]。因此，基于以上分析，本书提出假设 1 和假设 2：

假设 1：对外直接投资促进企业全要素生产率的提升。

假设 2：相对于市场寻求和资源寻求动机，技术寻求动机的对外直接投资对全要素生产率的促进作用更大。

5.1.2 对外直接投资与企业产能利用率

边际产业转移理论认为，向外转移即将失去比较优势的产业是先行国家对外直接投资的重要动机，通过边际产业的梯度转移既发挥了国内落后产能的剩余价值，为企业扩宽国际市场，获取丰厚利润，又有利于释放这些产业中所占用的资源和空间，有利于积蓄力量发展新的比较优势产业（Kojima）[131]。针对我国的具体情况，刘海云和聂飞[142]指出我国的对外直接投资不同于美国、日本等先行国家，既有以资源寻求为目的的顺梯度投资，也有以技术和市场寻求为目的的逆梯度投资，因而对外直接投资对我国产能利用率的影响应当区分不同的投资流向。

顺梯度的对外直接投资主要通过“产业剥离”效应来影响国内产能，顺梯度的对外直接投资将在本地不再具有比较优势但是在东道国仍具有比较优势的产业部门剥离出去。将国内闲置的生产设备和生产技术转移到相对落后的发展中国家，一方面，企业国内生产部门的生产资源得到释放，产能水平得以改善；另一方面，转移出去的生产能力在当地仍然具有比较优势，创造出的利润回流回国内，有利于国内企业的设备改造和技术升级，帮助企业完成产业升级（刘海云和聂飞；Barrios, Görg, Strobl）[145,195]。

逆梯度的对外直接投资则主要通过“生产率效应”和“对外贸易效应”两个渠道间接作用于国内产能利用率。“生产率效应”主要体现为以技术寻求为主的逆梯度对外直接投资能够通过逆向技术溢出、学习效应、规模经济和利润回流等渠道促进国内生产率的增长，改变企业的实际生产效率，促进企业产能利用水平的改善（杨振兵；Li 等）[171,196]；而“对外贸易效应”则体现为以市场寻求为主的逆梯度对外直接投资能够促进企业的出口增长，扩大企业产品的市场占有率，从而提升企业的有效需求，加快企业的资源周转效率，提升企业的产能利用率（顾雪松、韩立岩和周伊敏；刘航、李平和杨丹辉；王碧珺）[62,197-198]。

“一带一路”沿线国家绝大多数都是发展中国家，地域广阔，人口众多，多数国家都处在工业化和城镇化初级和中级阶段，基础设施建设如火如荼、方兴未艾。因此，推进国际产能合作和装备制造合作，是我国推进“一带一路”建设的重要抓手。“一带一路”沿线矿产资源和能源资源丰腴，与我国产能和装备的契合度高，能够较强地带动建设机械、铁路、建材、化工、钢铁等产品出口，促进企业产能利用水平的改善。

因此，本书提出假设 3 和假设 4：

假设 3：对外直接投资促进了企业产能利用率的提升。

假设 4：投资到“一带一路”的对外直接投资对产能利用率的提升作用更大。

5.1.3　对外直接投资与企业资产收益率

基于发达国家传统的跨国投资理论，企业对外直接投资的主要目的是利用企业自身特定优势进入海外市场，发挥“规模经济”和“范围经济”的优势，从而获得更高的利润（Hymer；白思达和储敏伟；Hoskisson，Hitt）[7,199-200]。我国对外直接投资主要采用了跨国（境）并购和绿地投资两种不同的进入模式。Datta 等[201]认为绿地投资和跨国并购在投资不确定和收益的滞后性上存在显著的差别。

一方面，从不确定性上看，绿地投资在进入初期，企业对投资所在地的制度环境和市场状况的了解都相对有限，企业必须自己花费大量的资源去获取这些信息，同时，缺乏现有品牌和声誉的积累，使企业的存活和后续收益都存在着很强的不确定性（Hennart，Park；McVea）[202-203]；而以跨国并购方式进入的企业可以从被并购企业中获取当地制度、文化和市场等信息，无须再建立信息网络去收集商业情报。被并购企业积累的营销网络和声誉口碑，也降低了企业进入本地市场的不确定性，使企业更容易取得较好的投资绩效（Georgopoulos，Preusse）[204]。另一方面，从收益的滞后性上看，绿地投资获得投资收益需要的周期更长。绿地投资企业在进入时需要投入大量的固定资本，厂房、设备、人员的配备都需要较长的时间，对当地市场需求的了解和对制度的适应都需要经验的积累；而并购在完成资源整合后，可以迅速利用现有资源开展经营，获取收益的时间一般显著快于绿地投资（Dikova，Van Witteloostuijn）[205]。Mathur、Singh 和 Gleason[206]的研究发现，企业的财务绩效会在国际化初期出现显著的下降，伴随着时间的推移，对外直接投资对收益的正向影响才开始显现。

综合以上分析，本书提出假设 5 和假设 6：

假设5：对外直接投资对企业盈利能力的影响需要时间的积累，在短期内，对外直接投资对资产收益率的作用不显著。

假设6：相对于绿地投资而言，以跨国（境）并购方式进入的对外直接投资对企业盈利能力的影响更大。

5.2 研究设计

5.2.1 模型设定

企业的对外直接投资并不是随机发生的，企业根据生产率水平等自身条件，选择参与国际经营的方式（Helpman，Melitz，Yeaple）[27]。如果直接采用普通最小二乘法（OLS）估计对外直接投资对企业绩效的影响，会产生样本选择偏误和遗漏变量偏误带来的内生性问题，因此本书采用基于倾向得分匹配的双重差分法。基于双重差分法思想，将样本区分为实验组和对照组，样本期间内发生了对外直接投资的企业为实验组，从未进行过对外直接投资的企业为对照组。基于这样的划分，构造企业是否进行对外直接投资的两个二元虚拟变量：du_i和dt。其中，du_i表示企业i在样本期内是否进行过对外直接投资，$du_i=1$表示企业i是对外直接投资的实验组样本企业，$du_i=0$则表示企业i是非对外直接投资的对照组样本企业；dt为时期虚拟变量，根据企业投资年份设定，$dt=1$表示对外直接投资当年及以后的时期，$dt=0$表示对外直接投资之前的时期。y_{it}表示企业i在时期t的结果变量，即本书所定义的企业层面的产业结构升级指标，Δy_i表示企业i在$dt=1$和$dt=0$两个时期的企业结果变量变化情况，若企业为对外直接投资企业，则两时期企业转型升级的结果变量的变化情况记为Δy_i^1；若企业为非对外直接投资企业，则两时期结果变量的变化情况为Δy_i^0。因此，企业参与对外直接投资对微观企业转型升级的实际影响δ，可表示为

$$\delta = E(\delta_i|du_i = 1) = E(\Delta y_i^1|du_i = 1) - E(\Delta y_i^0|du_i = 1) \tag{5-1}$$

式中，$E(\Delta y_i^0 | du_i=1)$其实是不可观测的一种"反事实"状态，因为企业要么进行对外直接投资要么不进行对外直接投资，两种状态只居其一。一旦企业选择进行对外直接投资，就只能观测到其对外投资后的结果变量$\Delta y_i^1 | du_i=1$，其未对外投资状态下的结果变量$\Delta y_i^0 | du_i=1$无法观测。为此本书利用倾向得分匹配的方法为对外直接投资企业找到了相近的从未对外直接投资的企业作为其"反事实"结果，用样本期内从未对外直接投资企业的结果变量的变化$\Delta y_i^0 | du_i=0$替代对外直接投资企业结果变量的变化$\Delta y_i^0 | du_i=1$，即假定$E(\Delta y_i^0 | du_i=1)=E(\Delta y_i^0 | du_i=0)$，那么式（5-1）转化为

$$\delta = E(\delta_i | \mathrm{du}_i = 1) = E(\Delta y_i^1 | \mathrm{du}_i = 1) - E(\Delta y_i^0 | \mathrm{du}_i = 0) \quad (5-2)$$

然后,根据双重差分法将对外直接投资的企业作为实验组,从未对外直接投资的企业作为对照组,比较实验组企业和对照组企业在对外直接投资前后结果变量的变化。如果实验组企业对外直接投资后结果变量的增加显著高于对照组企业,那么就可以认为企业的对外直接投资促进了企业层面的产业升级。具体的估计方程设定为

$$y_{it} = \beta_0 + \beta_1 \mathrm{du}_i + \beta_2 \mathrm{dt} + \delta \mathrm{du}_i \times \mathrm{dt} + \gamma X_{it} + \mu_{it} \quad (5-3)$$

式中,下标 i 和 t 分别表示企业和年份;y_{it} 表示企业的升级水平,分别用企业的全要素生产率、产能利用率和盈利能力来衡量。交叉项 $\mathrm{du}_i \times \mathrm{dt}$ 的估计系数 δ 捕捉了对外直接投资对被解释变量的因果影响。X_{it} 为控制变量集合,具体变量选择和定义见 5.2.2 节。

5.2.2　变量选择

1)被解释变量

(1)全要素生产率(TFP)

计算全要素生产率的标准方法是估计索洛余值,首先采用普通最小二乘法估计式(5－4):

$$\mathrm{va}_{it} = \beta_0 + \beta l_{it} + \theta k_{it} + \eta_{it} \quad (5-4)$$

式中,va_{it} 为 i 企业在 t 时期的工业增加值;l 为劳动投入;k 为资本存量;η 为随机干扰项。但是如果直接对式(5－4)进行普通最小二乘估计,可能因为反向因果关系而产生内生性问题,企业的资本投入和劳动投入决定企业增加值水平,但与此同时,产出状况也可能对投入水平产生影响,比如企业可能会为了实现某一产量水平而追加投资,这样就导致企业增加值与资本之间存在双向因果关系,直接采用最小二乘法进行估计的结果将是有偏且不一致的。Levinsohn 和 Petrin[207] 提出引入中间投入来处理内生性问题,将估计式转化为

$$\mathrm{va}_{it} = \beta l_{it} + \varphi(k_{it}, m_{it}) + \varepsilon_{it} \quad (5-5)$$

式中,m_{it} 为企业的中间投入,而 $\varphi(k_{it}, m_{it})$ 为资本存量 k 和中间投入 m 的三阶多项式函数。通过对式(5－5)系数的估计,可以计算全要素生产率为

$$\hat{\mathrm{TFP}}_{it} = \mathrm{va}_{it} - \hat{\beta} l_{it} - \hat{\theta} k_{it} \quad (5-6)$$

由于上市公司并没有公布增加值、中间投入和资本存量的准确数据,本书参照袁堂军[208]、张海波[60]等的方法来进行如下估算:

增加值＝固定资产折旧＋劳动者报酬＋营业税及附加＋主营业务净利润　(5－7)

中间投入＝主营业务成本＋销售、财务、管理费用－固定资产折旧－劳动者报酬 (5-8)

资本存量采用永续盘存法进行计算，由于上市公司在上市时会进行资产清算和评估，本书采用上市公司在上市时报告的固定资产净额作为初始资本存量水平，投资数据则根据企业各年度固定资产原价的差值来衡量：

$$k_{it} = k_{it-1}(1-\delta) + I_{it} \tag{5-9}$$

式中，k_{it} 和 k_{it-1} 分别是 i 企业在第 t 期和第 $t-1$ 期时的资本存量水平；δ 为折旧率，参照文献的一般做法以及国家统计局对工业企业固定资产核算的规定，折旧率取 5%的水平（张海波；Perkins；朱荃和张天华）[60,209-210]。

劳动投入采用员工人数来表示，劳动者报酬则使用支付给职工以及为职工支付的现金来表示。在实际计算中，式(5-5)和式(5-6)中的变量均采用对数的形式，增加值和固定资产存量、中间投入均使用对应价格指数调整为 2003 年可比价格。

(2)产能利用率(CU)

在微观层面，从理论上讲，企业的产出应该维持在企业短期平均成本最低的地方，但现实中企业常常不能在最优水平上生产。产能过剩就是指企业的实际产出低于其最优产出，产能利用率不足 100%的状态(Berndt，Morrison)[211]。产能利用率是测度产能过剩最直观的指标，其定义是实际产出与潜在最优产出之间的比值。若该值小于 1，则认为存在产能过剩；该值比 1 越小，产能过剩的情况就越严重。如何估计潜在最优产出是计算产能利用率的关键，主要的估计方法有设计生产能力法(Nelson)[212]、峰值法(Klein，Preston；Kirkley，Paul，Squires)[213-214]、生产前沿估计法(Kirkley 等；余东华和吕逸楠)[215-216]、成本函数法(马红旗等)[217]和协整法(Shaikh，Moudud；李双燕和苗进)[218-219]等方法。

由于设计生产能力法只适用于钢铁、水泥等有明确设计生产能力数值的行业，不具有普遍适用性；峰值法需要较长观测区间的时间序列数据，本书的研究范围难以满足；成本函数法具有较强的理论基础，能够反映各种投入要素对产出的作用，但是在估计过程中需要使用投入要素的价格信息，而上市公司数据中并没有披露这部分内容；协整法缺乏微观理论支撑，仅依据产出水平与资本投入之间的长期稳定关系来测算，忽视了技术、结构变动等其他因素对产能利用率的影响，一般只适用于宏观数据口径的估算。因此，本书参照余东华和吕逸楠[216]、张先锋等[220]对上市公司产能过剩的估计方法，采用生产函数法来估计企业的潜在最大产出水平：第一步，设定生产函数为柯布-道格拉斯生产函数形式，采用普通最小二乘法分行业估计得到生产函数中的系数估计值；第二步，估计产出水平，计算残差，并取残差的最大值加到平均生产函数的常数项上，得到边界生产函数；第三步，由边界生产

函数计算理论上的最大产出。最后,得到产能利用率:

$$CU_{it} = \frac{Y_{it}}{\overset{*}{Y}_{it}} \tag{5-10}$$

式中,CU 为企业的产能利用率水平;Y_{it}为企业的实际产出水平;$\overset{*}{Y}_{it}$为企业的潜在最大产出水平。

(3)盈利能力(ROA)

企业的盈利能力采用总资产收益率(ROA)来衡量,其计算方法为企业的税前利润与企业平均总资产之比。该指标集中反映了企业运用所支配的资产赚取利润的能力,是研究企业盈利能力最有代表性的指标之一,在学术研究和投资实务上都得到了广泛应用(Kusewitt Jr;李善民等;马骁白和武常歧)[221-223]。

2)解释变量

根据本书所使用的双重差分的模型设定,作为解释变量反映企业对外直接投资状态的变量主要是三个虚拟变量:du_i、dt 和 $du_i \times dt$。其中,du_i为组别虚拟变量,用以表示企业 i 在整个样本期内是否进行过对外直接投资。如果是,则该值取1;如果否,则该值为0。du_i前的系数反映了分组差异对结果变量的影响。dt 为时期虚拟变量,用以表示当年与对外直接投资发生年份的关系。如果当年为对外直接投资发生前的年份,则取值为0;反之,若为对外直接投资发生之后的年份,则取值为1。dt 前的系数反映了时间变动对结果变量的影响。交叉项 $du_i \times dt$ 为本书关注的核心解释变量,实际反映的是对外直接投资企业的对外直接投资行为对其结果变量的影响,也就是对外直接投资这一"外生"变动所带来的处置效应(treatment effect)。

3)控制变量

借鉴已有研究(薛安伟;张先锋等)[224-225],选取如下变量作为控制变量:①企业规模(Size),用企业总资产对数表示;②资本密集度(lnKL),用固定资产与员工人数之比的对数来衡量;③资产负债率(Lev):用负债与资产之比来衡量;④海外业务收入(Emp),定义虚拟变量来衡量,如果企业存在海外业务,该值为1,否则为0;⑤研发投入强度(R&D),采用研发费用与营业总收入之比衡量;⑥企业性质(SOE),用虚拟变量来衡量,国有企业取值为1,非国有企业为0;⑦企业年龄(Age),用当年年份与企业成立年份之差表示。

5.2.3 数据来源与样本选择

我国企业的对外直接投资主要采取了跨国(境)并购和绿地投资两种方式,跨国(境)并购是收购重组海外已经存在的企业实体,而绿地投资则是企业在东道国

(地区)新建企业。为了全面刻画我国上市公司的海外投资行为,本书将绿地投资和跨国(境)并购都纳入研究的范围。考虑到我国对外直接投资在近几年才开始迅猛发展,早期上市公司对外直接投资事件数量较少,同时为避免 2009 年国际金融危机对本书因果关系识别的影响,本书选择 2010—2016 年中国 A 股非金融类上市公司的海外投资事件作为研究对象。

本研究采用的海外投资数据分别来自商务部统计的中国对外直接投资名录数据库和国泰安中国上市公司并购重组研究数据库,企业财务数据来自国泰安中国上市公司财务报表数据库和 Wind 数据库。根据我国企业对外直接投资的管理制度,企业绿地投资在商务部登记注册,而跨国(境)并购则在国家发改委登记注册。商务部统计的中国对外直接投资名录记录了 1993 年来中国企业绿地投资的数据,包括境内母公司名称、海外分支机构名称、海外分支机构主要经营范围、投资东道国(地区)和分支机构设立时间等信息。但是,2016 年起,名录不再公布分支机构设立时间,无法判断企业绿地投资的时间,因此,本书使用的绿地投资数据为 2010 年到 2015 年。国泰安中国上市公司并购重组研究数据库收录了 1998 年以来上市公司的并购重组事件,记录了交易标的、交易时间、交易相关方详细信息,包含国内并购和跨国(境)并购事件。本书从国泰安中国上市公司并购重组研究数据库中筛选出了 A 股非金融类上市公司发起的海外并购事件。需要特别说明的是,为了更加清楚地展现对外直接投资企业和非对外直接企业的决策差异对高管薪酬的影响,消除企业过去的投资模式对下一次投资决策的影响,本书只选择样本期内首次进行对外直接投资的企业。

将绿地投资事件数据及跨国(境)并购事件数据与上市公司财务数据匹配,获得了 941 家上市公司的投资事件,进一步筛选:①剔除 PT、ST 处理的企业;②剔除连续经营不足两年的企业;③剔除重要财务指标缺失的样本企业;④对连续型财务变量在 1% 和 99% 水平上进行缩尾。最终,本研究样本实验组包含 2010 年到 2016 年间我国上市公司发起的 756 起对外直接投资事件,控制组则包含 1417 家从未进行过海外投资的企业,最终样本包含 12582 个企业年度观测值。对外直接投资分布的基本描述性结果如表 5-1 所示,从企业并购的类型上看,绿地投资事件 533 起,跨国(境)并购事件 223 起,绿地投资是我国上市公司走出去的主要方式。从投资区位上看,中国香港是我国企业海外投资的首选,美国、新加坡、德国也是重要的投资目的地。英属维京群岛、开曼群岛等避税天堂,也吸引了很多上市公司进行海外投资,反映了其避税、获取外资身份等投资目的。从投资行业的分布来看,我国绝大多数上市公司的对外投资都发生在制造业,其中,计算机、通信及其他电子设备制造业,电器机械及器材制造业,专用设备制造业是投资最多的三个行业。从我国上市公司的海外投资区位选择和行业分布可以发现,我国上市公司的海外投资具有明显的市场寻求和技术寻求的投资动机,主要为了打开国际市场,促进制造业商品出口和寻求技术及研发合作。

表 5-1 对外直接投资分布情况

年份	投资类型分布			主要投资区位分布		主要行业分布	
	并购/起	绿地/起	合计/起	国家(地区)	数量/起	行业	数量/起
2010	19	59	78	中国香港	290	计算机、通信及其他电子设备制造	102
2011	29	54	83	美国	100	电气机械及器材制造业	62
2012	25	92	117	德国	34	专用设备制造业	59
2013	33	72	105	新加坡	31	化学原料及化学制品制造业	53
2014	17	121	138	澳大利亚	22	医药制造业	51
2015	45	135	180	英属维京群岛	20	软件和信息技术服务业	46
2016	55	—	55	加拿大	18	通用设备制造业	37
合计	223	533	756	荷兰	16	汽车制造业	31

资料来源:根据商务部中国对外直接投资企业名目数据库和国泰安中国上市公司并购重组研究数据库整理。

5.3 实证结果分析

5.3.1 PSM 匹配结果分析

为了克服企业对外直接投资的"自选择"问题,本书首先采用倾向得分匹配的方式为处理组匹配到合适的对照组。参照 Rosenbaum 和 Rubin[226] 提出的倾向得分匹配的操作方法,将企业进行对外直接投资(OFDI)的概率记为

$$P = \Pr\{OFDI_{it} = 1\} = f(Z_{it-1}) \tag{5-11}$$

式中,Z_{it-1}为匹配变量,包含了影响企业对外直接投资决策的因素。参照现有实证文献(毛其淋和许家云;蒋冠宏;阎虹戎等)[63,194,227],本书主要选取了企业的资本密集度、企业年龄、企业规模、是否有海外业务收入、企业产权性质作为匹配变量。此外,为了保证对外直接投资企业与非对外直接投资企业在初始的生产率分布上没有系统性的差异,控制"自选择"所带来的内生性,保证双重差分的平行趋势假定得到满足,本书还在匹配变量中加入了滞后一期的全要素生产率,以控制基期企业生产率水平高低对企业投资决策的影响。本书假定中的 $f()$ 的函数形式为 Logistics,即使用 Logit 回归估计得到每个企业发生对外直接投资的概率值,然后

采用1∶2最近邻的匹配原则，逐年为每一个处理组企业找到2个在对外直接投资概率上最相近的对照组企业。

根据理论，匹配的结果要求 $OFDI_{it} \perp Z_{it-1} \mid P(Z_{it-1})$，即在给定企业对外直接投资的概率 $P(Z_{it-1})$ 下，企业是否实际投资与其匹配变量 Z_{it-1} 相互独立。也就是说，匹配之后，处理组和对照组应当在匹配变量上没有显著差异。为了保证匹配结果的可靠性，本书进行了匹配的平衡性检验，结果如表5-2和表5-3所示。其中，表5-2报告了分年度匹配中每一次匹配下核心变量TFP的变化情况。从检验结果可以看出，在匹配之前，实验组企业的全要素生产率显著高于对照组，说明生产率高的企业更可能发生对外直接投资行为，企业生产率的高低是企业选择海外扩张方式的重要因素。但是匹配之后，实验组企业与对照组企业在全要素生产率上不再具有显著差异。表5-3则报告了全样本匹配下，所有变量的匹配结果。从表中可以看出，在进行了1∶2的最近邻匹配之后，各匹配变量在实验组和对照组之间的差异显著下降，且在匹配完成后，均值 t 检验结果均不显著，说明经过匹配之后，实验组和对照组企业在匹配变量上不再存在显著的差异，匹配的平衡性条件得到满足。在此基础上，就可以认为企业是否进行对外直接投资与企业的特征变量无关，是近似随机发生的，这样就能够以企业对外直接投资作为准自然实验，采用双重差分的方法识别这一变动对企业微观绩效的影响。

表5-2 匹配的平衡性检验结果(分年度，以TFP为例)

匹配年份	匹配前			匹配后		
	实验组	对照组	t 值	实验组	对照组	t 值
2009	13.697	13.069	7.16***	13.697	13.651	0.32
2010	13.549	13.182	4.44***	13.549	13.609	−0.49
2011	13.547	13.225	4.27***	13.547	13.541	0.06
2012	13.333	13.210	1.50	13.333	13.397	−0.58
2013	13.489	13.294	2.74***	13.489	13.532	−0.55
2014	13.606	13.380	3.70***	13.606	13.631	−0.78
2015	13.604	13.493	1.04	13.604	13.614	−0.08

注：(1)对外直接投资发生在2010—2016年，匹配采用前一期的数据，因此匹配年份为2009—2015年。

(2)***、**、*分别表示在1%、5%、10%水平下显著。

表 5-3　匹配的平衡性检验(完整匹配样本)

变量指标	匹配前 U 匹配后 M	均值		偏差变化		t-test	
		处理组	控制组	绝对偏差	缩减率/%	t	P
Size	U	22.294	21.539	25.7		3.030	0.002
	M	22.294	22.124	4.7	81.6	0.370	0.715
lnKL	U	12.410	12.083	16.4		1.880	0.060
	M	12.410	12.212	14.2	13.5	1.119	0.234
TFP	U	13.692	13.293	22.1		2.560	0.011
	M	13.692	13.458	3.3	85	0.270	0.790
Lev	U	0.433	0.379	14.2		1.610	0.108
	M	0.433	0.401	2.9	79.8	0.240	0.811
Emp	U	0.794	0.595	29.2		3.140	0.002
	M	0.794	0.732	4.5	84.5	0.400	0.693
R&D	U	0.042	0.035	26.7		3.430	0.001
	M	0.042	0.040	7.6	70.8	0.560	0.579
SOE	U	0.301	0.349	−37.7		−3.910	0.000
	M	0.301	0.309	−3.3	91.2	−0.290	0.769
Age	U	14.463	13.468	14.2		1.450	0.147
	M	14.463	13.576	5.0	64.8	0.360	0.717

注:表中偏差的计算依据$(\overline{x_t}-\overline{x_c})/\sigma_t$ 来计算,其中$\overline{x_t}$和$\overline{x_c}$分别为实验组和控制组相应变量的样本均值,σ_t 为实验组相应变量的样本标准差。

5.3.2　初始回归结果分析

基于 PSM 得到的匹配样本,按照所给出的模型,分别对全要素生产率、产能利用率和盈利能力进行了回归分析。

1)对全要素生产率的回归结果分析

首先以全要素生产率作为企业微观绩效的代理变量,检验了对外直接投资对企业生产率提升的影响。表 5-4 给出了回归结果。列(1)中只放入了三个双重差分虚拟变量;列(2)则是引入了企业层面的控制变量;列(3)在控制企业层面控制变量的基础上,还控制了行业和地区固定效应;列(4)则是进一步控制了年度固定效应。

表 5-4 对全要素生产率影响的回归结果

指标	(1) TFP	(2) TFP	(3) TFP	(4) TFP	(5) TFP	(6) TFP
du×dt	0.101***	0.016***	0.021**	0.022**	0.024**	0.021**
	(2.887)	(2.795)	(2.089)	(2.152)	(2.439)	(2.275)
du	0.169***	0.004	−0.000	−0.008		
	(6.113)	(0.257)	(−0.010)	(−0.522)		
dt	0.312***	−0.017	−0.018	−0.016	−0.018	−0.022
	(11.852)	(−1.080)	(−1.150)	(−1.082)	(−1.260)	(−0.918)
Size		0.653*	0.643***	0.641***	0.537***	0.496***
		(1.958)	(2.865)	(2.840)	(4.081)	(4.286)
lnKL		0.213***	0.199***	0.207**	0.154***	0.158***
		(4.141)	(3.137)	(2.183)	(7.954)	(18.646)
R&D		0.007*	0.007	0.012**	0.058***	0.057***
		(1.737)	(1.551)	(2.501)	(9.763)	(9.153)
Emp		0.094***	0.024**	0.035***	0.015*	0.017
		(8.419)	(2.031)	(2.901)	(1.742)	(1.347)
SOE		−0.045	−0.031*	−0.051*	−0.078	−0.078
		(−1.590)	(−1.722)	(−1.928)	(−1.619)	(−1.635)
Age		−0.077**	−0.073*	−0.073	−0.036	0.009
		(−2.495)	(−1.806)	(−1.224)	(−1.619)	(1.212)
Lev		−0.996**	−0.967***	−0.942***	−0.470***	−0.432**
		(−2.263)	(−3.543)	(−2.951)	(−2.702)	(−2.231)
Constant	13.202***	2.034***	2.451***	2.658***	3.260***	4.553***
	(19.093)	(17.755)	(18.204)	(19.626)	(14.040)	(16.237)
Industry	No	No	Yes	Yes	No	No
Province	No	No	Yes	Yes	No	No
Individual	No	No	No	No	Yes	Yes
Year	No	No	No	Yes	No	Yes
N	9500	9500	9500	9500	9500	9500
F	201.507	202.271	303.314	329.103	478.064	288.791
Adj. R^2	0.060	0.686	0.710	0.720	0.717	0.730

注:(1)***、**、*分别表示在1%、5%、10%水平下显著。

(2)括号内为根据企业层面聚类稳健标准误计算的 t 值。

从表 5－4 所报告的回归结果可以发现,本书重点关注的双重差分解释变量 du×dt 在各个回归中的系数符号和显著性水平都没有发生根本性的变化,说明回归结果具有较好的稳健性。从第(4)列完整的回归结果可以看出,双重差分估计量 du×dt 的系数符号为正且在 5%的水平上显著,这说明在控制了其他因素以后,对外直接投资能够显著地提高企业的全要素生产率,假设 1 得到了验证。分组变量 du 的系数不显著,也进一步表明了本书基于匹配的样本,排除了对外直接投资企业与非对外直接投资企业在初始的生产率分布上的差异,对外直接投资企业在投资后所得到的生产率的提升,并不是其所在的分组所决定的,而是由对外直接投资行为所带来的。控制变量方面,公司规模(Size)的系数显著为正,表明大公司由于存在规模经济,往往具有更高的生产效率。资本密集度(lnKL)的系数显著为正,说明资本密集型的企业,机器设备的使用更加密集,具有更高的全要素生产率。研发投入强度(R&D)的系数为正,表明企业的研发投入能够促进全要素生产率的提升。海外业务收入(Emp)的影响也显著为正,说明出口也是促进企业生产率提升的重要因素,通过国际市场的竞争效应和在出口中学,本国企业获得了效率改进(余淼杰;戴觅和余淼杰)[228-229]。企业性质(SOE)的符号为负,说明国有企业相对于非国有企业效率较低。吴延兵[230]指出公有产权带来的剩余索取权与剩余控制权的不匹配使得国有企业存在生产效率的损失。公司年龄(Age)对 TFP 的影响显著为负,表明成立时间越早的公司,生产效率越低,原因可能在于成立较早的企业所使用的设备技术含量相对较低,受到体制机制的约束较多,限制了企业生产率的提升。企业的资产负债率(Lev)的系数显著为负,表明负债压力较大的企业再融资的能力较差,从而对企业的生产率带来不利的影响。

基于稳健性的考虑,本书还在的模型基础上,采用固定效应模型对对外直接投资对全要素生产率的影响进行了重新的估计。表 5－4 的第(5)列和第(6)列给出了估计的结果,其中,第(5)列中除了企业层面的控制变量,还加入了企业固定效应,而第(6)列则是同时加入了企业固定效应和年度固定效应。从回归估计的结果上看,核心解释变量的系数符号和显著性均没有显著的变化,控制变量的符号也与之前的模型基本一致,说明本书的模型设定是稳健可信的。

2)对产能利用率的回归结果分析

对外直接投资不仅能够提高企业的全要素生产率,而且能转移过剩产能,提高产能利用率。因此,本书对对外直接投资对于企业产能利用率的影响也进行了实证分析,结果如表 5－5 所示。表中模型的设置方法与表 5－4 一致,列(1)到列(4)是在核心解释变量的基础上逐步加入控制变量、行业固定效应、地区固定效应和年份固定效应,列(5)和列(6)则是采用个体固定效应模型进行估计的结果。

表 5-5 对产能利用率影响的回归结果

指标	(1) CU	(2) CU	(3) CU	(4) CU	(5) CU	(6) CU
du×dt	0.014**	0.012**	0.007*	0.011	0.013*	0.015*
	(2.151)	(2.046)	(1.771)	(1.572)	(1.704)	(1.896)
du	0.009	0.007	0.005	0.001		
	(0.896)	(0.768)	(0.619)	(0.145)		
dt	0.010	−0.004	−0.009	−0.007	0.002	−0.002
	(1.107)	(−0.395)	(−1.230)	(−0.976)	(0.235)	(−0.052)
Size		0.048***	0.053***	0.053***	0.023***	0.011*
		(14.681)	(19.513)	(19.360)	(4.407)	(1.858)
lnKL		−0.021***	−0.033***	−0.035**	−0.042***	−0.043***
		(−6.557)	(−11.282)	(−2.067)	(−2.701)	(−2.844)
R&D		0.042***	0.034***	0.035***	0.020***	0.026***
		(7.323)	(5.022)	(5.662)	(7.252)	(8.925)
Emp		0.030***	0.022***	0.027***	0.012	0.010
		(4.552)	(3.736)	(4.666)	(1.316)	(1.134)
SOE		−0.009	−0.018***	−0.019***	−0.062***	−0.057**
		(−1.184)	(−2.895)	(−2.971)	(−2.773)	(−2.562)
Age		0.025***	0.015***	0.013**	0.007	−0.079***
		(3.603)	(2.730)	(2.227)	(0.487)	(−4.004)
Lev		−0.063***	−0.027*	−0.010	−0.018	−0.005
		(−3.432)	(−1.785)	(−0.692)	(−0.882)	(−0.261)
Constant	0.303***	−0.659***	−0.298***	−0.183***	0.267**	0.679***
	(39.694)	(−9.737)	(−4.602)	(−2.812)	(2.483)	(5.197)
Industry	No	No	Yes	Yes	No	No
Province	No	No	Yes	Yes	No	No
Individual	No	No	No	No	Yes	Yes
Year	No	No	No	Yes	No	Yes
N	9500	9500	9500	9500	9500	9500
F	5.880	96.340	100.257	78.088	21.207	18.056
Adj. R^2	0.002	0.091	0.446	0.465	0.424	0.475

注：(1) ***、**、* 分别表示在1%、5%、10%水平下显著。

(2)括号内为根据企业层面聚类稳健标准误计算的 t 值。

从表 5－5 所报告的回归结果可以发现，本书重点关注的双重差分解释变量 du×dt 在各个回归中的系数符号和显著性水平都没有发生根本性的变化，说明本书所采用的实证模型具有较好的稳健性。从第(4)列完整的回归结果可以看出，双重差分估计量 du×dt 的系数符号为正且接近在 10％的水平上显著，系数值在 0.01左右，这说明在控制了其他因素后，对外直接投资能够显著提高企业产能利用率，也就是说总的来看，对外直接投资对化解产能过剩具有一定的积极作用，假设 3 得到了验证。控制变量的回归系数的符号基本符合理论预期。企业规模的影响显著为正，表明规模较大的企业的产能利用率相对较高，而政府在去产能时往往也支持那些规模较大的企业进行兼并重组。资本密集度的系数显著为负，表明资金密集度高的重工业产能利用率较低，更容易出现产能过剩。研发投入强度的系数显著为正，表明企业创新投入有助于改善企业生产工艺，提高产品质量，最终提升企业的产能利用水平。海外业务收入的系数为正，但是在固定效应下却不再显著，说明企业的出口也是化解产能过剩的一种方法，但是作用效果可能因企业的不同而有所差异。企业性质的符号为负，表明国有企业的产能利用率较低，相对于民营企业，国有企业更容易获得政府补贴和其他政策优势，提升产能利用率的激励更弱，因此表现出较低的产能利用率。企业年龄的符号不稳定，因为一方面成立较久的企业可能存在于逐渐衰退的传统产业，需求的减弱使企业出现生产能力的闲置，产能利用率下降；另一方面，企业的生产经营中存在“学习效应”，存续时间较久的企业可能在把握市场需求、合理调整产能方面具有更大的经验优势，因此能够根据市场环境变化及时调整产能，维持更高的产能利用率(温湖炜)[172]。企业的资产负债率符号为负，但是作用不显著，说明企业的负债高低对产能利用率的影响并不明确。

3)对盈利能力的回归结果分析

本书也实证分析了对外直接投资对总资产收益率的影响，结果如表 5－6 所示。表 5－6 中模型的设定方式与表 5－4 和表 5－5 中的设定一致，列(1)到列(4)是在核心解释变量的基础上逐步加入控制变量、行业固定效应、地区固定效应和年份固定效应，列(5)和列(6)则是采用固定效应模型进行估计的结果。

从表 5－6 所报告的回归结果可以发现，在加入企业层面的控制变量之后，本书重点关注的双重差分解释变量 du×dt 在各个回归中的回归系数都为正，列(2)中，在只控制企业层面的控制变量的条件下，du×dt 前的系数为 0.034，且在 5％的条件下显著，但是在后续加入行业固定效应、地区固定效应和年度固定效应后，系数变得不再显著，说明对外直接投资对企业的资产收益率可能并没有显著的促进作用，其原因可能在于有别于发达国家市场寻求动机的对外直接投资，我国对外直接投资主要以技术寻求为目的，专利技术、研发资源等很难在短期内影响企业的

表 5-6 对企业盈利能力的影响的回归结果

指标	(1) ROA	(2) ROA	(3) ROA	(4) ROA	(5) ROA	(6) ROA
du×dt	−0.270	0.034**	0.020	0.023	0.016	0.025
	(−1.453)	(2.204)	(1.120)	(1.018)	(1.114)	(1.179)
du	0.246*	0.111	0.087	0.090		
	(1.674)	(0.834)	(0.664)	(0.687)		
dt	−1.260**	−1.267*	−1.209	−1.214	−0.626**	−0.466***
	(−2.054)	(−1.781)	(−1.482)	(−1.569)	(−2.205)	(−3.747)
Size		0.790***	0.865***	0.861***	0.091	0.013
		(17.446)	(18.300)	(18.147)	(0.967)	(0.131)
lnKL		−0.778***	−0.863***	0.888***	0.668***	0.644***
		(−17.914)	(−17.276)	(17.533)	(9.434)	(9.119)
R&D		0.015	0.065*	0.099**	0.326***	0.183***
		(0.454)	(1.666)	(2.511)	(6.597)	(3.529)
Emp		−0.543***	−0.304***	−0.352***	−0.167	−0.212
		(−5.940)	(−3.053)	(−3.508)	(−1.037)	(−1.318)
SOE		−0.638***	−0.693***	−0.529***	−0.555**	−0.647*
		(−6.175)	(−6.526)	(−4.841)	(−2.389)	(−1.827)
Age		0.047	−0.094	−0.070	−2.379***	−0.811**
		(0.488)	(−0.972)	(−0.719)	(−9.806)	(−2.292)
Lev		−9.590***	−8.827***	−8.880***	−2.506***	−2.491***
		(−37.959)	(−33.604)	(−33.809)	(−6.905)	(−6.812)
Constant	5.699***	2.098**	2.085*	2.391**	21.786***	16.524***
	(50.462)	(2.239)	(1.866)	(2.113)	(11.352)	(7.084)
Industry	No	No	Yes	Yes	No	No
Province	No	No	Yes	Yes	No	No
Individual	No	No	No	No	Yes	Yes
Year	No	No	No	Yes	No	Yes
N	9500	9500	9500	9500	9500	9500
F	80.617	268.346	44.244	34.631	135.722	83.981
Adj. R^2	0.025	0.220	0.260	0.275	0.271	0.328

注：(1)***、**、*分别表示在1%、5%、10%水平下显著。

(2)括号内为根据企业层面聚类稳健标准误计算的 t 值。

市场占有率和市场定价能力,因而在短期内可能对企业的资产收益率的作用较弱(蒋冠宏)[194]。从其他变量的影响来看,在匹配样本的基础上,控制组和实验组的基本特征较为接近,分组变量 du 的影响不显著。时间虚拟变量 dt 显著为负,反映了近年来我国上市公司资产收益率连年下降的基本事实。公司规模的系数显著为正,说明规模较大的公司具有更大的市场份额,资产收益率更高。资本密集度的符号在控制了年度固定效应后显著为正,表明资本密集度较高的企业往往具有更好的盈利能力。研发投入强度的符号显著为正,说明企业研发投入能够改善生产流程,提升产品质量,促进企业盈利能力的提升。海外业务收入的影响为负,但是在固定效应下不显著,说明企业出口对企业利润率的提升并不一定具有促进作用。苏振东和洪玉娟[231]就曾发现我国出口企业的利润率显著低于非出口企业,并且出口密集度越高的企业,盈利能力越差,从而造成了我国出口"大而不强"的困境。企业性质的影响显著为负,说明国有企业的盈利能力低于非国有企业,一部分原因在于国有企业兼具较多的社会职能,利润最大化并不是其唯一的经营目标。企业年龄对资产收益率的影响为负,符合企业生命周期的正常发展规律。资产负债率的系数显著为负,说明负债较多的企业生产经营相对困难,企业盈利状况较差。

5.3.3　滞后效应的检验

企业的海外生产经营具有长期性和持续性,对外直接投资对企业绩效的影响可能并不是实时发生的,具有一定的时滞性和动态性。一方面,企业在进行对外直接投资后,面临新的外部经营环境,内部组织结构也可能发生相应的变动,外部环境的不确定性和内部管理的复杂性都明显增强,企业需要一定时间去适应内外部环境的变化,逐步改变公司的生产经营活动;另一方面,企业通过绿地投资方式新建厂房、购买设备、招聘员工需要一定的时间,通过并购方式的对外投资也需要一定的时间完成资源的消化和整合,因此对外直接投资对企业绩效的影响,具有一定的滞后性与持续性。本书借鉴温军和冯根福[232]检验双重差分模型滞后效应的思路,将基准模型修改为如下动态形式:

$$y_{it} = \beta_0 + \beta_1 \mathrm{du}_i + \delta \mathrm{du}_i \times \mathrm{dt} + \sum_{j=1}^{6} \eta \mathrm{du}_i \times \mathrm{dt}_{-j} + \gamma X_{it} + \mu_{it} \qquad (5-12)$$

式中,$\mathrm{du} \times \mathrm{dt}_{-j}$ 为一组虚拟变量,若当年为对外直接投资企业,则对外直接投资后的第 j 年时,该值取 1。这一变量度量了对外直接投资滞后 j 期的作用效果,由于本书研究样本区间为 2010—2016 年,所以最高的滞后期数为 6。依据以上模型,本书检验了对外直接投资对企业全要素生产率、产能利用率和盈利能力影响的滞后效应,回归结果如表 5-7 所示。

表 5-7 滞后效应的检验

指标	(1) TFP	(2) TFP	(3) CU	(4) CU	(5) ROA	(6) ROA
du	0.119*	0.015	0.015**	0.007	0.448*	0.391
	(1.800)	(1.186)	(2.255)	(1.189)	(1.853)	(1.643)
du×dt	0.040***	0.007*	−0.001	−0.014*	−0.238	−0.098
	(4.474)	(1.745)	(−0.063)	(−1.709)	(−1.345)	(−0.607)
du×dt_{-1}	0.043*	0.019*	0.013*	0.011**	−0.441**	−0.352*
	(1.801)	(1.808)	(1.721)	(1.989)	(−2.077)	(−1.813)
du×dt_{-2}	0.054**	0.012**	0.014**	0.010*	−0.149	−0.097
	(2.313)	(2.066)	(2.080)	(1.775)	(−0.647)	(−0.461)
du×dt_{-3}	0.054**	0.014**	−0.004	0.013	0.011**	0.008*
	(2.140)	(2.467)	(−0.298)	(0.948)	(2.042)	(1.933)
du×dt_{-4}	0.065**	0.016	0.020	0.014	0.071**	0.128**
	(2.179)	(0.470)	(1.167)	(0.833)	(2.231)	(2.451)
du×dt_{-5}	0.026**	0.024	−0.019	0.020	−0.161	−0.014
	(2.378)	(1.095)	(−0.874)	(0.986)	(−0.423)	(−0.040)
du×dt_{-6}	0.034	0.088	0.057**	0.044	0.363	0.207
	(1.462)	(1.546)	(1.978)	(1.612)	(0.706)	(0.441)
Size		0.637***		0.051***		0.973***
		(11.002)		(18.301)		(20.396)
lnKL		0.210***		0.036***		−0.805***
		(4.624)		(12.166)		(−15.966)
R&D		0.011**		0.037**		0.041
		(2.311)		(2.098)		(1.017)
Emp		0.036***		0.027*		−0.450
		(3.033)		(1.751)		(−1.548)
SOE		−0.056**		−0.021**		−0.789***
		(−2.236)		(−2.341)		(−7.191)
Age		−0.064*		0.007		−0.427**
		(−1.819)		(1.235)		(−2.170)
Lev		−0.943***		−0.009		−9.147***
		(−3.006)		(−0.575)		(−3.011)
Constant	13.436	2.868***	0.629***	−0.150**	7.383***	−0.225
	(130.898)	(20.713)	(19.287)	(−2.249)	(12.736)	(−0.196)

续表

指标	(1) TFP	(2) TFP	(3) CU	(4) CU	(5) ROA	(6) ROA
Industry	Yes	Yes	Yes	Yes	Yes	Yes
Province	Yes	Yes	Yes	Yes	Yes	Yes
Year	Yes	Yes	Yes	Yes	Yes	Yes
N	9500	9500	9500	9500	9500	9500
F	34.751	210.029	57.988	70.711	16.575	33.971
Adj. R^2	0.285	0.724	0.402	0.466	0.155	0.292

注:(1)***、**、*分别表示在 1%、5%、10%水平下显著。

(2)括号内为根据企业层面聚类稳健标准误计算的 t 值。

从表 5-7 的估计结果看,列(1)和列(2)是对全要素生产率的回归结果,其中,第(1)列中只控制了核心解释变量和地区、行业及年度固定效应,而第(2)列中则控制了企业层面的控制变量。从估计结果来看,对外直接投资的当期值和滞后值的系数都始终为正,说明对外直接投资对企业全要素生产率的促进作用是具有持续作用的。具体观察第(2)列中的系数可以发现:对外直接投资当期水平的系数为 0.007,滞后一期的系数为 0.019,滞后二期的系数为 0.012,而滞后三期的系数为 0.014,这些系数均至少在 10%的显著性水平下显著,更高滞后期的系数则不再显著,说明对外直接投资对全要素生产率的促进作用呈现先增强后减弱的倒 U 形特征。在对外直接投资的当年,对外直接投资的积极作用较弱,随着企业海外业务的逐步开展和与当地资源融合程度的加深,对外直接投资所带来的逆向溢出效应和学习效应开始出现,对外直接投资对全要素生产率的促进作用逐步增强,当对外直接投资发生三年之后,企业海外部门经营日益成熟,企业获得的技术和管理经验等资源都存在边际递减效应,因此企业的生产率难以再获得持续的增长。

列(3)和列(4)则是对产能利用率的动态作用效果。从第(4)列中完整的回归结果来看,对外直接投资当期的系数为−0.014,在 10%的水平下显著,说明企业在发生对外直接投资的当年,产能利用率会出现一定程度的下降,这可能是企业为了进行海外投资决策,提前减少国内生产状况,集中资源用于海外投资。对外直接投资的一阶滞后和二阶滞后项显著为正,说明随着企业对外直接投资效果的逐步显现,对外直接投资对产能利用率的作用开始得到发挥,无论是通过产能的边际向外转移、出口引致需求还是由于逆向溢出和学习效应带来的生产效率的提升,都共同促进了国内企业产能水平的优化。滞后三期以后,系数不再显著,表明对外直接投资对企业产能利用率的改善是存在一定作用期限的。随着时间的推移,对外直接投资带来的作用效果逐渐递减,而产能利用率的提升本身具有物理极限,因此,三年之后，对外直接投资对产能利用率的作用逐步消退。

列(5)和列(6)则给出了对外直接投资对盈利能力影响的滞后效应。从回归结果上看，对外直接投资发生的当期，企业的盈利能力出现了恶化，这是因为企业进行对外直接投资需要付出较大的固定成本投资，而收益则在短期内难以实现，且存在一定的波动风险，因此企业在对外直接投资发生之后，会出现盈利能力下降的趋势。这种趋势在投资发生之后的第二年更为显著，原因在于企业对外直接投资之后，为了推进项目进展，有效进行资源整合，需要持续的资源投入，并且随着投资项目的逐步进行，跨国(境)投资所带来的制度、法律等方面难以提前预期的风险会进一步加大企业的持续经营和整合难度，因此对企业的盈利能力带来不利的影响(Mathur，Singh，Gleason；常玉春)[206,233]。对外直接投资后的第三年，对外直接投资对资产收益率的影响开始由负变正，说明经过两年的经营与整合，对外直接投资的积极效应开始显现，企业的盈利能力开始获得增长。

5.3.4 影响作用的异质性检验

1)不同投资动机的影响

根据中国对外直接投资名录数据库和国泰安中国上市公司并购研究数据库中对具体交易信息的披露，本书将对外直接投资分为市场寻求型、技术寻求型和资源寻求型三种类型。前面的理论分析表明，不同投资动机的对外直接投资所需要的投入和条件不同，对企业业绩的影响也有所差异，最终对微观企业绩效影响可能也存在异质性。因此，本书按投资动机分样本进行了匹配和回归，结果如表 5－8 所示。

表 5－8 中前三列给出了以全要素生产率为被解释变量的分样本估计结果，从核心解释变量 du×dt 的系数来看，市场动机样本下系数为 0.011，但不显著；技术动机子样本下的回归系数为 0.047，在 5%的水平下显著；而资源寻求动机子样本的回归系数为 0.037，在 10%的水平下显著。以上结果说明技术寻求动机的对外直接投资对企业全要素生产率的作用最大，而资源寻求动机的作用次之，市场寻求动机的对外直接投资对企业的全要素生产率则没有明显的作用。以上结果与理论分析的结论基本一致，因为技术寻求动机的对外直接投资直接并购专利技术或者通过与国外机构联合研发的形式获得技术转移，获得逆向溢出的效果最为直接，投资过程中的学习效应最为明显，因此更加能够促进对外直接投资企业全要素生产率的提升(蒋冠宏、蒋殿春和蒋昕桐)[234]，而市场寻求型的对外直接投资主要从国际竞争效应和消费者需求升级等渠道间接促进效率提升，因此作用并不明显。

表 5－8 中列(4)～列(6)则报告了以产能利用率为被解释变量的分样本回归结果。从核心解释变量 du×dt 的系数来看，市场动机子样本的系数为0.015，在

表 5－8　不同投资动机的影响

指标	(1) 市场	(2) 技术	(3) 资源	(4) 市场	(5) 技术	(6) 资源	(7) 市场	(8) 技术	(9) 资源
	TFP	TFP	TFP	CU	CU	CU	ROA	ROA	ROA
du×dt	0.011	0.047**	0.037*	0.015*	0.003	0.032**	0.053**	−0.004	0.017
	(0.338)	(2.451)	(1.827)	(1.892)	(0.265)	(2.377)	(2.433)	(−0.699)	(1.502)
du	0.027	0.013	−0.000	0.003	0.007	−0.008	0.771***	0.073	−0.184
	(0.978)	(0.548)	(−0.004)	(0.222)	(0.746)	(−0.428)	(3.279)	(0.335)	(−0.609)
dt	−0.036	−0.024	−0.062*	−0.020	−0.020**	−0.029	−1.297***	−1.316***	−1.508***
	(−1.413)	(−1.016)	(−1.769)	(−1.526)	(−2.035)	(−1.574)	(−5.951)	(−6.031)	(−5.235)
Size	0.644***	0.628* **	0.643***	0.057***	0.042***	0.039***	0.962***	0.831***	0.699***
	(62.625)	(67.944)	(48.533)	(11.024)	(10.684)	(5.695)	(11.062)	(9.648)	(6.414)
lnKL	0.178***	0.226***	0.199***	0.035***	0.045***	0.028***	0.673***	0.952***	1.152***
	(16.447)	(22.964)	(11.913)	(6.327)	(2.756)	(3.208)	(7.347)	(10.391)	(8.390)
R&D	0.010	0.029***	0.026**	0.032***	0.019***	0.029***	0.058	0.261***	0.311***
	(1.169)	(3.475)	(2.183)	(7.239)	(5.141)	(4.756)	(0.788)	(3.312)	(3.228)
Emp	0.013	−0.017	−0.100***	−0.033***	−0.015*	−0.035**	−0.020	−0.524***	−0.808***
	(0.571)	(−0.884)	(−3.216)	(−2.891)	(−1.789)	(−2.163)	(−0.105)	(−2.860)	(−3.157)
SOE	0.041	−0.023	−0.063*	−0.043***	0.010	−0.002	−0.712***	−0.822***	−0.113
	(1.606)	(−1.064)	(−1.927)	(−3.349)	(1.039)	(−0.131)	(−3.324)	(−4.081)	(−0.419)

续表

指标	(1) 市场	(2) 技术	(3) 资源	(4) 市场	(5) 技术	(6) 资源	(7) 市场	(8) 技术	(9) 资源
	TFP	TFP	TFP	CU	CU	CU	ROA	ROA	ROA
Age	−0.056***	−0.098***	−0.156***	0.022**	−0.017**	−0.041***	−0.300*	−0.220	−0.407
	(−2.711)	(−5.026)	(−5.146)	(2.151)	(−2.093)	(−2.626)	(−1.721)	(−1.210)	(−1.635)
Lev	−1.010***	−0.935***	−1.180***	−0.087***	−0.030	−0.012	−9.492***	−9.450***	−9.652***
	(−17.780)	(−17.608)	(−14.657)	(−3.033)	(1.336)	(−0.286)	(−19.744)	(−19.100)	(−14.574)
Constant	2.842***	2.996***	2.127***	−0.017	−0.012	0.152	−0.990	4.428**	6.772**
	(10.954)	(13.801)	(6.554)	(−0.126)	(−0.126)	(0.898)	(−0.451)	(2.189)	(2.536)
Industry	Yes	Yes	Yes	Yes	Yes	Yes	Yes	Yes	Yes
Province	Yes	Yes	Yes	Yes	Yes	Yes	Yes	Yes	Yes
Year	Yes	Yes	Yes	Yes	Yes	Yes	Yes	Yes	Yes
N	3923	4295	2326	3923	4295	2326	3923	4295	2326
F	93.344	100.128	64.027	32.825	44.005	19.124	16.362	14.748	11.001
Adj. R^2	0.740	0.735	0.766	0.496	0.546	0.485	0.322	0.277	0.342

注:(1)市场动机 261 起,技术动机 299 起,资源动机 145 起,另有 51 起未披露投资的具体情况,无法判断其动机,予以删除。

(2)***、**、* 分别表示在 1%、5%、10%水平下显著。

(3)括号内为根据企业层面聚类稳健标准误计算的 t 值。

10%的水平下显著为正;技术动机子样本下的回归系数为0.003,但不显著;资源寻求动机子样本下的回归系数为0.032,在5%的水平下显著。以上结果说明资源寻求动机和市场寻求动机的对外直接投资有利于企业产能利用率的提升,而技术寻求动机的对外直接投资对产能利用率的优化则没有显著的影响。以上分析结果也与我国依靠对外直接投资去产能的主要思路和做法相符合,一方面,通过市场寻求型的对外直接投资扩大市场,促进国内过剩产业产品的出口,通过外需的增加来降低国内过剩产能(杨振兵;刘航、李平和杨丹辉)[171,197];另一方面,通过资源型的对外直接投资获取国外矿产油气等自然资源,开展国际产能合作,将国内过剩的初加工装备设备向外转移,实现资源就地提炼加工,延长国内大型开采设备的生命周期,优化产能利用水平(温湖炜;Wang等)[172,235]。

表5-8中列(7)～列(9)报告了以资产收益率为被解释变量的分样本回归结果。从核心解释变量du×dt的系数来看,市场动机子样本的系数为0.053,在5%的水平下显著;技术动机子样本下的回归系数为-0.004,但不显著;资源寻求动机子样本下的回归系数为0.017,也不显著。以上结果表明,市场寻求动机的对外直接投资能够较快地促进企业销量的增长,提高企业的市场占有率和定价能力,使企业获得更好的盈利水平(Kleinert,Toubal;邱立成、刘灿雷和盛丹)[127,236];而技术寻求动机和资源寻求动机在短期内难以对企业的市场表现带来直接的影响,因而对企业盈利能力的作用并不明显。

2)不同进入模式的影响

绿地投资是直接在东道国(地区)建立企业,跨国(境)并购则是兼并国(境)外已经存在的企业。Datta等[201]认为绿地投资和跨国并购在投资不确定和收益滞后性上存在显著差别。依据投资进入模式的不同,本书将对外直接投资企业样本分为绿地投资和跨国(境)并购两个子样本,分别进行匹配选择对照组,分样本进行回归分析,回归结果如表5-9所示。

表5-9的列(1)和列(2)报告了以全要素生产率为被解释变量,按投资进入模式进行分样本匹配回归的结果,从核心解释变量du×dt的系数来看,无论对跨国(境)并购还是绿地投资而言,对外直接投资都能够促进企业全要素生产率的提高,但是以跨国(境)并购方式进入的对外直接投资的促进作用更大、显著性更强,原因在于跨国(境)并购能够帮助企业迅速获取专利技术和研发资源,通过企业内部组织学习等渠道迅速逆向溢出回母公司,促进企业全要素生产率的提升(Pradhan,Singh)[159];而通过绿地投资的方式,采用新建子公司进入国际市场时,企业对投资所在地的制度环境和市场状况的了解都相对有限,企业必须自己花费大量的资源去获取这些信息,因此企业通过学习效应获得生产率提升的难度更大,需要的时间更长(McVea)[203]。

表 5-9 不同进入模式影响

指标	(1) 并购 TFP	(2) 绿地 TFP	(3) 并购 CU	(4) 绿地 CU	(5) 并购 ROA	(6) 绿地 ROA
du×dt	0.024***	0.010*	0.004	0.012**	0.349	0.091
	(2.768)	(1.738)	(0.237)	(2.117)	(1.299)	(0.476)
du	0.044	−0.033	0.010	−0.003	0.351*	0.181
	(0.815)	(−0.804)	(0.807)	(−0.332)	(1.700)	(1.162)
dt	−0.004	0.000	−0.017	−0.017	−1.080***	−1.118***
	(−0.197)	(0.007)	(−1.647)	(−1.059)	(−5.923)	(−7.859)
Size	0.628***	0.645***	0.035***	0.049***	0.604***	0.944***
	(3.221)	(8.007)	(7.158)	(15.406)	(7.119)	(16.685)
lnKL	0.225***	0.207***	0.030***	0.039***	−0.845***	−0.983***
	(3.099)	(2.954)	(5.968)	(11.176)	(−9.720)	(−16.031)
R&D	0.005***	0.014**	0.037***	0.032***	0.106	0.097**
	(2.629)	(2.513)	(9.567)	(11.959)	(1.590)	(2.083)
Emp	0.043**	0.027*	0.001	−0.026***	−0.473***	−0.333***
	(2.187)	(1.899)	(0.140)	(−3.718)	(−2.786)	(−2.750)
SOE	−0.024	−0.022	0.009	−0.016**	−0.690***	−0.673***
	(−0.987)	(−1.474)	(0.746)	(−2.209)	(−3.294)	(−5.253)
Age	−0.091***	−0.097***	−0.035***	−0.027***	−0.175	−0.134
	(−4.564)	(−7.135)	(−3.578)	(−4.017)	(−1.021)	(−1.143)
Lev	−0.944***	−0.965***	0.032	−0.006	−8.505***	−9.248***
	(−16.969)	(−26.769)	(1.188)	(−0.328)	(−17.894)	(−29.833)
Constant	2.814***	2.440***	0.251**	−0.115	6.273***	1.598
	(12.169)	(15.674)	(2.219)	(−1.515)	(3.174)	(1.195)
Industry	Yes	Yes	Yes	Yes	Yes	Yes
Province	Yes	Yes	Yes	Yes	Yes	Yes
Year	Yes	Yes	Yes	Yes	Yes	Yes
N	3374	7046	3374	7046	3374	7046
F	95.646	172.285	36.684	54.575	15.861	26.739
Adj. R^2	0.735	0.708	0.512	0.432	0.304	0.268

注:(1)***、**、*分别表示在1%、5%、10%水平下显著。

(2)括号内为根据企业层面聚类稳健标准误计算的 t 值。

表 5－9 的列(3)和列(4)报告了以产能利用率为被解释变量，按进入模式进行分组匹配的双重差分回归结果。从核心解释变量 du×dt 的系数来看，在跨国(境)并购的匹配子样本下，系数估计值为 0.004，但是不显著；而在绿地投资的匹配子样本下，系数估计值为 0.012，且在 5％的水平下显著为正。这说明相对于跨国(境)并购的进入方式，以绿地投资进入东道国(地区)的对外直接投资更有利于国内产能利用率的提高，通过在东道国(地区)新建厂房，可以将国内落后的生产线转移到东道国(地区)，释放出国内的生产能力和要素，从而提高产能利用水平(Hijzen，Jean，Mayer；杨振兵和严兵)[237-238]。

表 5－9 的列(5)和列(6)则报告了以资产收益率为被解释变量，按进入模式进行分组匹配的分样本回归结果。从表中可以看出，在两个子样本中，核心解释变量 du×dt 的系数均为正，但是在 10％的水平下都不显著，这也与表 5－6 中的基准回归结果相一致，表明对于中国上市公司而言，无论采用怎样的进入模式，对外直接投资对企业资产收益率的作用在短期内都难以发挥，表 5－7 中滞后效应检验的结果也表明只有随着企业出口增长和生产率提升等间接渠道，对外直接投资对资产收益率的作用才可能逐步显现。

3)不同东道国(地区)的影响

企业对外直接投资目的地的选择不仅受到投资动机的影响，也受到地理位置的影响(王永钦等)[48]。“一带一路”与我国山海相连，产业结构互补性强，投资潜力巨大。伴随着“一带一路”倡议的实施，越来越多的中国企业投资流向“一带一路”沿线国家，商务部统计 2016 年投资到“一带一路”沿线的投资占总存量的 9.5％，占当年流量的 7.8％，本研究样本中，有 120 起对外直接投资投向了“一带一路”沿线国家。因此，本书将投资目的地分为“一带一路”沿线和非“一带一路”沿线，分样本匹配后进行回归，回归结果如表 5－10 所示。

表 5－10 中列(1)和列(2)是以全要素生产率 TFP 为被解释变量的回归结果。从核心解释变量 du×dt 的系数来看，投资到“一带一路”样本组的回归系数估计值为 0.012，在 10％水平下显著；而非“一带一路”样本组中的回归系数为0.029，在 5％的水平下显著为正。这表明相对于“一带一路”沿线的投资，非“一带一路”沿线投资对企业全要素生产率的促进作用更强，主要是“一带一路”沿线的投资多数是市场和资源型投资，较少涉及技术寻求的投资。列(3)和列(4)则报告了对产能利用率的影响结果。从实证结果看，投资到非“一带一路”沿线的对外直接投资对产能利用率的提升没有显著作用，而投资到“一带一路”沿线的投资则能够在 5％的显著性水平下促进企业产能利用率的提升，这证实了我国与“一带一路”沿线国家具有较强的国际产能合作空间，能够有效帮助国内企业消化过剩产能。列(5)与列(6)是对资产收益率影响的回归结果，可以发现投资到“一带一路”沿线和非“一带

表 5-10 不同东道国(地区)的影响

指标	(1) “一带一路” TFP	(2) 非“一带一路” TFP	(3) “一带一路” CU	(4) 非“一带一路” CU	(5) “一带一路” ROA	(6) 非“一带一路” ROA
du×dt	0.012*	0.029**	0.027**	0.007	0.238	0.261
	(1.883)	(2.379)	(2.131)	(1.225)	(1.080)	(1.270)
du	0.009	0.016	0.013	0.016	0.347**	0.300*
	(0.427)	(0.322)	(1.298)	(1.051)	(1.966)	(1.806)
dt	0.036**	−0.054***	−0.011	−0.037**	−0.688**	−1.270**
	(1.962)	(−3.191)	(−1.248)	(−2.409)	(−2.456)	(−2.471)
Size	0.630***	0.627***	0.048***	0.056***	0.862***	0.800***
	(6.930)	(8.540)	(11.948)	(15.988)	(12.654)	(12.832)
lnKL	0.182***	0.213***	0.033**	0.032**	0.792***	0.995***
	(2.647)	(2.896)	(2.350)	(2.091)	(3.316)	(4.245)
R&D	0.027***	0.003	0.029***	0.030**	−0.132**	−0.129**
	(4.165)	(0.442)	(9.393)	(2.281)	(−2.494)	(−2.479)
Emp	0.006	0.030**	0.028***	0.020***	−0.254*	−0.452***
	(0.345)	(2.022)	(3.401)	(2.737)	(−1.781)	(−3.468)
SOE	−0.009	−0.048***	−0.002	−0.014*	−0.931***	−0.423***
	(−0.453)	(−2.949)	(−0.191)	(−1.716)	(−5.633)	(−2.981)
Age	−0.047*	−0.105	0.013	0.008	−0.395*	−0.047
	(−1.778)	(−1.060)	(1.584)	(1.147)	(−1.779)	(−0.362)
Lev	−0.892***	−0.882***	−0.010	−0.002	−8.647***	−9.118***
	(−20.611)	(−21.899)	(−0.498)	(−0.078)	(−24.009)	(−25.729)
Constant	2.380***	2.949***	−0.093	−0.172**	1.142	4.328***
	(12.403)	(17.552)	(−0.996)	(−2.086)	(0.715)	(2.927)
Industry	Yes	Yes	Yes	Yes	Yes	Yes
Province	Yes	Yes	Yes	Yes	Yes	Yes
Year	Yes	Yes	Yes	Yes	Yes	Yes
N	1123	11137	1123	11137	1123	11137
F	123.153	155.146	35.890	46.273	21.292	25.848
Adj. R^2	0.567	0.729	0.323	0.441	0.223	0.302

注:(1)***、**、*分别表示在1%、5%、10%水平下显著。

(2)括号内为根据企业层面聚类稳健标准误计算的 t 值。

一路"沿线的投资对收益率的影响为正,但是这两种作用在 10%的水平下都不显著。

5.4 稳健性检验

为了确保实证研究结果的稳健,保证所得到的研究结论不因样本选择、变量衡量方式和估计方法等的改变而改变,本节将对基本的研究结论做一系列的稳健性检验。

5.4.1 改变变量衡量方法

本书采用了 LP 方法来测度全要素生产率,为了保证结论的可靠,也参照 Ackerberg、Caves 和 Frazer[239] 所提出的 ACF 方法,计算了企业全要素生产率,记为 TFP_1;对于产能利用率的替代性衡量,则采用董敏杰、梁泳梅和张其仔[240] 所使用的基于 DEA 的测算方法,重新计算了企业的产能利用率,记为 CU_1;对于企业盈利能力的衡量,参考薛安伟[224] 的思路,采用净资产收益率(ROE)作为替代变量,进行稳健性检验。替换被解释变量后的回归结果如表 5-11 所示。从表中可以看出,首先,将 TFP 的测算方式从 LP 方法更换为 ACF 方法进行估算后,核心解释变量 du×dt 的系数仍然显著为正,表明对外直接投资显著促进企业全要素生产率的结论不因被解释变量的衡量方式的改变而发生改变;其次,将产能利用率的衡量方式替换为基于 DEA 方法测算的结果后,双重差分项的回归系数为 0.046,在 5%的水平下显著为正,同样表明对外直接投资对产能利用率的改善具有积极作用;最后,使用净资产收益率替代总资产收益率进行回归的结果表明,对外直接投资对企业资产收益率的改善作用并不显著。因此,基于以上检验可以表明,本书对企业的全要素生产率、产能利用率和盈利能力的衡量方式是合理的,本章所得到的基础结论是科学稳健的。

表 5-11　稳健性检验:改变变量的衡量方法

指标	(1) TFP_1	(2) TFP_1	(3) CU_1	(4) CU_1	(5) ROE	(6) ROE
du×dt	0.056**	0.047*	0.076***	0.046**	−0.005	0.067
	(2.060)	(1.866)	(2.993)	(2.071)	(−0.017)	(0.228)
du	−0.055**	−0.030	0.056***	−0.012	0.721***	0.174
	(−2.542)	(−1.506)	(2.799)	(−0.688)	(2.997)	(0.733)
dt	−0.105***	−0.068***	0.033	−0.028	−0.471*	−0.865***
	(−4.610)	(−3.195)	(1.564)	(−1.488)	(−1.855)	(−3.481)

续表

指标	(1) TFP_1	(2) TFP_1	(3) CU_1	(4) CU_1	(5) ROE	(6) ROE
Size		0.089***		0.187***		1.786***
		(12.016)		(28.147)		(20.487)
lnKL		0.182***		0.135**		−1.431**
		(3.121)		(2.234)		(−2.526)
R&D		−0.013**		−0.121***		0.133*
		(−2.043)		(−21.751)		(1.825)
Emp		0.128**		0.091		−0.654
		(2.241)		(1.582)		(−1.609)
SOE		−0.049***		−0.063**		−1.474***
		(−2.879)		(−2.103)		(−7.357)
Age		−0.041***		−0.055*		0.671
		(−2.593)		(−1.863)		(1.582)
Lev		−1.278***		−0.073**		−3.521***
		(−31.367)		(−2.009)		(−7.376)
Constant	10.143	6.564***	0.095	−2.757***	12.714***	−6.158***
	(113.020)	(36.656)	(1.130)	(−17.229)	(12.715)	(−2.936)
Industry	Yes	Yes	Yes	Yes	Yes	Yes
Province	Yes	Yes	Yes	Yes	Yes	Yes
Year	Yes	Yes	Yes	Yes	Yes	Yes
N	9500	9500	9500	9500	9500	9500
F	23.909	40.876	10.594	36.055	11.245	16.466
Adj. R^2	0.205	0.324	0.098	0.296	0.103	0.157

注：(1) ***、**、* 分别表示在1%、5%、10%水平下显著。

(2)括号内为根据企业层面聚类稳健标准误计算的 t 值。

5.4.2 改变匹配方式

在前面的分析中，本章在 PSM 匹配时采用了 1∶2 最近邻匹配方法，为每一个实验组企业寻找两个最接近的对照组企业来构造"反事实"，为了证明本书的结论不受匹配方法选择的影响，本章将进一步采用 1∶1 最近邻匹配和 Kernel 核匹配来进行稳健性检验，基于新的匹配样本所得到的回归结果如表 5－12 所示。从表中可以看出，无论是采用 1∶1 最邻近匹配还是 Kernel 核匹配来选择样本，最终的

表 5－12　稳健性检验:改变匹配方法

指标	(1)	(2)	(3)	(4)	(5)	(6)
	1∶1 最近邻匹配			Kernel 核匹配		
	TFP	CU	ROA	TFP	CU	ROA
du×dt	0.047**	0.010*	0.089	0.021*	0.013***	−0.837*
	(2.138)	(1.731)	(0.499)	(1.838)	(2.696)	(−1.652)
du	−0.007	0.007	0.195	0.067*	−0.007	0.689**
	(−0.405)	(0.793)	(1.371)	(1.785)	(−0.409)	(2.252)
dt	−0.080	−0.003	−0.476***	0.050	−0.014*	−0.347*
	(−1.084)	(−0.266)	(−2.989)	(1.278)	(−1.737)	(−1.784)
Size	0.642***	0.050***	0.980**	0.638**	0.050**	0.914**
	(3.625)	(6.584)	(2.366)	(1.994)	(2.459)	(2.498)
lnKL	0.200*	0.033**	−0.720	−0.203*	0.038***	0.753
	(1.948)	(2.159)	(−1.183)	(−1.888)	(2.725)	(1.292)
R&D	0.019	0.041**	0.003	0.008**	0.035*	0.052
	(1.598)	(1.973)	(0.078)	(2.152)	(1.925)	(1.590)
Emp	0.024*	0.022**	−0.357***	0.035***	0.017***	−0.440***
	(1.782)	(2.410)	(−3.254)	(3.467)	(3.488)	(−5.386)
SOE	0.033**	0.035***	−0.840***	0.025**	0.017***	−0.965***
	(2.218)	(4.849)	(−6.977)	(2.224)	(3.044)	(−10.539)
Age	−0.058***	−0.009	−0.355***	−0.052***	−0.007	−0.185**
	(−4.222)	(−1.298)	(−3.149)	(−4.655)	(−1.277)	(−2.014)
Lev	−1.008**	−0.008	−9.463***	−0.978***	−0.002	−9.110***
	(−2.111)	(−0.475)	(−3.474)	(−3.022)	(−0.188)	(−4.905)
Constant	2.841***	−0.154**	−0.123	2.718***	−0.059	0.636
	(18.176)	(−2.031)	(−0.096)	(22.702)	(−1.012)	(0.647)
Industry	Yes	Yes	Yes	Yes	Yes	Yes
Province	Yes	Yes	Yes	Yes	Yes	Yes
Year	Yes	Yes	Yes	Yes	Yes	Yes
N	8054	8054	8054	12576	12576	12576
F	189.713	62.523	32.670	263.584	86.315	45.708
Adj. R^2	0.722	0.459	0.304	0.708	0.440	0.292

注:(1)***、**、* 分别表示在 1%、5%、10%水平下显著。

(2)括号内为根据企业层面聚类稳健标准误计算的 t 值。

双重差分回归结果均表明对外直接投资对企业的全要素生产率和产能利用率有显著的正向影响，对盈利能力的促进作用不显著，本章结论并没有发生变化。

5.4.3 改变模型的设定

在初始回归中（见表 5－4、表 5－5 和表 5－6），通过引入企业层面的控制变量、行业固定效应、地区固定效应和年份固定效应来尽量控制企业层面的异质性，避免遗漏变量等问题的影响，参照 Desbordes 和 Wei[241] 的方法，本书也采用同时控制个体固定效应和年度固定效应的双固定模型，对基准实证模型进行了稳健性检验。表 5－4、表 5－5 和表 5－6 中最后两列的回归结果表明，核心解释变量的系数和显著性水平在各个模型之间都是相对稳定的，控制变量的符号也没有发生根本性的变化，说明本书所选择的模型是稳健的，不因模型设定和估计方法的改变而发生改变。

5.5 本章小结

企业是对外直接投资的决策主体，对外直接投资对母国产业结构升级的作用在微观上体现为对对外直接投资企业经营绩效的影响。本章利用 2010—2016 年中国上市公司对外直接投资事件数据，采用倾向得分匹配的方法为对外直接投资企业找到了最相近的对照企业，然后利用双重差分法研究对外直接投资对企业绩效的影响。研究结果表明：①对外直接投资促进了我国企业全要素生产率的提升和产能利用率的优化，但是对企业盈利能力的影响并不显著。②对外直接投资对企业绩效的影响存在滞后性和动态性，对外直接投资对全要素生产率的促进作用呈现出先增强后减弱的倒 U 形特征；对产能利用率的影响存在一年的滞后，促进作用可以持续到第三年；对企业盈利能力的影响在前两年为负，之后逐步转变为正。③就投资动机而言，技术寻求动机的对外直接投资对全要素生产率的促进作用最显著，而资源寻求动机和市场寻求动机的对外直接投资能够促进产能利用率的改善，只有市场寻求动机的对外直接投资对企业的盈利能力存在积极的影响。④就进入模式而言，跨国（境）并购能够促进企业全要素生产率的提升和盈利状况的改善，而以绿地投资模式进入的对外直接投资对产能利用率提高的作用更加明显。⑤就投资东道国（地区）而言，投资到“一带一路”沿线的投资能够有效提高产能利用率水平，而投资到非“一带一路”沿线的投资更能促进企业生产率的提高。

第6章 对外直接投资与我国西部地区产业结构升级:宏观效应的检验

在对对外直接投资对于产业结构升级的微观作用进行实证分析的基础上,本章将在宏观视角下分析对外直接投资对产业结构的影响,关注对外直接投资企业通过产业之间的关联关系影响到其他非对外直接投资企业,最终使宏观加总层面上的产业结构的比例构成和产业生产率发生怎样的变化。基于之前的理论分析和典型事实描述,本章将先提出本章实证所主要验证的研究假设,然后利用计量经济学模型和方法,对对外直接投资与地区产业结构升级之间的关系进行规范的实证检验。本书将产业结构升级界定为产业结构的高级化和产业结构的合理化两个维度,从静态和动态两个角度研究对外直接投资对产业结构升级的影响。在此基础上,还进一步研究了对外直接投资的投资节奏和地区异质性对产业结构升级效应的影响。

6.1 假说提出

6.1.1 对外直接投资与产业结构升级

1)对外直接投资与产业结构的高级化

产业结构升级在宏观层面体现为产业结构从较低级别形态向较高级别形态不断转化的演进过程。对外直接投资作为促进产业结构调整升级的重要抓手,对地区产业结构的高级化演进,主要发挥了以下作用:

首先是边际产业转移和资源的优化再配置。产业结构的升级必然伴随着传统产业的衰落和新产业的兴起、生产要素不断从传统产业释放转移到新兴产业的过程。通过对外直接投资将国内失去比较优势的产业转移到海外,释放了相关的资金、土地、人力资本等要素资源,这些资源可以转移到资源需求旺盛的新兴产业的企业中,带动新兴产业的发展。

其次是产业关联与相关产业成长。企业的对外直接投资不仅会对所在产业的市场结构和生产率结构产生影响,还将通过前向关联或者后向关联影响到产业链上的其他企业,由此将对外直接投资对单个企业的微观影响扩展到其他关联企业,以至于对整个产业的宏观影响(赵云鹏和叶娇;赵伟和江东)[150,169]。从前向关联效应来看,下游企业进行对外直接投资,参与国际竞争,增大了生产规模或出口规模,促进上游产业的规模扩张和技术升级;从后向关联来看,上游企业进行对外直接投资,将上游生产环节转移到国外,母国企业转而为其提供必要的技术服务和管理咨询,实现了价值链的攀升。

最后是竞争效应与示范效应。企业在进行对外直接投资后,就将自己置身于广泛的国际竞争中,企业为了在竞争中获得生存和发展,就只有不断增强自身的竞争优势和竞争能力。与此同时,这种竞争也会传递扩散到国内,使国内相关行业的竞争程度加剧,市场格局受到冲击(潘雄锋、闫窈博和王冠)[64]。市场竞争程度的增大一方面倒逼一部分国内企业改进自身生产技术和管理水平,更加努力优化内部生产流程,提升产品质量,提高企业的市场竞争能力;另一方面,竞争程度的增大也会加速行业内的优胜劣汰,使一部分生产率低下的企业无法继续经营,退出市场,释放出的生产要素转移配置到生产效率较高的企业中去(王文、孙早和牛泽东)[164]。对外直接投资对行业内的其他企业除了具有竞争效应,还具有示范效应。伴随着对外直接投资企业生产率和产品竞争力的提升,行业内的其他企业也开始对该企业的产品、技术、管理经验等进行模仿、学习,对外直接投资的微观影响得以在行业内部溢出,促进了整个行业的生产率提升。

基于以上分析,本书提出如下假设:

假设 7:对外直接投资能够提升地区产业结构的高级化水平。

2)对外直接投资与产业结构的合理化

对外直接投资在促进产业结构由低向高进行升级的同时,很多学者也开始关注对外直接投资的过快增长或行业选择不当所带来的产业结构“空心化”问题。大规模的对外直接投资实质上是一种资本外流的过程,可能会通过资本市场和产品市场挤出国内投资(Lipsey,Stevens)[242],一方面,资本外流降低了国内资金市场上可贷资金的供给,推高了利率水平,挤出了国内投资;另一方面,对外直接投资又是一个生产转移的过程,海外生产所带来的出口替代也会降低国内投资水平,造成国内产业衰败。Cowling 和 Tomlinson[4]对日本制造业的对外直接投资与国内投资和就业关系的研究都发现,对外直接投资所引起的产业转移,使国内相关产业的就业人数急剧下降,造成了产业结构的空心化。

针对我国的研究表明,我国作为一个发展中的大国,资本的相对稀缺仍然是我国经济进一步发展所面临的重要约束,大规模的对外直接投资所带来的资本过度输出,必然会通过资本项目带来利率波动,从而对国内投资和产业结构转变带来不利影响(宋林和谢伟)[151]。刘海云和聂飞[145]的研究也表明,中国制造业企业的对外直接投资带来了以“离本土化”和“离制造化”为标志的空心化效应,不利于国内实体经济的发展。

除了对外直接投资所带来的大规模资本流动对国内产业结构升级可能的负面影响,中国对外直接投资的产业选择也存在着一定程度上的偏离和失衡。李逢春[148]也发现中国对外直接投资的行业选择不合理,占比较高的行业对产业结构升级的带动作用却相对有限。针对 2015 年开始的房地产、酒店、影城、娱乐、体育俱乐部等领域出现的巨额对外直接投资,国家发改委、商务部、人民银行、外汇局四部门表示我国企业出现非理性投资倾向,大额非主营业务投资、"蛇吞象"的"母小子大"投资和"快设快出"的投机性投资存在较大的风险隐患;时任央行行长周小川在 2017 年两会前也指出,我国部分对外直接投资具有盲目性,不符合产业政策要求,对国家发展并没有太大的好处。

因此,基于理论分析和中国对外直接投资的发展特征和现状,本书提出如下的假设:

假设 8:中国对外直接投资对地区产业结构合理化水平的作用为负。

6.1.2　对外直接投资的投资节奏与产业结构升级

Wang 等[235]在研究对外直接投资的溢出效应时,基于时间密集经济性的观点,认为不仅对外直接投资的规模会影响到技术溢出,对外直接投资的投资过程也会对溢出效应带来影响。他们据此提出用对外直接投资的速度和对外直接投资的不规则度这两个概念来刻画对外直接投资的过程。对外直接投资速度是相对于静态的对外直接投资规模而言的,反映了一定时期内一国对外直接投资变动的快慢程度;而对外直接投资的不规则度则是指一定时期内一国对外直接投资变动的不连续、不规则和不稳定的程度。

对外直接投资的速度会对投资绩效带来影响,Vermeulen 和 Barkema[243]的研究就发现过快的国际化速度对于对外直接投资与企业绩效之间的关系存在负向的调节作用。快速的对外直接投资过程相对于慢速的对外直接投资过程,面临更强的时间压缩的不经济性:①快速的对外直接投资将导致企业的外部生产环境和内部的组织架构都发生剧烈的变化,企业面临着更强的外部不确定性,企业内部的组织管理的复杂程度也迅速增加,短时间内企业很难同当地的政府、社区、供应商和客户之间建立起稳定的信任关系,员工的招聘和培训也需要一定的时间才能完成,因此会面临较高的固定成本,企业的比较优势很难马上得到发挥,因此快节奏的对外直接投资不利于企业特定优势的有序释放,对国内的产业转移和资源配置具有负向的调节作用。②快速的对外直接投资阻碍了企业获取逆向技术溢出。一方面,短期内快速盲目的投资可能使企业无法获取到最适宜的技术,凭空增加了企业的沉没成本,阻碍了企业国内技术升级的正常进行;另一方面,对先进技术的模仿学习和消化吸收需要时间的积累，与国外研发资源和研发团队的对接也需要经历一定的磨合过程。先进国家的研发活动是一个高度组织化的系统工程，企业通过对外直接投资获取了接触先进研发资源的渠道，但是对研发资源的消化吸收和本土化的再创新，还取决于国内自身的吸收能力，短期内频繁的对外直接投资，会透支国内本来就不丰腴的吸收能力，影响吸收能力的正常增长和自主创新的发展步伐。③快速的对外直接投资导致企业资源大量外流，国内资本存量下降，信贷约束紧张，影响了企业的竞争能力，当面临外部市场环境的不利变化时，如果企业的国际化步伐过大，不仅无法对当前的投资项目提供持续的保障，而且甚至会对国内自身产业发展带来负面的影响。

对外直接投资的不规则度反映了对外直接投资的波动性和不确定性。规则有序、稳步发展的对外直接投资反映了一国对外直接投资的坚定信心和充足的前期准备，企业对对外直接投资的发展进行了充足的规划和准备，能够提前进行资源的整合和管理体制的调整和准备，在对外直接投资过程中，有序选择投资东道国和投资路径，有步骤地进行资源的全球化配置和整合，逐步进行技术的吸收和积累，步步为营，不断提升自身吸收能力和自我创新能力，进而最大限度地发挥对外直接投资的产业升级效应。与之相反，剧烈波动的不规则的对外直接投资的发展路径导致了对外投资出现盲目的预期外的大幅增长或大幅降低。在对外直接投资大幅增长的年度，很多企业对外直接投资往往只是跟风投资，对投资目标和投资东道国的选择缺乏足够的前期考察，对投资风险也没有进行足够的评估，企业通过各种途径筹集资金完成了当年高额度的投资，但是这样的投资面临着很大的风险与收益的不确定性，企业的资源过度透支也影响了项目后期的持续投入，提高了项目失败的可能性。而在对外直接投资大幅降低的年度，由于企业前期投入过猛等因素的影响，企业在短期内难以维持原来的投资水平，而盲目建立的海外分支机构缺乏合理的规划和管理，短期内也难给母国带来利润回流，因此企业只能切断对原有项目的持续支持。但是对外直接投资对国内产业结构升级的作用是具有滞后性和持续性的，企业对海外先进技术的吸收和消化也需要人财物等方面的持续保障，对外直接投资的剧烈波动不仅增大了投资项目的风险，降低了投资成效，而且造成了大量无法收回的沉没成本，浪费了国内的稀缺资源，不利于产业结构的调整和优化。因此，本书提出如下假设：

假设 9：对外直接投资的节奏影响其对产业结构升级的作用，速度快、不规则的对外直接投资会减弱对外直接投资对产业结构高级化的促进作用，加剧对外直接投资对产业结构合理化的负面影响。

6.1.3　对外直接投资的地区异质性与产业结构升级

我国土地疆域辽阔,自然条件和资源分布不均衡,经济和社会发展呈现东部水平较高、中部次之、西部相对滞后的梯度特征,对外直接投资的分布也呈现出向东部沿海地区集聚的特征。对外直接投资对地区产业结构升级的影响,可能也存在着地区的异质性。

首先,吸收能力是影响对外直接投资的"逆向溢出"效果的重要因素(Li 等;Teece)[154,244]。吸收能力较强的地区能够为对外直接投资主体提供更好的资源条件、专业化劳动力和总部经济资源(Head,Ries,Swenson)[245]。李梅和柳士昌[246]指出人力资本、研发投入、经济发展、金融深化、技术水平和开放水平是构成地区吸收能力的重要因素,对对外直接投资的逆向溢出具有"门槛作用"。裴长虹和郑文则认为服务业的发展为企业的对外直接投资提供了基础条件。

其次,我国不同地区的制度质量的差异,也会影响对外直接投资对产业结构升级的作用。制度逃离理论认为新兴经济体及转型经济体的很多企业对外直接投资的动机往往是出于对于本国制度约束的一种规避(Boisot,Meyer)[247],缺乏政治关联的企业更倾向于制度逃离(李新春和肖霄)[248]。良好的制度环境能为企业提供更加高效的产品市场、要素市场和法制环境。有效的产品市场竞争性更强,竞争压力迫使企业效率提升,有效的要素市场保证了企业能够更容易为新的投资项目融资,好的法律制度更加注重对产权、消费者权益的保护,更能促进商业的发展(Liu,Lu,Chizema)[249]。

最后,东部地区相对于中西部地区对外直接投资起步更早、规模更大,经验更丰富,有利于对外直接投资规模效应的发挥。随着企业海外资本存量的积累,对外直接投资所带来的"逆向技术溢出"和"学习效应"开始逐步显现(李娟等)[250],同时伴随着海外生产经营、营销渠道等逐步成熟,"利润回流"和"规模效应"的收益逐步弥补企业初期投入的巨额成本,企业收益状况逐步改善(Lu,Beamish)[251]。

综上所述,由于东部地区在对外直接投资规模、吸收能力和制度环境等方面都显著地优于中西部地区,因此对外直接投资对产业结构升级的正向作用应在东部地区更加明显,由此,本书提出如下假设:

假设 10:对外直接投资对产业结构升级的作用存在地区差异,对外直接投资对产业结构高级化的促进作用在东部比较显著,而对产业结构合理化的不利影响在中西部地区比较突出。

6.2 研究设计

6.2.1 模型设定

为了考察对外直接投资对地区产业结构升级的影响，本书建立了如下计量模型：

$$SH_{it} = \alpha_0 + \beta OFDI_{it} + \sum \gamma_j X_{it} + \mu_i + \lambda_t + \varepsilon_{it} \qquad (6-1)$$

$$SR_{it} = \alpha_0 + \beta OFDI_{it} + \sum \gamma_j X_{it} + \mu_i + \lambda_t + \varepsilon_{it} \qquad (6-2)$$

式中，下标 i 和 t 分别表示省份和年份；SH_{it} 为地区 i 在年度 t 时的产业结构高级化水平；SR_{it} 为地区 i 在年度 t 时的产业结构合理化水平，用来反映地区的产业结构升级的水平；$OFDI_{it}$ 为本书所关注的核心解释变量，表示地区的对外直接投资的水平；X_{it} 代表其他一系列的控制变量，下文将具体逐一详细介绍；μ_i 为不可观测的地区个体效应，用来衡量不随时间改变的地区异质性的影响；λ_t 则是时间固定效应，用来捕捉全球经济环境和国家层面的政策冲击等不随个体改变的不可观测因素的影响；ε_{it} 则是随机干扰项，服从正态分布。

式(6－1)和式(6－2)为静态面板模型，但是考虑到经济发展过程中存在滞后性和惯性，产业结构调整过程中可能存在一定的路径依赖。因此，在式(6－2)的基础上，分别加入了产业结构高级化和产业结构合理化的一阶滞后项，以控制模型可能存在的动态性。本书采用的动态面板模型设定为

$$SH_{it} = \alpha_0 + \alpha_1 SH_{it-1} + \beta OFDI_{it} + \sum \gamma_j X_{it} + \mu_i + \lambda_t + \varepsilon_{it} \qquad (6-3)$$

$$SR_{it} = \alpha_0 + \alpha_1 SR_{it-1} + \beta OFDI_{it} + \sum \gamma_j X_{it} + \mu_i + \lambda_t + \varepsilon_{it} \qquad (6-4)$$

式中，SH_{it-1} 和 SR_{it-1} 分别是产业结构高级化和产业结构合理化水平的一阶滞后项。

6.2.2 变量选择

1)产业结构升级的衡量

所谓产业结构，也就是指各产业的构成以及产业之间相互联系和相对比例关系，而产业结构升级则说明产业内和产业间的比例关系发生了改变。周振华[121]从产业的结构主义观出发，提出产业结构的调整包括产业结构高级化和产业结构合理化两个方面，此后很多研究都遵循这样的分类方式，来衡量产业结构的调整(韩永辉等；干春晖、郑若谷和余典范；黄亮雄等)[95,122,189]。产业结构高级化主要指产业结构从较低水平向较高水平不断演进的过程，而产业结构合理化则强调产

业之间的比例均衡和协调关系。参照现有文献,本书分别构建产业结构高级化指数(SH)和产业结构合理化指数(SR)来衡量产业结构升级。

(1)产业结构高级化指数(SH)

配第-克拉克定理认为经济发展过程中的产业结构变动将经历由低级向高级转变的过程,劳动力不断从低级产业向高级产业转移的过程就是产业结构升级的标志(石涛和张磊)[115]。因此,很多学者采用非农产业比重、霍夫曼系数和产业结构层次系数等来测度产业结构的高级化水平(赵伟和江东;王滢淇和阚大学;陈建奇;茶洪旺和左鹏飞)[116-119,169]。但是,刘伟、张辉和黄泽华[120]提出产业结构的演进不仅包括产业间定向的、有规律的份额变动,而且还应包括各个产业劳动生产率的提升。产业结构的高度表现为不同产业的份额和比例的变化,但实质是劳动生产率的水平。一个经济体的产业结构高度越高,表明这个经济体高劳动生产率的产业所占的份额较大。基于这样的思想,参考刘伟、张辉和黄泽华[120],黄亮雄等[189],韩永辉等[95]的定义方法,将产业结构高级化指标(SH)定义为

$$SH_{it} = \sum_{j=1}^{n} \frac{Y_{ijt}}{Y_{it}} \times LP_{ijt} \tag{6-5}$$

式中,SH_{it}指地区i在t时期的产业结构的高级化指数;Y_{ijt}是指t时期i地区j产业的产值,Y_{it}则是t时期i地区的总产值,那么Y_{ijt}/Y_{it}就衡量了t时期i地区j产业在当地产业结构系统中所占份额;LP_{ijt}则是t时期i地区j产业的劳动生产率水平。从定义中可以看出,某地区高生产率的企业比重越大,产业的平均生产率越高,产业高级化指数也就越高。因此,本书所定义的产品高级化指数能够反映地区产业结构由低级向高级转变、生产率逐步提升的产业结构升级过程。

但是,劳动生产率是一个有量纲的数据,而产业份额是一个无量纲的数据,为了规避不同行业劳动生产率量纲不同所带来的影响,基于钱纳里标准结构模型,不同学者分别提出了如下的标准化方法。

刘伟、张辉和黄泽华[120]的标准化方法为

$$LP_{ijt}^{S} = (LP_{ijt} - LP_{j}^{L})/(LP_{j}^{H} - LP_{j}^{L}) \tag{6-6}$$

黄亮雄等[189]、韩永辉等[95]的标准化方法为

$$LP_{ijt}^{S} = LP_{ijt}/LP_{j}^{H} \tag{6-7}$$

式中,LP_{ijt}^{S}为经过无量纲标准化后的劳动生产率;LP_{j}^{L}为钱纳里标准化结构中工业化起点阶段j产业的劳动生产率水平;而LP_{j}^{H}为钱纳里标准化结构中工业化完成阶段j产业的劳动生产率水平。具体取值标准如表 6-1 所示。从调整公式来看,两种方法的调整思想高度一致,测算指标构建也基于同样的结构标准。从本书实际测算结果来看,两种方法测算结果高度相关(相关系数达 98%),只是在数值大小上存在微小的差异。因此,采用何种方法对于本书的后续分析不会产生实质性

的影响。本书将在后文中主要使用式(6-7)的标准化方法计算出的产业结构高级化指数。

表6-1 用于生产率调整的钱纳里标准结构系数

产业	工业化起点 LP^L(2003年人民币)	工业化终点 LP^H(2003年人民币)
第一产业	2429.80	50163.47
第二产业	10168.27	133341.91
第三产业	11826.58	46734.79

资料来源:根据刘伟等[120]确定的标准,并采用CPI将其平减为2003年人民币计价的生产率水平。

(2)产业结构合理化指数(SR)

产业结构的合理化主要是指产出结构与要素投入结构之间的匹配程度。对于产业结构合理化的测算思路,主要也有两种。

第一种方法是基于偏离度,测算产出结构与就业结构之间的偏离程度,其定义为

$$E_{it} = \sum_{j=1}^{n}\left|\frac{(Y_{ijt}/L_{ijt})}{(Y_{it}/L_{it})}-1\right| = \sum_{j=1}^{n}\left|\frac{(Y_{ijt}/Y_{it})}{(L_{ijt}/L_{it})}-1\right| \tag{6-8}$$

式中,E_{it}为地区i在t时期产业结构的偏离度;Y_{ijt}是指t时期i地区j产业的产值,Y_{it}则是t时期i地区的总产值,Y_{ijt}/Y_{it}为t时期i地区j产业在当地产业结构系统中所占份额;L_{ijt}为t时期i地区j产业的就业人数,L_{it}则是t时期i地区的总就业人数,L_{ijt}/L_{it}为t时期i地区j产业在当地就业结构系统中所占份额。显然,产出结构与要素结构的匹配程度越高,单位劳动投入不同行业所带来的平均收益越接近,说明要素的配置效率越好,此时,要素偏离度的程度越低,E_{it}的值越接近于0。黄亮雄等[189]指出,传统的结构偏离度的算法,并没有考虑到不同产业的规模差异,产值份额不同的行业,其资源偏离程度对于整体经济结构的合理度的影响是有差异的,因此可以按产值份额对产业的偏离度进行加权,从而得到一个综合的产业结构合理度的衡量指标

$$SR_{it} = \sum_{j=1}^{n}\frac{Y_{ijt}}{Y_{it}}\left|\frac{(Y_{ijt}/L_{ijt})}{(Y_{it}/L_{it})}-1\right| \tag{6-9}$$

SR_{it}指地区i在t时期的产业结构的合理化指数。显然,产出结构与要素结构的耦合程度越高,产业结构越合理时,该值越小。产业结构的合理化指数与产业结构的合理化程度反向变化,为了后文分析时的方便,本书参照韩永辉等[95]的方法将该值通过取相反数调整为正向指标,然后加上一个常数1.4,将该值调整为0附近的分布。

$$SR_{it} = -\sum_{j=1}^{n} \frac{Y_{ijt}}{Y_{it}} \left| \frac{(Y_{ijt}/L_{ijt})}{(Y_{it}/L_{it})} - 1 \right| + 1.4 \tag{6-10}$$

第二种方法则是采用泰尔指数(Theil)[252]的形式,干春晖、郑若谷和余典范[122],戴魁早[123]等将产业结构合理化指标(SR)定义为

$$SR_{it} = \sum_{j=1}^{n} \frac{Y_{ijt}}{Y_{it}} \ln\left(\frac{Y_{ijt}}{L_{ijt}} / \frac{Y_{it}}{L_{it}}\right) = \sum_{j=1}^{n} \frac{Y_{ijt}}{Y_{it}} \ln\left(\frac{Y_{ijt}}{Y_{it}} / \frac{L_{ijt}}{L_{it}}\right) \tag{6-11}$$

对比式(6-8)和(6-11)中的两种测度方法可以发现,学术界对产业结构的合理度的衡量,都是基于行业产出结构与投入结构之间的匹配程度,且都采用产值份额作为权重进行调整。第一种方法是通过产值加权的产业结构偏离度来测度产业结构的合理程度,第二种方法则是通过产值加权的泰尔指数来评价产业结构的合理程度。两种方法的实质是一致的,只是对于产出结构偏离要素结构的度量,一个采用了绝对偏差的形式,一个则采用了对数作差的形式。本书实际测算的结果也发现,两种测算方式的结果高度一致,因此,本书在后文的分析中,如无特殊说明,都是采用式(6-10)的方式来计算产业结构的合理化水平。

2)对外直接投资水平(OFDI)的衡量

当前我国对于省级层面对外直接投资金额的统计,主要指标包括存量和流量两个口径,但是由于对外直接投资流量数据短期波动较大,容易受个别投资事件的影响且零值较多,而本书主要关注的是对外直接投资对产业结构变动的长期影响,因此本书采用对外直接投资存量数据来进行研究的价值更高。首先将以美元计价的对外直接投资数据按当年汇率中间价转换为人民币单位计价,然后采用对外直接投资存量占地区生产总值的比重来衡量当年的对外直接投资水平。在稳健性检验中,本书采用对外直接投资流量占地区生产总值的比重来作为对外直接投资水平的度量方式,以保证结论不受变量衡量方式的影响。

3)控制变量

产业结构的升级,除了受到对外直接投资的影响,还受到其他因素的影响,参考已有的文献(韩永辉、黄亮雄和王贤彬;付宏、毛蕴诗和宋来胜;原毅军和谢荣辉)[95,108,253],控制变量包括驱动产业结构升级的供给侧因素和需求侧因素。供给侧因素包括:①外商直接投资水平;②市场化水平;③人力资本禀赋;④金融发展水平;⑤创新投入强度。需求侧因素则包括:①居民消费水平;②政府支出水平;③出口需求。具体而言,控制变量的设定如下:

(1)外商直接投资水平(IFDI)

一方面,外商直接投资的进入打破了国内既定的市场均衡,以其自身的投资经验、品牌价值、管理技能等与国内企业竞争,提高了国内市场的竞争性,并通过技术外溢、示范效应等方式促进国内企业的生产率提升,促进了国内企业的效率提升和

资源的优化配置(Okamoto 和 Sjöholm)[254];另一方面,发达国家进入发展中国家的外商直接投资多数都是效率寻求型,主要投资在劳动密集型的低端加工制造业,并伴随着资源破坏和环境污染等问题,与产业结构的优化调整的方向相悖(Hoffmann等;Ren 等)[255-256]。同时,由于各地政府为了吸引外商投资所出台的一系列税收、投资、外汇管理等方面的优惠政策,给予了外商投资"超国民待遇",破坏了市场的公平竞争,造成外资企业对于资源的垄断性控制,加剧了资源的错配,不利于产业结构向合理化方向转变。因此外商直接投资是影响产业结构的重要因素,本书采用地区实际利用外商直接投资占地区生产总值的比重来度量外商直接投资的水平(白俊红和刘宇英)[68]。

(2)市场化水平(Market)

市场化水平的高低体现了市场中价格机制和竞争机制的完善程度。市场机制是经济运行的基础性制度,市场应在资源配置中发挥核心作用(林毅夫)[257],较好的市场化水平中,价格能够真实地反映供求关系,合理引导资源流动和优化配置。樊纲、王小鲁和朱恒鹏[258]测算的分省份市场化指数虽被学术界广泛使用,但是其指标截至 2009 年,虽然王小鲁、樊纲和余静文将指数扩展到 2014 年,但是两者之间的指标存在差异,数据不可比,因此,本书并没有选择采用樊纲的市场化指数,而是参考韩永辉、黄亮雄和王贤彬[95]的方法,采用各省份非国有固定资产投资占该地区全社会固定资产投资的比重来衡量,该指标也是樊纲指数中最重要的指标之一,以市场为经营导向的非国有经济的迅速发展为我国市场化和经济增长做出了最主要的贡献。

(3)人力资本禀赋(Human)

现代人力资本理论认为人力资本对于经济发展具有重要作用,Mankiw 等[259]等将人力资本看作是同物质资本同样重要的投入要素,加入经济增长模型中,以解释不同地区经济增长的差异;内生增长理论则强调人力资本对经济增长具有间接作用,人力资本可以通过推动技术进步来促进经济增长。周少甫、王伟和董登新[260]对我国人力资本、产业结构和经济增长关系的研究发现,人力资本对经济增长的作用受到产业结构的影响,人力资本结构应该与产业结构相协调匹配。张桂文和孙亚南[261]则发现,我国人力资本中农业劳动力不能永久性地向城市迁移、创新型和高技能人才不足、科学研究缺乏市场导向等特征阻碍了产业结构的转型升级。基于以上分析可以发现人力资本禀赋对产业结构升级的重要作用,因此本书参照安苑和王珺[96]以及周少甫、王伟和董登新[260]的方法,采用平均受教育年限与劳动人数乘积的对数(平均受教育年限=小学受教育人口比重×6+初中受教育人口比重×9+高中受教育人口比重×12+大专受教育人口比重×15+本科受教育人口比重×16+研究生受教育人口比重×19)来衡量地区的人力资本禀赋。

(4)金融发展水平(Finance)

地区金融发展水平越高,金融市场的运行效率越好,企业面临的融资约束就越轻,企业越容易将潜在的投资机会转化为实际的投资项目。易信和刘凤良[262]发现金融摩擦的降低能够通过技术创新的“水平效应”和“结构效应”促进产业结构转型增长;杨子荣和张鹏杨[263]也发现金融结构内生于产业结构,金融结构与产业结构的匹配程度越好,经济增长越快。因此,本书参照文献的通行做法,采用各地金融机构本外币贷款余额占地区生产总值的比重来衡量当地的金融发展水平。

(5)创新投入强度(R&D)

内生增长理论认为,国家(地区)之间经济发展出现差距的根源在于技术进步和创新投入,因而创新驱动发展战略是产业结构升级和经济持续发展的重要动力(王海兵和杨慧馨)[264]。孔宪丽、米美玲和高铁梅[265]发现行业的创新投入结构对产业结构的调整具有明显的引致作用,与要素禀赋相适宜的技术选择和创新投入将直接推动产业的有效增长。付宏、毛蕴诗和宋来胜[108]也发现创新投入对产业结构的高级化进程具有持续的积极作用。因此,本书在研究对外直接投资对产业结构升级的影响时,也应当控制创新投入的作用。参照已有文献,本书采用地区R&D经费内部支出占地区生产总值比重来衡量地区的创新投入强度。

(6)居民消费水平(Consum)

恩格尔效应是产业结构升级的重要内生驱动机制之一,强调消费者对于不同产业部门产品的需求收入弹性存在差异。随着消费者收入的上升,由于农产品的需求收入弹性低于其他产品,消费者对于其他产品的需求的上升快于农产品,因此拉动劳动力由农业部门向非农部门进行转移(Kongsamut 等)[266]。郭凯明、杭静和颜色[267]发现,需求因素变动是我国第一产业比重下降的重要原因;于泽、章潇萌和刘凤良[268]也发现产业结构的持续升级需要提高人均收入水平,促进消费需求增长。参照韩永辉等[95]的方法,本书采用居民消费与地区生产总值的比值来衡量居民消费水平。

(7)政府支出水平(Gov)

财政分权体制下,地方政府在经济增长过程中发挥了积极的作用,但是这种政府推动的经济增长在一定程度上是以经济结构失衡为代价的(王永钦等)[269]。一方面,地方政府之间的地区生产总值竞赛和税收争夺可能会加剧地方保护,造成市场分割,阻碍要素自由流动,影响了资源配置效率(宋马林和金培振)[270];另一方面,地方政府出于保障本地就业和短期经济增长,会直接干涉资源配置,使资源流向了效率低下的劳动密集或产能过剩的产业,阻碍了产业结构的转型升级(孙早和席建成)[94]。本书采用政府支出与地区生产总值的比值来衡量政府支出水平。

(8)出口需求(Export)

改革开放以来,随着我国对外开放程度的不断提高,国际贸易在我国经济增长和经济结构转型中发挥了越来越重要的作用。出口促进了相关产业的产值增长,扩大了市场需求,引致劳动力需求,最终促进产业结构升级(Uy 等;Sposi;Swiecki)[271-273]。郭凯明、杭静和颜色[267]对我国改革开放以来产业结构升级的影响因素的研究发现,出口贸易对我国产业结构的变动有显著的影响,使第一产业和第二产业的比重分别提高了 5.3 和 6.8 个百分点,对第三产业也有 1.7 个百分点的影响,对第一产业的影响主要发生在 1984—1992 年,对第二产业的影响始终持续,对第三产业的影响主要发生在 2000—2011 年。刘晴和徐蕾[274]、李波和杨先明[275]等都发现出口可以通过技术溢出、干中学等方式促进国内企业生产率的提升,推动产业结构升级。本书采用出口占地区生产总值的比重来衡量地区的出口需求水平。

各变量的具体定义如表 6-2 所示。

表 6-2 变量定义

变量分类	变量名称	变量标志	变量定义
被解释变量	产业结构高级化	SH	参照刘伟等,对各行业份额按修正的劳动生产率水平进行加权计算得到产业结构高级化指数。该值越大,产业结构高级化水平越高
	产业结构合理化	SR	参照韩永辉等,基于产出结构与投入结构的份额绝对偏离度构建产业结构合理化指标。该值越大,产业结构合理化水平越高
解释变量	对外直接投资	OFDI	对外直接投资存量占该省份当年生产总值的比重
控制变量	外商直接投资	IFDI	地区实际利用外商直接投资占当年地区生产总值的比重
	市场化水平	Market	各省份非国有固定资产投资占该地区全社会固定资产投资的比重
	人力资本禀赋	Human	平均受教育年限与劳动人数乘积的对数
	金融发展水平	Finance	金融机构本外币贷款余额占地区生产总值的比重
	创新投入强度	R&D	地区 R&D 经费内部支出占地区生产总值的比重
	居民消费水平	Consum	居民消费占地区生产总值的比重
	政府支出水平	Gov	政府支出占地区生产总值的比重
	出口需求	Export	出口占地区生产总值的比重

6.2.3　数据来源

本章使用 2003—2016 年我国 30 个省区市的面板数据(删除数据缺失较为严重的西藏),其中,对外直接投资数据来源于历年《中国对外直接投资统计公报》,计算产业结构高级化和产业结构合理化时所用的分行业从业人数数据、计算人力资本禀赋所用到的分省份教育程度的人口数据来自《中国劳动统计年鉴》,地区实际利用外资、地区 R&D 经费内部支出来自各地区统计年鉴,其他数据则来源于历年《中国统计年鉴》。

6.2.4　描述性统计

1)对外直接投资的分布特征

东部地区的广东、北京、上海、山东、江苏是我国对外直接投资最为集中的省份。浙江、辽宁等沿海省份的对外直接投资紧随其后。从中部地区看,河南、河北、湖南和湖北是区域内部对外直接投资较为发达的地区,这也与其经济发展总水平相适应;山西和江西两省是中部地区对外直接投资存量较小的地区,这可能与其省内产业结构有关,缺乏对外直接投资的优势资源。从西部地区来看,地处西南的云南、四川和重庆是区域内对外直接投资发展较好的地区,本身经济发展水平和靠近东南亚的区位优势,为这些地区的企业走出去创造了一定的条件。西北边陲的新疆,靠近中亚,边贸往来频繁,因此对外直接投资也有一定的发展,但是西部地区其他省区的对外投资存量普遍偏低。东北三省则呈现两头高、中间低的发展特征。沿海的辽宁省的对外直接投资发展较好,沿边的黑龙江省的对外直接投资也有一定的规模,但是处在中心地带的吉林省的对外直接投资则相对发展较慢。

2)产业结构升级的分布特征

①从产业结构高级化的省际分布来看,江苏、上海、北京、天津等地区的产业结构高级化程度较高,产业结构基本完成了农业—工业—服务业的转化。特别是北京市第三产业占比已经突破 80%,经济结构已经完成了工业化的过程。内蒙古自治区和陕西省的产业结构高级化水平紧随其后,主要原因在于此两省区都是资源和重化工为主的产业结构,从产值结构上看,第二产业占比接近 50%,但是从就业结构上看,第二产业占比不足 20%,这就导致计算出的第二产业劳动生产率水平较高,而生产率水平较低的第一产业本身占比较低,高权重与高生产率的分布都集中在第二产业,最终导致计算出的产业结构高级化水平较高。中部地区整体产业结构高级化较低,还处在工业化中期,劳动力的产业间转移和产业生产率的提升等方面都要需要继续加强。

②从产业结构的合理化来看，东中西产业结构合理化基本上呈现出梯度下降的特征。东部地区不仅是产业结构整体发展水平较高的地区，而且产业结构的合理化水平也显著优于其他地区。产出结构和劳动力的产业配置趋于一致，各产业的产值占比与劳动力占比相匹配，产业结构的整体配置达到了一个较为合理均衡的状态。中部地区的产业结构合理程度居中，虽然中部地区整体产业结构的高级化水平还不够，但是劳动力的产业间配置与产出的产业分布基本上较为协调，没有出现明显的不匹配，劳动力结构的转变推动着产业结构由低向高不断升级。西部地区产业结构合理化水平较差，特别是资源依赖度高的内蒙古、陕西等省区，劳动力结构主要偏向第一产业，产出结构却偏向于第二产业，导致劳动力与产业发展之间的匹配度较差，虽然实现了产值角度的第一产业向第二、三产业的高级化过程，但是劳动力的配套转移还任重道远。

3)对外直接投资与产业结构升级的相关分析

相关分析是回归分析的基础，也是发现数据规律、直观呈现变量之间影响关系的重要方法，笔者将对对外直接投资与产业结构升级之间的关系进行相关分析，探究二者相关关系的强弱和方向，并分地区考察这种相关关系是否存在系统性差异，从而为后文的回归分析奠定事实基础。

(1)对外直接投资与产业结构高级化的相关分析

图 6-1 给出了对外直接投资存量与产业结构高级化水平之间的散点图及拟合曲线。从图中可以清晰地看出，产业结构高级化与对外直接投资之间呈现明显的正相关关系，拟合得到的直线斜率为正，因此可以初步判断，在不考虑其他因素的情况下，对外直接投资与产业结构之间呈现正向的相关关系，对外直接投资水平的提高往往与更高水平的产业结构高级化水平相对应。进一步，图 6-2 分地区绘制了对外直接投资与产业结构高级化的散点图和拟合曲线，通过对比可以发现，在东部地区，拟合曲线的斜率相对于中西部地区斜率更大，也就意味着在东部地区，如果不考虑其他因素，对外直接投资对产业结构高级化的影响比在其他地区更大。

(2)对外直接投资与产业结构合理化的相关关系

图 6-3 和图 6-4 则是给出了对外直接投资与产业结构合理化之间的散点图及拟合曲线。首先，从图 6-3 全样本的分布结果来看，对外直接投资与产业结构高级化之间存在着明显的正相关关系，意味着在不考虑其他影响因素的条件下，对外直接投资的增长可以促进产业的产出结构与就业结构的协调度提升，从而促进产业结构合理化水平的提升。其次，从图 6-4 分区域的散点图看，东部地区、中部地区和东北地区的拟合曲线低于全样本拟合曲线的斜率，说明在这些地区，对外直接投资与产业结构之间的正相关关系相对于全样本来说更弱；相反，在西部地区，对外直接投资与产业结构之间的正相关关系则相对强于全样本。分样本的散点图

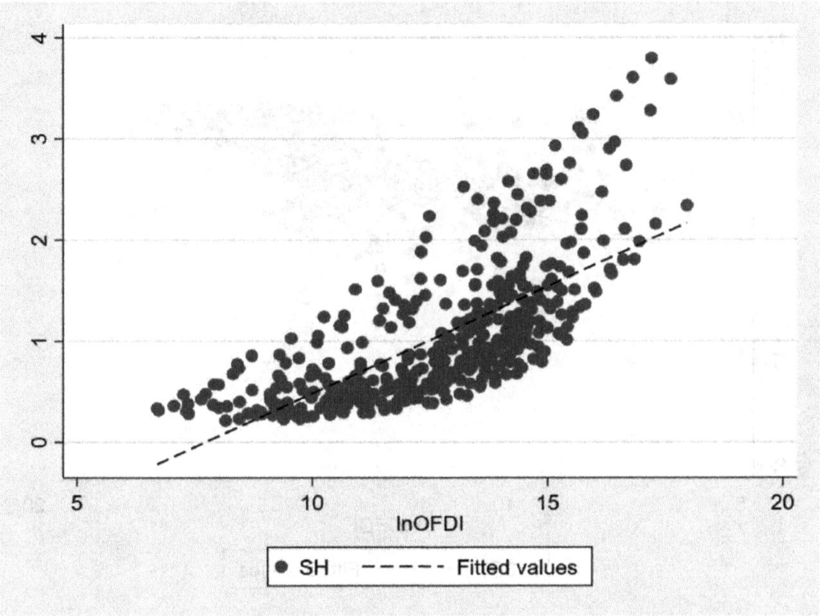

图 6-1　对外直接投资与产业结构高级化

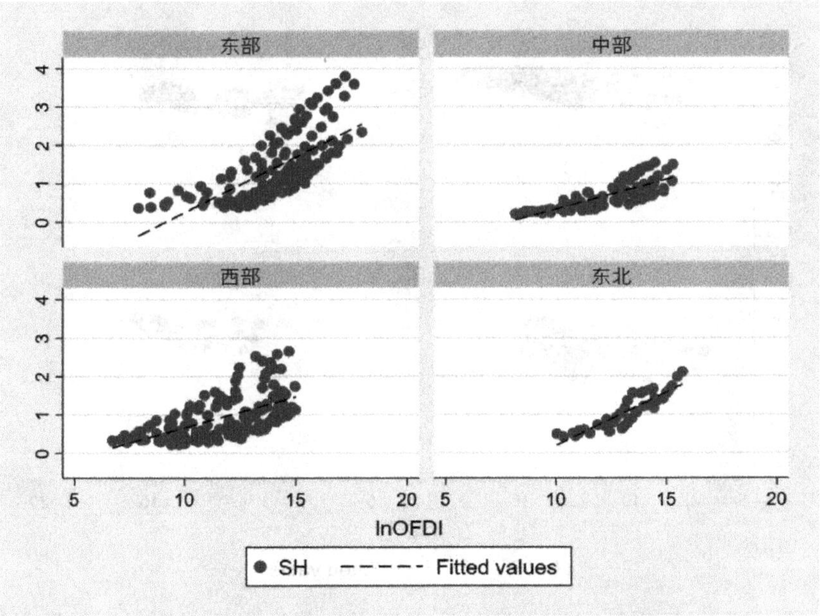

图 6-2　对外直接投资与产业结构高级化(分地区)

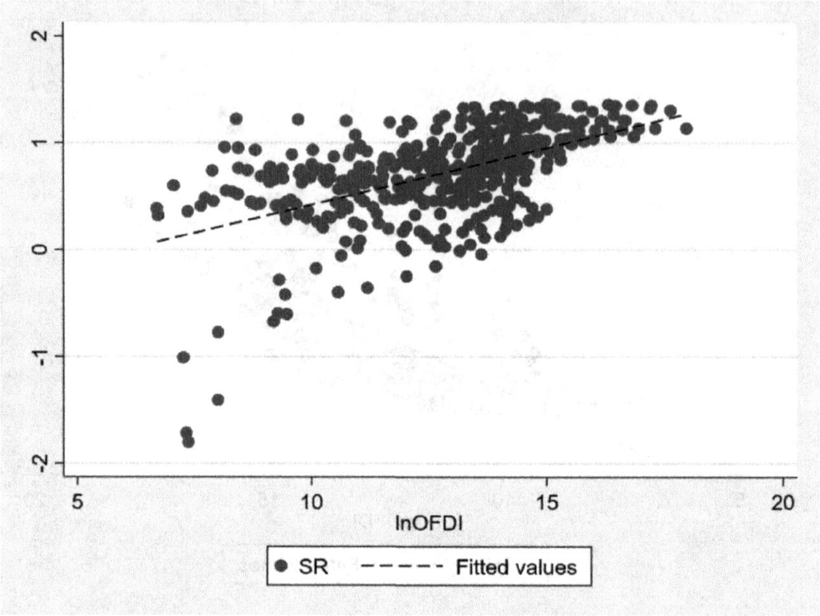

图 6－3 对外直接投资与产业结构合理化

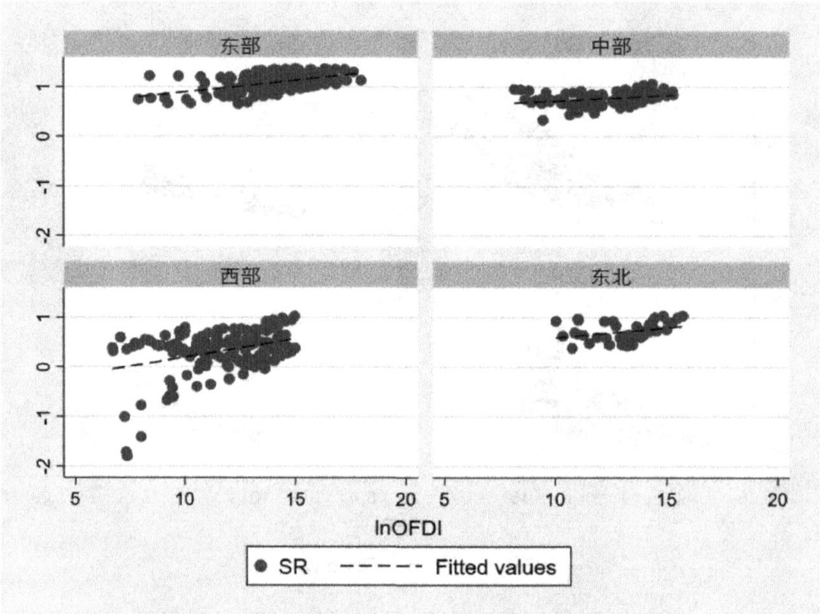

图 6－4 对外直接投资与产业结构合理化(分地区)

表明,对外直接投资与产业结构之间的正相关关系在西部地区显现得较为明显,而在其他地区则显得相对较弱。综上所述,从对外直接投资与产业结构合理化的相关关系图来看,对外直接投资与产业结构合理化之间存在正向相关关系,并且这种关系在西部地区更加显著。当然,需要注意的是此处的分析只是一个双变量的相关分析,并没有考虑其他影响产业结构的变量,也无法做出对外直接投资一定能够促进产业结构升级的因果推断,分析的目的主要在于直观地对对外直接投资与产业结构升级的关系做一个初步的探索和直观的展示,帮助我们更好地理解数据的基本特征,以为后文的实证研究奠定事实基础。

4)其他变量的描述性统计

表 6-3 给出了所有变量的描述性统计结果,从中可以分析除核心变量之外的其他变量的分布特征。从市场化水平来看,平均而言,各地的固定资产投资中,有 68.1%的投资都是由非国有单位完成的,这标志着伴随市场化改革的逐步深化,非国有企业在我国经济发展中占有越来越重要的地位。人力资本禀赋变量均值为 2.210,中位数为 2.209,数据分布较为均衡,说明对原始数据的对数处理有效地降低了数据的分布偏态,使数据更加接近正态分布。外商直接投资呈现出与对外直接投资类似的特征,多数省份接受外资和对外投资都较低,我国资本的跨境双向流动主要集中在东部发达地区,中西部内陆地区的对外开放程度和投资发展都显著滞后于东部地区。金融发展水平均值大于1,说明平均而言各地的本外币贷款余

表 6-3　变量的描述性统计

变量	样本容量	均值	标准差	最小值	中位数	最大值
SH	420	1.051	0.676	0.213	0.893	3.798
SR	420	0.710	0.439	−1.802	0.760	1.367
OFDI	420	0.011	0.020	0.000	0.005	0.198
Market	420	0.681	0.110	0.391	0.686	0.886
Human	420	2.210	0.134	1.818	2.209	2.598
IFDI	420	0.025	0.020	0.000	0.019	0.105
Finance	420	1.148	0.395	0.537	1.079	2.585
R&D	420	0.013	0.011	0.002	0.011	0.060
Gov	420	0.205	0.092	0.079	0.185	0.627
Consum	420	0.362	0.063	0.229	0.359	0.640
Export	420	0.166	0.191	0.015	0.074	0.905

额高于当地的地区生产总值水平14.8%，反映了在我国以间接融资为主的融资结构下，银行的信贷政策对企业的投资发展具有重要的影响。从研发投入强度来看，地区R&D经费内部支出占地区生产总值的比重平均为1.3%，各地区创新投入强度整体还是偏低的。从影响产业结构的需求侧构成看，平均而言，居民消费占地区生产总值的比重为36.2%，政府支出占地区生产总值的比重为20.5%，而出口占地区生产总值的比重为16.6%。

6.3 实证结果分析

6.3.1 平稳性检验

数据的平稳性是进行计量分析的前提，非平稳的数据往往会带来伪回归等问题。由于本书使用的面板数据相对跨度较长，为了避免数据本身的非平稳性对研究结论带来影响，本书首先对主要变量进行面板平稳性和协整检验。

面板数据的单位根检验一般多数采用LLC检验(Levin，Lin，Chu)[276]或IPS检验(Im，Pesaran，Shin)[277]。LLC检验假定不存在截面相关，各时间序列具有相同的自回归系数，因此要么所有时间序列都含有单位根，要么所有的序列都是平稳的。LLC检验暗含的前提条件是$n/T \to 0$，要求时间跨度要远远大于横截面的维度，因而只适用于长面板的数据结构(陈强)[278]。IPS则假定数据为平衡的面板数据，对于所有个体而言具有相同的观测长度，各时间序列数据的滞后期数也相同。IPS检验无须要求时间维度大于截面维度，只要求时间维度和截面维度固定即可。因此，根据本书的数据特征和研究需要，本书采用IPS方法来对面板的平稳性进行检验。

表6-4给出了主要变量的IPS平稳性检验结果，从水平值的平稳性检验来看，除了人力资本禀赋、创新投入强度和出口需求这三个变量拒绝了原假设，其他变量都不能拒绝原假设，说明本书的被解释变量、核心解释变量和多数的控制变量都是非平稳的。从一阶差分的检验结果来看，所有变量都在1%的显著性水平下拒绝了存在单位根的原假设，说明所有变量的一阶差分序列都是平稳的，也就是说，本书所使用的变量都是一阶单整序列。进一步可以采用面板协整检验来确认被解释变量、解释变量与控制变量之间是否存在长期的稳定关系。参照杨世迪、韩先锋和宋文飞[279]的方法，本书采用基于残差的Pedroni协整检验来对变量之间的长期协整关系进行检验(Pedroni)[280]，检验结果见表6-5。从表中可以看出，三个检验统计量均高度拒绝了不存在协整关系的原假设，因此，说明本书的变量之间存在着长期的稳定关系，可以建立计量模型进行实证分析。

表 6-4　主要变量的平稳性检验

检验变量	水平值		一阶差分值	
	统计量	P 值	统计量	P 值
SH	0.3937	0.6531	−7.6482	0.0000
SR	0.6837	0.7529	−9.1516	0.0000
OFDI	13.4307	1.0000	−2.8518	0.0022
IFDI	−0.6103	0.2707	−7.4469	0.0000
Market	−1.6643	0.0480	−8.1772	0.0000
Human	−4.7762	0.0000	−9.0399	0.0000
Finance	3.1588	0.9992	−6.9822	0.0000
R&D	−3.7642	0.0001	−8.1151	0.0000
Consum	−0.9714	0.1657	−7.5377	0.0000
Gov	0.2691	0.6061	−7.3380	0.0000
Export	−4.1708	0.0000	−6.5382	0.0000

表 6-5　变量的协整关系检验

协整检验方法	统计量	P 值
Modified Phillips-Perron t	6.5081	0.0000
Phillips-Perron t	−3.1980	0.0007
Augmented Dickey-Fuller t	−4.9428	0.0000

6.3.2　基准回归结果分析

1)静态模型的回归结果分析

表 6-6 给出了式(6-1)、式(6-2)中静态模型的回归结果。其中列(1)和列(2)中只放入了核心解释变量和个体固定效应,从回归结果来看,对外直接投资对产业结构高级化指数(SH)和产业结构合理化指数(SR)的影响都在 1%的水平下显著为正,但是这样的初步分析结果并不可信,还有很多影响产业结构升级的重要变量没有控制。列(3)和列(4)就在此基础上控制了省份层面的各个控制变量,可以看出,OFDI 对产业结构高级化的影响依然显著为正,但是对产业结构合理化的影响则变为负,且不显著。由于 2003—2016 年我国宏观经济形势每年都有着新的变化,宏观经济政策的变化也经历了多个周期,而宏观经济形势和宏观经济政策对各地的影响并不会随个体变动,只随时间变动,因此列(5)和列(6)中进一步又控制

表 6-6 对外直接投资对产业结构升级静态影响的基准回归结果

指标	(1) SH	(2) SR	(3) SH	(4) SR	(5) SH	(6) SR
OFDI	18.953***	2.263***	3.911***	−0.641	3.146***	−1.337***
	(7.338)	(3.710)	(3.001)	(−1.435)	(3.843)	(−2.699)
Market			1.453***	0.454*	0.691***	0.139
			(5.967)	(1.794)	(2.968)	(0.506)
Human			2.516***	0.012	0.556*	0.010
			(7.875)	(0.042)	(1.707)	(0.024)
IFDI			−2.314**	−0.213	−1.782	−0.120
			(−2.004)	(−0.389)	(−1.626)	(−0.184)
Finance			0.140	0.379***	0.358***	0.308***
			(1.238)	(3.598)	(4.148)	(3.257)
R&D			0.278***	0.019	−0.093	0.001
			(3.613)	(0.582)	(−1.571)	(0.026)
Gov			1.065**	0.556*	−1.696***	0.458
			(2.535)	(1.805)	(−4.162)	(1.231)
Consum			0.536	−0.804	0.875**	−0.960
			(1.219)	(−1.318)	(2.532)	(−1.377)
Export			−1.285***	0.283**	−1.095***	0.173
			(−4.952)	(2.400)	(−5.327)	(1.231)
Constant	1.682***	1.247***	−6.346***	0.095	2.388***	0.657
	(10.635)	(45.530)	(−10.245)	(0.161)	(3.030)	(0.648)
Province	Yes	Yes	Yes	Yes	Yes	Yes
Year	No	No	No	No	Yes	Yes
N	420	420	420	420	420	420
F	23.484	155.871	105.573	160.523	155.239	125.944
R^2	0.698	0.834	0.902	0.881	0.950	0.887
Adj. R^2	0.675	0.821	0.892	0.869	0.943	0.871

注：(1)***、**、*分别表示相应统计量在1%、5%及10%的水平下显著。

(2)括号内为经聚类标准误计算的稳健的 t 值。

了年份固定效应。从列(5)和列(6)的结果来看，模型的整体 F 值超过 120，模型的 R^2 和调整的 R^2 都较高，说明模型对于数据的拟合较好，选择的变量能够很大程度上解释被解释变量的变动。具体来看回归系数，对外直接投资对产业结构高级化的影响在 1% 的水平下显著为正，且随着控制变量的加入，这种影响的方向始终不变，可以认为对外直接投资能够显著地促进我国的产业结构由低级向更高级进行转换，产业结构不断高级化。但是，从对外直接投资与产业结构合理化的关系上看，对外直接投资对产业结构的合理化却有显著的负向影响，这表明对外直接投资不仅没有促进我国各产业间投入结构和产出结构的协调程度的提高，反而在一定程度上加剧了这样的不协调。可能的原因在于，我国各地区经济发展的不平衡现象较为严重，各地区在发展速度和发展阶段上都存在一定的差异，当东部地区即将完成工业化，开始进行边际产业转移时，中西部地区可能才刚刚进入工业化的中期。在这样的发展阶段下，如果盲目进行对外直接投资，会造成资金向海外流出和向非实体经济流出，造成我国产业结构的“空心化”，进一步扭曲产业结构的合理性程度。

从控制变量的结果来看，市场化水平对产业结构高级化的影响显著为正，说明在政府干预较少的地区，市场更能够发挥资源配置的作用，提高资源配置效率，促进劳动力不断从低效率部门向高效率部门流动；市场化水平对产业结构合理化的作用也为正，但是这种作用并不显著。人力资本禀赋对产业结构高级化有显著的促进作用，这是因为受教育程度较高的就业者更可能从低级部门向高级部门进行流动，并且受教育水平较高的就业者往往也意味着具有更高的生产率和学习能力，更能够参与研发创新，推动产业生产率的进步。外商直接投资对产业结构高级化和产业结构合理化的影响均为负，这主要是因为外商直接投资进入我国主要是看重我国的劳动力成本和资源优势，投资主要都集中在劳动密集型行业和资源型行业，虽然外资企业一般具有更高的生产率，可能通过产业内的“竞争效应”和“示范效应”以及产业间的“关联效应”促进行业生产率提升(李磊、冼国明和包群)[281]，但是在控制了各地人力资本和研发强度等变量后，外商直接投资对我国产业结构升级的作用并不显著。金融发展水平对地区产业结构高级化和产业结构合理化均有显著的正向作用，健全完善的金融市场为资源配置和企业效率提升都提供了有力的资金支持。创新投入强度在未控制年度固定效应时对产业结构高级化有显著的促进作用，但是在控制了年度固定效应后，这种作用不再显著，可能的原因在于 R&D 经费内部支出规模占地区生产总值的比重还很低，在控制了包含宏观经济形势和宏观政府政策等内容的时间虚拟变量后，R&D 的作用比较微弱，难以显著。政府支出水平对产业结构高级化的影响显著为负。政府支出是政府实施财政政策的重要手段，地方政府可能会为了短期经济增长和短期就业稳定等目标牺牲掉长期的结构优化，因此政府支出水平对产业结构的高级化有着不利的影响。居民消费水平对产业结构高级化的作用显著为正。随着居民收入的增多，由于恩格尔效应的存在，居民对低端行业产品的收入弹性较低，而对高端行业产品的收入弹性较高，因此居民消费会更多地从低端行业向高端行业转移，消费结构的升级引致产业结构的升级，但是消费结构的升级对产业结构合理化的作用并不一定，错误估计的消费结构变动的变化，可能进一步扭曲产业间的资源配置，使产业结构进一步偏离比较优势。出口需求对产业结构高级化有着显著的负向影响，但是对产业结构合理化的作用为正，这表明我国的产品出口仍然主要集中在劳动密集型的低端行业，我国的比较优势并未发生根本性的改变，伴随着劳动力成本的上升，劳动力的比较优势变弱，但是新的比较优势尚未形成。

2)动态模型的回归结果分析

考虑到经济发展的惯性和产业结构调整的路径依赖，本书在静态模型的基础上引入了产业结构升级变量的一阶滞后项，以捕捉前一期的产业结构发展水平对下一期和产业结构升级的影响。表 6－7 给出了动态模型的回归结果。其中列(1)、列(2)是对产业结构高级化指数(SH)的回归结果；列(3)、列(4)是对产业结构合理化指数(SR)的估计结果。列(1)、列(3)采用的是差分 GMM 的方法，而列(2)、列(4)采用的是系统 GMM 的方法。GMM 估计的效果好坏主要取决于工具变量的选择，在本表汇报的回归结果中，除了将被解释变量的一阶滞后项看作内生变量外，还将主要的解释变量 OFDI 和 IFDI 都视作内生变量，使用其滞后项作为其自身的工具变量，采用 GMM 的方法进行估计。这样本书既处理了动态模型中含有被解释变量的一阶滞后项所带来的估计偏误，也考虑了核心解释变量与被解

表 6－7　对外直接投资对产业结构升级的动态影响的基准回归结果

指标	(1) FD-GMM	(2) SYS-GMM	(3) FD-GMM	(4) SYS-GMM	(5) SYS-GMM	(6) SYS-GMM
	SH	SH	SR	SR	SH	SR
L. SH	0.662***	0.690***			0.740***	
	(7.823)	(3.774)			(6.606)	
L. SR			0.796***	0.847***		0.850***
			(5.541)	(11.902)		(8.278)
OFDI	2.164***	1.034***	−1.226**	−1.303**	1.368**	−1.497*
	(5.068)	(3.423)	(−2.048)	(−2.411)	(2.141)	(−1.662)
L. OFDI					2.561***	−1.140**
					(2.771)	(−2.083)

续表

指标	(1) FD-GMM	(2) SYS-GMM	(3) FD-GMM	(4) SYS-GMM	(5) SYS-GMM	(6) SYS-GMM
	SH	SH	SR	SR	SH	SR
L2. OFDI					3.015**	0.272
					(2.548)	(0.457)
Market	0.712**	2.814**	4.271	1.160	3.616*	1.926
	(2.252)	(2.090)	(0.802)	(0.282)	(1.778)	(1.103)
Human	0.029**	−0.052	−0.175	−0.051	0.153	0.283
	(2.323)	(−0.652)	(−1.272)	(−0.391)	(1.469)	(1.014)
IFDI	−0.101	0.549	−0.266	−0.221	−0.207	−0.798*
	(−0.652)	(1.007)	(−1.535)	(−1.288)	(−0.772)	(−1.935)
Finance	−0.160**	−0.092	−0.019	0.077	−1.281	0.390
	(−2.441)	(−0.833)	(−0.148)	(0.533)	(−1.008)	(1.126)
R&D	0.075***	0.037**	0.001	0.001	0.894*	2.098*
	(2.791)	(2.494)	(0.027)	(0.019)	(1.711)	(1.837)
Gov	−0.666*	−0.798***	−0.460***	−0.225**	−0.180*	0.318
	(−1.861)	(−3.296)	(−2.862)	(−2.411)	(−1.845)	(1.401)
Consum	1.360	0.814	0.645	−0.386	0.136**	−0.196*
	(1.489)	(0.801)	(0.490)	(−0.367)	(2.355)	(−1.819)
Export	−0.344	−0.359	0.005	0.086	0.020	0.058
	(−1.326)	(−1.086)	(0.018)	(0.581)	(0.913)	(1.057)
Constant	0.824	−0.406	0.303	0.519	1.083	1.006
	(1.219)	(−0.357)	(0.412)	(0.797)	(1.508)	(0.929)
Province	Yes	Yes	Yes	Yes	Yes	Yes
Year	Yes	Yes	Yes	Yes	Yes	Yes
N	360	390	360	390	360	360
AR(1)	(0.108)	(0.052)	(0.015)	(0.014)	(0.022)	(0.029)
AR(2)	(0.311)	(0.358)	(0.349)	(0.421)	(0.624)	(0.682)
Sargan	9.152	12.652	17.943	17.342	15.800	14.217
	(1.000)	(1.000)	(1.000)	(1.000)	(1.000)	(1.000)

注:(1)***、**、*分别表示相应统计量在1%、5%及10%的水平下显著。

(2)括号内为经聚类标准误计算的稳健的 t 值。

(3)AR(1)、AR(2)、Sargan 对应的括号内为相应统计量的 P 值。

释变量之间由于反向因果关系所带来的内生性问题。同时，为了减少样本容量的损失和避免弱工具变量问题，只选择内生变量的一阶和二阶滞后值作为工具变量。

从回归结果来看，产业结构高级化和产业结构合理化的一阶滞后项都显著为正，说明产业结构的调整具有一定的惯性，前期的产业结构高级化和合理化水平会对下一期的产业结构高级化和合理化水平产生正向的影响。从列(1)、列(2)中的回归结果看，在控制了产业结构前期影响的基础上，对外直接投资对产业结构高级化水平的影响仍然显著为正，说明对外直接投资能够显著地促进产业结构由低级别向高级别进化。从列(3)、列(4)中 OFDI 的回归系数来看，无论是一阶差分矩估计还是系统矩估计的结果都显著为负，表明对外直接投资对产业结构合理化水平有负向的影响。对外直接投资虽然对产业向高级化升级有促进作用，但是对外直接投资并没有促进产出结构与就业结构协调度的提升，对外直接投资可能进一步扭曲了产业间的劳动力配置，使产业结构偏离了本地区的资源禀赋。

除了控制被解释变量滞后项的影响外，本书还进一步探究了对外直接投资对产业结构调整的动态性和滞后性。列(5)、列(6)分别在列(2)、列(4)的回归基础上，加入了对外直接投资的一阶滞后项和二阶滞后项，以考察对外直接投资对产业结构升级的长期影响。从列(5)对产业结构高级化水平的回归结果看，对外直接投资水平项 OFDI 在 5%的水平下显著为正，影响系数为 1.368，说明当期的对外直接投资就会对产业结构的升级带来正向的影响，对外直接投资对产业机构升级确实存在短期的促进作用；对外直接投资的一阶滞后项 L. OFDI 在 1%的水平下显著为正，二阶滞后项在 5%的水平下也显著为正，系数相对于水平项而言，随着时间的推移逐步增大，这表明了对外直接投资对产业间升级还存在较为持续的长期影响，随着时间的推移，对外直接投资的作用将显现得越来越明显。从列(6)对产业结构合理化水平的回归结果看，对外直接投资水平项 OFDI 在 10%的水平下显著为负，对外直接投资的一阶滞后项 L. OFDI 在 5%的水平下显著为负，但是相对于水平项而言，系数从－1.497 变为－1.140，对外直接投资的二阶滞后项 L2. OFDI 的系数则变为正值，但是并不显著。从这一结果可以看出，对外直接投资对产业结构的短期影响显著为负，可能是由于对外直接投资的产业选择不当或者是对外直接投资的速度过快，短时间内抽出资金太多，短时间内加剧了国内产出结构与就业结构的不匹配程度，但是随着时间的推移，对外直接投资对产业结构升级的正向作用不断发挥，产出与劳动投入之间的比例关系得到逐步的调整，最终产业结构的合理化水平也会逐步得到优化。

6.3.3 投资节奏的影响

在已有分析的基础上，本小节引入对外直接投资节奏的调节效应，研究对外直接投资的速度和对外直接投资的不规则度如何对对外直接投资的产业结构升级效应产生影响。对外直接投资的速度可以用参与对外直接投资的企业数量的增长幅度来表示,也可以使用对外直接投资额的增长幅度来表示。由于我国对外直接投资公报中并没有公布每年各省份的对外直接投资企业数,因此参照李逢春[152]的做法,用各省份对外直接投资额的增速来表示。不规则度则反映一定时间内对外直接投资的波动程度,参照 Wang[235]等的做法,用对外直接投资速度的标准差来衡量。对外直接投资速度和对外直接投资不规则度的具体计算方式如下:

$$\text{Speed}_{it}=\frac{\text{OFDI}_{it}-\text{OFDI}_{it-1}}{\text{OFDI}_{it-1}} \tag{6-12}$$

$$\text{Ire}_i=\sqrt{\frac{\sum_{t=1}^{T}(\text{Speed}_{it}-\overline{\text{Speed}_i})^2}{T-1}} \tag{6-13}$$

式中,Speed_{it}表示 i 地区在时期 t 的对外直接投资速度,OFDI_{it}与 OFDI_{it-1}分别是 i 地区在时期 t 和时期 $t-1$ 的对外直接投资水平。Speed_{it}这一变量通过计算对外直接投资额的变化率来衡量对外直接投资速度。Ire_i表示 i 地区在样本期内对外直接投资的不规则度,T 为样本期的总年数,$\overline{\text{Speed}_i}$ 为 i 地区在样本期内对外直接投资的平均速度。Ire_i变量通过计算样本期内对外直接投资速度的标准差来衡量对外直接投资的不规则度。

为了研究对外直接投资的速度和不规则度对对外直接投资产业结构升级效应的调节作用,本书在基准的动态面板模型中,引入了对外直接投资速度 Speed、对外直接投资不规则度 Ire 以及它们与 OFDI 的交乘项,回归结果如表 6 - 8 所示。列(1)中只放入了对外直接投资速度 Speed 及对外直接投资金额和速度的交乘项 OFDI×Speed,用以检验对外直接投资速度在对外直接投资促进产业结构高级化的过程中发挥了怎样的作用;列(2)中则是放入了对外直接投资不规则度 Ire 及对外直接投资金额和不规则度的交乘项 OFDI×Ire,用以检验对外直接投资的不规则度在对外直接投资促进产业结构高级化的过程中发挥了怎样的作用;列(3)中则同时放入了这两个调节作用,以综合反映对外直接投资节奏(包括速度和不规则度)对对外直接投资的产业结构升级效应的影响。从检验结果看,OFDI×Speed 的系数显著为负,说明了投资速度对对外直接投资的产业结构升级效应具有显著负向调节作用,快速的投资节奏削弱了对外直接投资对产业结构高级化的促进作用;OFDI×Ire 的系数也显著为负,说明投资不规则度对对外直接投资的产业结构升级效应有显著的负向调节作用。总的来看,不规则、不稳定的投资节奏阻碍了对外直接投资对产业结构升级的积极作用。

表 6-8 投资节奏与对外直接投资的产业结构效应

指标	(1) SH	(2) SH	(3) SH	(4) SR	(5) SR	(6) SR
L. SH	0.796***	0.639***	0.775***			
	(7.269)	(7.099)	(8.794)			
L. SR				0.866***	0.865***	0.891***
				(30.921)	(34.418)	(30.996)
OFDI	1.062	4.059***	3.526*	−0.521	−1.766***	−0.862
	(1.109)	(2.727)	(1.823)	(−1.015)	(−3.695)	(−0.494)
Speed	0.007		0.038*	−0.022***		−0.022***
	(1.398)		(1.922)	(−3.828)		(−2.707)
Ire		−2.517	−0.011		−0.106	−0.343**
		(−0.923)	(−0.033)		(−1.570)	(−2.332)
OFDI×Speed	−0.020		−2.201**	−1.480**		−1.335*
	(−0.036)		(−2.220)	(−2.039)		(−1.788)
OFDI×Ire		−3.348*	−4.920**		−5.243***	−4.286**
		(−1.708)	(−2.455)		(−2.928)	(−2.066)
Market	−0.033	−0.027	−0.015	0.157*	0.184**	0.218**
	(−0.351)	(−0.204)	(−0.084)	(1.864)	(2.216)	(2.053)
Human	0.846	0.151	0.174	0.010	0.047	0.080
	(1.273)	(−0.629)	(0.216)	(0.230)	(1.000)	(1.197)
IFDI	−3.754	−0.360	2.694	0.649	−2.337**	−0.872*
	(−1.114)	(−0.099)	(1.328)	(1.229)	(−2.351)	(−1.816)
Finance	−0.130	0.042	0.575*	0.056	0.077*	0.090
	(−1.078)	(0.358)	(1.695)	(1.185)	(1.802)	(1.392)
R&D	0.050**	0.030	0.201**	−0.008	−0.010	−0.029
	(2.077)	(0.851)	(2.219)	(−0.519)	(−0.452)	(−0.875)
Gov	0.334	−0.052	−0.877	0.116	0.018	0.231
	(0.467)	(−0.081)	(−0.433)	(0.740)	(0.166)	(0.803)
Consum	0.889	−0.942	−0.353	0.070	−0.079	0.022
	(0.953)	(−0.837)	(−1.594)	(0.193)	(−0.263)	(0.144)

续表

指标	(1) SH	(2) SH	(3) SH	(4) SR	(5) SR	(6) SR
Export	−0.497	0.052	−0.840**	0.039	−0.070	−0.022
	(−1.423)	(0.215)	(−2.416)	(0.441)	(−0.868)	(−0.176)
Constant	−1.470	1.107	1.728	−0.156	−0.163	−0.434
	(−0.996)	(0.879)	(0.921)	(−0.760)	(−0.801)	(−0.951)
Province	Yes	Yes	Yes	Yes	Yes	Yes
Year	Yes	Yes	Yes	Yes	Yes	Yes
N	390	390	390	390	390	390
AR(1)	(0.021)	(0.034)	(0046)	(0.081)	(0.024)	(0.029)
AR(2)	(0.268)	(0.412)	(0.668)	(0.427)	(0.589)	(0.672)
Sargan	12.939	14.912	11.945	23.062	21.141	20.288
	(1.000)	(1.000)	(1.000)	(1.000)	(1.000)	(1.000)

注:(1)以上模型均采用系统 GMM 的方法进行估计。

(2)***、**、*分别表示相应统计量在 1%、5%及 10%的水平下显著。

(3)括号内为经聚类标准误计算的稳健的 t 值。

(4)AR(1)、AR(2)、Sargan 对应的括号内为相应统计量的 P 值。

列(4)、列(5)和列(6)则是对产业结构合理化水平(SH)的回归结果。列(4)中只放入了对外直接投资速度 Speed 及对外直接投资金额和速度的交乘项OFDI×Speed,用以检验对外直接投资速度在对外直接投资影响产业结构合理化水平的过程中发挥了怎样的作用;列(5)中则是放入了对外直接投资不规则度 Ire 及对外直接投资金额和不规则度的交乘项 OFDI×Ire,用以检验对外直接投资的不规则度在对外直接投资影响产业结构合理化水平的过程中发挥了怎样的作用;列(6)中则同时放入了这两个调节作用,以综合反映对外直接投资节奏(包括速度和不规则度)对产业结构合理化效应的影响。从检验结果看,OFDI 的系数依旧为负,说明对外直接投资对产业结构的主效应仍然为负,对外直接投资恶化了产业结构的合理化水平。进一步观察两个交乘项可以发现,OFDI×Speed 与 OFDI×Ire 的系数都显著为负,说明快速度和不规则的对外直接投资会进一步加剧对外直接投资对产业结构合理化的不利影响,盲目无规则的对外直接投资不仅不利于产业结构的合理化调整,反而会恶化现有的资源配置程度,阻碍产业结构的转型升级。

6.3.4 地区异质性的影响

考虑到我国经济发展的地区差异和对外直接投资分布的不均衡性，本书还进一步探究了对外直接投资对产业结构升级作用的地区差异。按照对外直接投资统计公报的分类标准，本书将各省份分为东部、中部、西部和东北四个区域，分样本采用系统 GMM 方法估计了对外直接投资对产业结构高级化和产业结构合理化的影响，回归结果如表 6-9 所示。

表 6-9 对外直接投资影响产业结构升级的分区域回归结果

指标	(1) 东部	(2) 中部	(3) 西部	(4) 东北	(5) 东部	(6) 中部	(7) 西部	(8) 东北
	SH	SH	SH	SH	SR	SR	SR	SR
L. SH	0.949***	0.854***	0.838***	0.685***				
	(21.193)	(26.187)	(19.689)	(4.602)				
L. SR					0.751***	0.755***	0.849***	0.687***
					(12.986)	(13.647)	(18.003)	(3.176)
OFDI	0.766***	1.949*	0.026	5.746	−0.033	−2.183*	−0.319	−2.782**
	(2.995)	(1.718)	(0.022)	(1.442)	(−0.270)	(−1.860)	(−0.201)	(−2.475)
Market	0.467**	0.059	0.203	0.178	0.025	0.030	−0.125	0.040
	(2.239)	(0.844)	(1.036)	(0.541)	(0.347)	(0.344)	(−0.454)	(0.070)
Human	−0.101	0.072	0.251	1.380**	−0.138	−0.152	−0.112	−0.741
	(−0.322)	(1.001)	(1.167)	(2.132)	(−1.460)	(−1.521)	(−0.411)	(−0.910)
IFDI	−0.480	−0.145	−0.744	−1.348**	−0.432*	0.250	1.541	0.249
	(−0.562)	(−0.294)	(−0.596)	(−2.149)	(−1.689)	(0.351)	(0.936)	(0.332)
Finance	−0.065	−0.053	−0.068	0.184	0.022	−0.088	0.126	0.042
	(−0.929)	(−1.227)	(−0.951)	(1.003)	(0.799)	(−1.414)	(1.249)	(0.178)
R&D	0.064**	−0.001	−0.032	−0.047	0.019**	−0.013	0.032	−0.040
	(2.188)	(−0.032)	(−0.749)	(−0.543)	(2.009)	(−0.629)	(0.586)	(−0.334)
Gov	0.138	−0.346	−0.322	−1.019	0.159	0.927**	−0.211	0.174
	(0.318)	(−1.158)	(−1.321)	(−1.540)	(1.143)	(2.209)	(−0.642)	(0.203)
Consum	0.166	−0.164	−1.054***	−0.397	−0.282**	0.014	−0.156	0.736
	(0.450)	(−1.432)	(−3.313)	(−0.904)	(−2.488)	(0.089)	(−0.377)	(0.978)

续表

指标	(1) 东部 SH	(2) 中部 SH	(3) 西部 SH	(4) 东北 SH	(5) 东部 SR	(6) 中部 SR	(7) 西部 SR	(8) 东北 SR
Export	0.097	0.436**	−0.106	−0.094	0.152***	−0.635***	0.069	0.843
	(1.185)	(2.339)	(−0.439)	(−0.364)	(4.298)	(−2.742)	(0.243)	(1.549)
Constant	0.497	0.028	0.112	−2.694**	0.565**	0.552*	0.290	1.421
	(0.638)	(0.146)	(0.214)	(−2.132)	(2.164)	(1.818)	(0.442)	(0.901)
Province	Yes	Yes	Yes	Yes	Yes	Yes	Yes	Yes
Year	Yes	Yes	Yes	Yes	Yes	Yes	Yes	Yes
N	130	78	143	39	130	78	143	39
AR(1)	(0.034)	(0.025)	(0.012)	(0.030)	(0.021)	(0.018)	(0.027)	(0.048)
AR(2)	(0.612)	(0.371)	(0.578)	(0.474)	(0.417)	(0.562)	(0.631)	(0.575)
Sargan	110.116	65.558	87.536	19.319	127.648	88.770	78.262	18.113
	(0.585)	(0.951)	(0.968)	(1.000)	(0.184)	(0.397)	(0.996)	(1.000)

注:(1)以上模型均采用系统GMM的方法进行估计。

(2)***、**、*分别表示相应统计量在1%、5%及10%的水平下显著。

(3)括号内为经聚类标准误计算的稳健的t值。

(4)AR(1)、AR(2)、Sargan对应的括号内为相应统计量的P值。

从表中最后的AR(1)、AR(2)和Sargan统计量的P值来看,AR(2)的P值都大于10%,说明在控制了年度固定效应之后,模型不存在明显的序列相关。Sargan统计量的不能拒绝原假设,说明本书对工具变量的选择是合理的,不存在弱工具变量的问题。从模型估计的系数来看,在各个区域的回归中,产业结构高级化和产业结构合理化的一阶滞后项均显著为正,说明在各个地区,产业结构的调整和转型升级都是存在滞后性和路径依赖的,前一期的产业发展水平对下一期的产业结构调整具有显著的正向影响。前一期滞后项的引入,大大减弱了模型的遗漏变量问题,降低了模型的内生性问题,使得估计结果更加稳健可信。对于核心解释变量而言,分区域来看,对外直接投资对各地区的产业结构高级化的影响都为正。整体来看,对外直接投资对产业结构的向上升级具有积极的作用,但是这种作用只在东部地区和中部地区显著,且在中部地区的系数高于东部地区,这可能的原因在于:东部地区的对外直接投资相对规模较大,对外直接投资的发展历程较长,国内的市场结构和产业基础发展得更好,更容易通过产业关联等效应促进国内产业结构的转型升级；中部地区虽然对外直接投资存量较低，但是产业结构升级的基础和动力更好，因此能够在对外直接投资的刺激下，激发自身产业升级动力，带来较大的产业升级效应；西部地区和东北地区则由于对外直接投资的规模较小，对外直接投资的产业选择多集中在资源能源领域，对国内的产业结构升级的拉动作用较弱，因而对外直接投资的产业结构升级效应并不显著。

从对外直接投资对产业结构合理化的影响来看，各区域的对外直接投资对产业结构合理化的影响都为负，与全样本的回归结果一致，说明现阶段我国的对外直接投资并没有促进国内产业结构的合理化演进，反而可能加剧产业结构的不合理程度，进一步扭曲产业结构与要素结构间的协调程度。从区域差异来看，对外直接投资对产业结构合理化的负向影响主要体现在中部地区和东北地区，而对于东部地区的负向作用较弱且不显著。这可能是因为中部地区和东北地区的对外直接投资市场化程度较低，很多的对外投资并非出于完全的市场动机，投资具有一定的跟风性和盲目性，并不符合当地的禀赋结构，与本地的产业结构的匹配程度较差，因此对外直接投资对国内产业结构的合理化具有较大的负面影响。而东部地区的对外直接投资经过多年发展，投资模式和投资动机都相对成熟，国内产业结构配套能力和逆向技术吸收能力也相对更强，因而对外直接投资所带来的负面作用正逐步减少，对外直接投资对产业结构合理化的作用逐步向积极的方面转换。

6.4 稳健性检验

本书已经采用静态面板模型和动态面板模型的方法实证研究了对外直接投资对产业结构合理化和高级化的影响，并进一步考察了投资节奏和地区异质性所起到的调节作用。本节中，将对本书的主要结论进行一系列的稳健性检验，以保证研究结论不因变量的衡量方式、样本区间选择和估计方法选择的改变而改变。

6.4.1 改变变量衡量方式

为了保证研究结论不受变量衡量方式选择的影响，在稳健性检验中，首先对于核心解释变量和被解释变量，采用不同的衡量方式进行替换，然后重复前面的基准模型的估计，以证明结论的稳健，结果如表 6-10 所示。

1)改变产业结构高级化的衡量方式

在基准回归中，采用劳动生产率加权的产业份额占比[见式(6-5)]来构造产业结构高级化指标，并利用式(6-7)的方法将劳动生产率无量纲化，最终得到本书的产业结构高级化指标 SH。在稳健性检验中，首先改变劳动生产率的标准化方法，按照式(6-6)的标准化方法，依照钱纳里标准结构模型，对劳动生产率进行了无量纲化，得到产业结构高级化的替代指标SH1，然后重新使用系统GMM模型

表 6 - 10　稳健性检验:改变变量衡量方式

指标	(1)	(2)	(3)	(4)	(5)	(6)
	改变高级化衡量方式		改变合理化衡量方式		改变 OFDI 衡量方式	
	SH1	SH2	SR1	SR2	SH	SR
L. SH	0.756***	0.820**			0.684***	
	(19.051)	(2.240)			(5.362)	
L. SR			0.650***	0.511**		0.877***
			(4.138)	(2.474)		(7.334)
OFDI	0.694*	0.417***	0.269**	10.905**	2.134**	−0.464*
	(1.701)	(2.879)	(2.534)	(2.479)	(2.024)	(−1.784)
Market	−0.002	0.098***	0.040	−0.368	−0.034	−0.054
	(−0.015)	(4.436)	(0.947)	(−1.102)	(−0.379)	(−0.428)
Human	−0.025	0.114***	0.073	0.967	0.924*	−0.198
	(−0.043)	(2.676)	(0.944)	(0.676)	(1.783)	(−1.049)
IFDI	−4.194	0.390	1.009	13.038	−1.504	−0.167
	(−1.039)	(0.458)	(0.478)	(0.991)	(−0.616)	(−0.036)
Finance	0.111*	−0.011	−0.051***	−2.139**	−0.148	0.162*
	(1.726)	(−0.787)	(−2.592)	(−2.481)	(−1.386)	(1.658)
R&D	−0.005	−0.001	0.001	0.401*	0.063**	0.001
	(−0.212)	(−0.099)	(0.088)	(1.694)	(2.510)	(0.032)
Gov	−0.116	0.178*	−0.283	−0.751	−0.813***	0.439
	(−0.121)	(1.674)	(−0.915)	(−0.430)	(−3.855)	(0.721)
Consum	−1.045**	−0.146	0.333*	2.955	1.680*	−0.898
	(−2.231)	(−1.255)	(1.942)	(0.749)	(1.688)	(−0.869)
Export	0.144	−0.041	−0.095	−1.104*	−0.476*	0.137
	(0.638)	(−0.759)	(−1.554)	(−1.821)	(−1.753)	(1.008)
Constant	0.475	2.158*	−0.118	−0.274	−1.475	0.598
	(0.365)	(1.818)	(−0.553)	(−0.060)	(−1.266)	(0.840)
Province	Yes	Yes	Yes	Yes	Yes	Yes
Year	Yes	Yes	Yes	Yes	Yes	Yes

续表

指标	(1)	(2)	(3)	(4)	(5)	(6)
	改变高级化衡量方式		改变合理化衡量方式		改变 OFDI 衡量方式	
	SH1	SH2	SR1	SR2	SH	SR
N	390	390	390	390	390	390
AR(1)	(0.035)	(0.058)	(0.054)	(0.331)	(0.236)	(0.013)
AR(2)	(0.723)	(0.356)	(0.725)	(0.708)	(0.180)	(0.437)
Sargan	15.471	10.744	12.299	9.729	9.867	16.048
	(1.000)	(1.000)	(1.000)	(1.000)	(1.000)	(1.000)

注:(1)以上模型均采用系统 GMM 的方法进行估计。

(2)***、**、*分别表示相应统计量在 1%、5%及 10%的水平下显著。

(3)括号内为经聚类标准误计算的稳健的 t 值。

(4)AR(1)、AR(2)、Sargan 对应的括号内为相应统计量的 P 值。

对基准的动态面板模型进行估计,结果报告在表 6-10 中的列(1)。从回归结果看,改变了产业结构高级化的衡量方式后,产业结构高级化的一阶滞后项仍然显著为正,说明变量替换并没有改变产业结构高级化过程中的惯性特征,核心解释变量 OFDI 的系数仍然显著为正,只是系数值有所变化,说明本书的核心结论对外直接投资促进了产业结构高级化水平的提升仍然成立。

除了改变劳动生产率的标准化方法来重新计算产业结构高级化水平,还参照付宏、毛蕴诗和宋来胜[108]的方法,计算产业结构层次系数:

$$SH2=\begin{cases}Y_1/Y+2\times Y_2/Y+3\times Y_3/Y, & Y_3>Y_2\\ Y_1/Y+2\times Y_3/Y+3\times Y_2/Y, & Y_2>Y_3\end{cases} \tag{6-14}$$

式中,Y_1,Y_2,Y_3 分别表示第一产业、第二产业、第三产业的增加值;Y 为国民生产总值。

相对于之前我们采用标准化的劳动生产率作为权重,产业结构层次系数则使用了常数作为权重对各产业所占份额进行加权。表 6-10 的列(2)中使用产业结构层次系数 SH2 作为产业结构高级化的替代指标,同样采用系统 GMM 的方法对基准的动态面板回归模型进行回归。从回归结果看,核心解释变量 OFDI 的系数为 0.417,在 1%的水平下显著为正,说明对外直接投资对产业结构高级化的影响依然显著成立,因此,本书的研究结论并不会随着被解释变量产业结构高级化衡量方式的改变而改变,是稳定可信的。

2)改变产业结构合理化的衡量方式

在基准研究中,参照韩永辉等的构造方法,基于产值份额加权的产业结构偏离度,定义了本书所使用的产业结构合理化的衡量方式[见式(6 - 10)],在稳健性检验中,首先将该指标替换为基于泰尔指数结构的构造方式[见式(6 - 11)],重新计算了产业结构合理化指标 SR1。需要注意的是,该指标是一个反向指标,当不存在产业结构与投入要素结构的偏离时,该值为 0,此时产业结构的合理化程度最高;该值与 0 偏离程度越大,合理化程度越低。表 6 - 10 中列(3)给出了使用 SR1 作为产业结构合理化水平的替代指标的回归结果,从回归结果看,SR 的一阶滞后项依然显著为正,说明在替换了变量衡量方式后,产业结构合理化水平的调整惯性特征仍然存在,前一期的合理化水平对下一期的合理化水平有着正向的影响。从核心解释变量 OFDI 的系数来看,系数值为 0.269,在 5%的水平下显著,也就是说,随着对外直接投资的增加,产业结构合理化指数也提高,但是由于此时的产业结构合理化指数是一个反向变动指标,因而表明,对外直接投资的增加降低了产业结构的合理化水平,这与本书的基准回归结果一致,说明本书对产业结构合理化的衡量方式选择并没有影响研究结论的成立。除了采用泰尔指数来对产业结构合理化的衡量方式进行替换,还使用了式(6 - 8)所示的产业结构的绝对偏离度指标,作为产业结构合理化的替代变量 SR2。表 6 - 10 中列(4)给出了以 SR2 为被解释变量,采用系统 GMM 方法对基准动态回归模型进行重新估计的回归结果。可以发现,OFDI 的系数仍然显著为正,而绝对偏离度也是度量产业结构合理化的一个反向指标,也就是说对外直接投资水平的提高增大了产出结构与投入结构之间的偏离程度,对产业结构的合理化水平产生了负向的影响。这也与本书基准回归和采用泰尔指数的稳健性检验的结论一致,再一次证明本书对产业结构合理化水平的衡量方式的选择,并没有改变基础结论,在当前的发展阶段下,对外直接投资对我国的产业结构合理化程度有着负向的影响。

3)改变对外直接投资的衡量方式

在基准研究中,采用了各省份当年的对外直接投资存量与地区生产总值的比重来衡量对外直接投资水平。在此处,则参照顾雪松、韩立岩和周伊敏[62],杨娇辉、王伟和谭娜[44]等的研究,采用对外直接投资流量与地区生产总值的比重来作为对外直接投资水平的替代变量。表 6 - 10 中列(5)和列(6)分别给出了替换变量后对产业结构高级化和产业结构合理化的回归结果。从回归结果看,在改变了对外直接投资的衡量方式后,对外直接投资对产业结构高级化的影响仍然显著为正,而对产业结构合理化的影响仍然显著为负,与基准回归结果一致,说明本书对对外直接投资水平的衡量方式的选择,并不会对估计结果带来实质性的影响,研究结论是稳健成立的。

6.4.2 改变估计方法

之前笔者采用了一阶差分 GMM 和系统 GMM 方法对对外直接投资对产业结构高级化和产业结构合理化的影响进行了估计，但是差分 GMM 和系统 GMM 估计方法的效果对于数据本身和工具变量的选择都具有一定的要求，Roadman 指出 GMM 的方法适用于宽而短（截面数量多而观测时期短）的面板数据，因为在估计中会使用被解释变量的高阶滞后项作为工具变量，随着 T 的增加，工具变量的数目会以二次方的数目增加，因而需要一个较大的样本保证有足够的信息去估计这样一个庞大的方程组。本书所采用的数据是 30 个省区市 14 年的数据，虽然截面数大于时期数的两倍以上，且在前面的估计中，通过限定工具变量的滞后阶数来尽量地避免弱工具变量的问题，但是考虑到模型的稳健性，在此也进一步采用纠偏的最小二乘虚拟变量回归的方法（LSDV）来对基准的动态模型进行重新估计。

表 6-11 给出了采用纠偏的 LSDV 方法进行估计的结果。其中，列（1）和列（3）采用的是以 Arellano 和 Bond[282] 所提出的一阶差分 GMM 为初值计算方法进行纠偏的结果，而列（2）和列（4）则是采用了 Blundell 和 Bond[283] 所提出的系统 GMM 为初值计算方法进行纠偏的结果。列（1）和列（2）是对产业结构高级化水平的估计结果，从核心变量 OFDI 的系数来看，无论采用哪种初值计算方式，经过 LSDV 估计得到的系数估计值都显著为正，与初始结论一致，说明对外直接投资确实提高了产业结构的高级化水平；从列（3）和列（4）中对产业结构合理化的回归结果来看，估计系数的符号均为负，与初始回归结果一致，采用系统 GMM 计算初值的结果在 5% 的水平下显著，基本说明了初始回归结果的稳健，也就是说对外直接投资对产业结构合理化的影响为负。

表 6-11 稳健性检验：改变估计方法

指标	(1) SH	(2) SH	(3) SR	(4) SR
L. SH	0.969***	0.905***		
	(64.048)	(73.063)		
L. SR			0.877***	0.888***
			(44.387)	(50.716)
OFDI	0.686**	0.576*	−0.076	−1.052**
	(2.167)	(1.805)	(−0.264)	(−2.170)

续表

指标	(1) SH	(2) SH	(3) SR	(4) SR
Market	−0.051	−0.018	0.003	0.001
	(−0.537)	(−0.201)	(0.029)	(0.017)
Human	0.320***	0.251**	0.286***	0.289***
	(2.952)	(2.558)	(2.850)	(2.800)
IFDI	−0.524	−0.483	0.057	0.049
	(−0.858)	(−0.798)	(0.102)	(0.084)
Finance	−0.058	−0.044	0.082	0.097*
	(−1.114)	(−0.833)	(1.613)	(1.822)
R&D	−0.034	−0.034	−0.005	−0.009
	(−0.937)	(−1.011)	(−0.151)	(−0.261)
Gov	−0.319*	−0.314*	0.249	0.231
	(−1.793)	(−1.858)	(1.458)	(1.320)
Consum	0.030	−0.037	0.056	0.066
	(0.178)	(−0.247)	(0.345)	(0.405)
Export	−0.131	−0.086	0.168*	0.176*
	(−1.418)	(−1.047)	(1.818)	(1.901)
Province	Yes	Yes	Yes	Yes
Year	Yes	Yes	Yes	Yes
N	390	390	390	390

注：(1)以上模型采用纠偏的 LSDV 方法进行估计。

(2)***、**、*分别表示相应统计量在 1%、5%及 10%的水平下显著。

(3)括号内为经聚类标准误计算的稳健的 t 值。

6.5　本章小结

本章立足中国对外直接投资迅猛发展的时代背景，实证检验了对外直接投资对产业结构升级的影响作用。从产业结构升级的内涵出发，将产业结构升级细化为产业结构高级化和产业结构合理化两个维度，利用 2003—2016 年中国 30 个省区市的面板数据，采用静态面板模型和动态面板模型检验了对外直接投资对产业结构高级化和产业结构合理化的短期和长期影响，并进一步探究了对外直接投资节奏和地区异质性对对外直接投资的产业结构升级效果的影响。

本章研究发现：①对外直接投资促进了产业结构的高级化水平，但是对产业结构的合理化程度具有负向的影响，现阶段我国的对外直接投资在提升产业结构高级化的同时也加剧了产出结构与投入结构的错配程度。②对外直接投资对产业结构高级化水平的提升具有长期的促进作用，随着时间的推移，累积作用强度逐步增大。对外直接投资对产业结构合理化的负面影响则在短期比较显著，在长期这种作用效果逐步减弱。③对外直接投资的发展节奏影响其对产业结构升级的作用效果，增长速度快、变动不规则的投资发展模式减弱了对外直接投资对产业结构高级化的促进作用，加剧了对外直接投资对产业结构合理化的负面影响，而规则有序稳步发展的对外直接投资更能够促进产业结构升级。④对外直接投资对产业结构升级的作用存在地区差异，对外直接投资对产业结构高级化的促进作用在东部和中部地区比较显著，在西部和东北地区作用有限，而对外直接投资对产业结构合理化的负向作用则主要体现在中部和东北地区，在东部地区负向影响作用较弱且不显著。

第 7 章　对外直接投资与我国西部地区产业结构升级:空间溢出的检验

本章基于地区之间产业发展的空间关联性和对外直接投资效果的空间传递性,实证检验对外直接投资对产业结构升级的空间溢出作用。首先,基于理论分析提出产业结构升级的空间关联和对外直接投资作用空间效应的研究假设;其次利用 2003—2016 年的省级面板数据考察了产业结构高级化和产业结构合理化的区域互动和聚集特征;再次,在此基础上,利用地理关系和经济关联的多种空间权重设定,采用面板空间模型检验对外直接投资对产业结构升级的空间溢出效应,并对直接效应和间接效应进行分解;最后,考察不同空间邻接关系、不同区域范围内空间溢出效果的作用差异。

7.1　假说提出

7.1.1　产业结构升级的空间关联性

当前中国经济的发展进入由高速增长到高质量增长的转换过程中,中央政府更加强调产业结构优化和升级,各级地方政府也纷纷响应,积极主导和推动本地的产业结构升级。省际产业结构既存在横向竞争关系,又呈现出明显的同构特征,使地区的产业结构升级之间存在明显的空间关联性。

首先,我国长期实行政治集权、财政分权的治理体制,地方政府倾向于保护本地资源和市场,在本地区内独立发展与其他地区相似的产业,最终导致市场分割以及由投资"潮涌"带来产能过剩(陆铭和陈钊;林毅夫、巫和懋和邢亦青)[284-285]。其次,地方政府间存在以经济绩效为主的激烈竞争,使地方官员更倾向优先选择那些能够快速做大规模、形成绩效的产业,而不是真正符合本地区竞争优势的产业,从而导致产业结构出现同构(石军伟和王玉燕)[286]。最后,我国对于地方官员的考核实行的是锦标赛式的"相对考核",采用以经济绩效为主的考核方法,地方官员为了提高经济绩效,有动力发展那些增长较快的产业,推动本地产业结构升级,地方政府在产业结构的发展和调整上很可能开展追逐式的横向竞争,关注对手的产业

结构调整(周黎安)[188]。因此,本书提出如下假设:

假设 11:我国各地区产业结构之间具有较强的同构性,相邻地区的产业结构高级化、产业结构合理化存在显著的正向空间关联性。

7.1.2 对外直接投资对产业结构升级的空间溢出

随着我国区域间开放程度加深和交通运输、信息传输等基础设施的改善,省份之间的资源流动、信息流动和人员流动愈加频繁,地区对外直接投资不仅影响本地区产业结构的发展,也会对周边地区产业结构的演化带来重要影响。

一方面,对外直接投资所带来的产业转移效应,会对国内的区域间产业转移产生影响。对外直接投资挤出了东部地区向中西部地区的产业转移,不利于中西部地区的产业发展。对外直接投资减少了中西部承接的东部产业转移,降低了中西部地区资金流入,对中西部地区产业结构升级带来了负面影响。然而,对外直接投资所带来的资本输出,也会对母国区域市场规模带来影响,从而为周边地区的产业转移创造新的机会。由于上市公司的对外直接投资主要以技术寻求为主,追求成本的效率寻求性投资并不多,因此预期对外直接投资所带来的对区域间产业转移的负向影响并不严重。刘海云和聂飞[142]也发现东部地区的对外直接投资对中西部地区的产业增长有正向作用。

另一方面,对外直接投资对国内企业的逆向技术溢出作用,不仅体现在行业内溢出和行业间溢出,也自然扩展到周边地区。发生对外直接投资的企业和其他企业在一定的地理空间范围内,因此对外直接投资的溢出作用也有一个空间维度(钟昌标)[287]。某一地区企业的对外直接投资行为不仅会影响到本地区其他企业的生产率,也会通过空间上的联系影响到其他地区企业的生产率,从而对周边地区的产业结构升级带来影响。企业和地区之间的这种空间依存关系所带来的效果可以认为是一种外部经济,它放大了企业内部规模经济的宏观效果,使对外直接投资对产业转移升级的作用在空间范围内产生溢出效应。

因此,基于以上的分析可以发现对外直接投资对产业结构的效果存在空间溢出作用,本书提出如下假设:

假设 12:对外直接投资对周边地区的产业结构升级具有正向的溢出作用。

7.2 动态面板空间模型的设定与检验

7.2.1 动态面板空间模型的设定

本书参照 Anselin 等[288]、陈浪南和王鹤[289]、韩永辉等[95]的空间建模思路,同时考虑产业结构调整的时间滞后性、空间滞后性以及对外直接投资对产业结构影响的空间溢出效应,构建了如下广义动态面板空间模型:

$$\begin{aligned} S_{it} &= \lambda S_{it-1} + \delta \sum_{j \neq i} w_{ij} S_{jt} + \beta_1 \mathrm{OFDI}_{it} + \beta_2 \sum_{j \neq i} w_{ij} \mathrm{OFDI}_{jt} + X'_{it}\beta + \tau_i + \theta_t + u_{it} \\ u_{it} &= \rho \sum_{j \neq i} w_{ij} u_{jt} + \varepsilon_{it} \end{aligned} \tag{7-1}$$

式中,S_{it}为产业结构升级的测度指标,包括产业结构高级化水平 SH_{it}和产业结构合理化水平 SR_{it}两个方面;S_{it-1}为产业结构升级指标的一阶时间滞后项,捕捉了产业结构升级过程中的惯性和动态性,同时,加入该指标也可以很大程度上降低遗漏变量所带来的内生性偏误。

S_{jt}是 i 之外的其他省份产业结构升级的测度指标,w_{ij} 为空间权重矩阵中第 i 行第 j 列的元素,衡量了 i 地区与 j 地区之间的距离远近,那么 $\sum_{j \neq i} w_{ij} S_{jt}$ 就是临近省份产业结构升级水平的空间加权,其系数 δ 的大小衡量了产业结构升级在省域间的互相影响,由此判断产业结构升级在省域间是相互促进还是相互遏制。如果系数 δ 显著为正,说明省域间产业结构升级是相互促进的,临近省份的产业结构升级对本省的产业结构优化具有促进作用;反之,如果系数 δ 显著为负,则说明省域间产业结构升级是相互遏制的,临近省份的产业结构升级对本省的产业结构优化具有遏制作用(王美今、林建浩和余壮雄)[290]。

OFDI_{it}为地区 i 在时期 t 的对外直接投资水平,OFDI_{jt}为其他省份的对外直接投资水平,那么 $\sum_{j \neq i} w_{ij} \mathrm{OFDI}_{jt}$ 就是周边省份对外直接投资的空间加权项,因此 β_1 衡量了本地的对外直接投资水平对本地产业结构升级的直接影响,而系数 β_2 则捕捉了其他地区对外直接投资水平对本地产业结构影响的空间溢出效应。如果系数 β_2 显著为正,说明周边省份的对外直接投资对本地的产业结构升级具有正向溢出效应;反之,如果系数 β_2 显著为负,则说明周边省份的对外直接投资对本省的产业结构升级有负向溢出效应。

X'_{it}为影响产业结构升级的其他控制变量,变量的选择与第 5 章一致;τ_i 为个体固定效应,θ_t 为时间固定效应,分别控制不随时间变动和不随个体变动的不可观测异质性。

u_{it}为干扰项,为了考虑不可观测的其他因素在空间上的相关性,允许误差项也可以存在空间相关性,$\sum_{j \neq i} w_{ij} u_{jt}$ 为干扰项的空间加权,而 ε_{it}则为一般意义上的随机干扰项。

7.2.2　动态面板空间模型的检验

本书模型的设定形式是一个最一般的动态空间模型,嵌套了各种不同的空间计量的基本模型：①如果 $\delta=0$、$\beta_2=0$ 且 $\rho=0$，模型（7－1）中不含有任何空间相关项，只含有解释变量和被解释变量的一阶时间滞后项，此时模型退化为一个标准的动态面板模型，第6章中已经对该模型进行了一阶差分 GMM、系统 GMM 以及纠偏的 LSDV 估计。②如果 $\lambda=0$、$\beta_2=0$ 且 $\rho=0$，模型中的空间项只存在被解释变量的空间滞后项，此时的模型被称为空间自回归模型（spatial autoregression，SAR）或叫空间滞后模型（spatial lag model，SLM）。此模型最早由 Case、Rosen 和 Hines 提出，通过引入空间滞后项来研究地区间的相互影响和策略互动。沈坤荣和付文林[291]以及李永友和沈坤荣[292]分别利用该模型研究过我国地方政府在税收和财政支出方面的竞争和区域互动关系。③如果 $\delta=0$、$\lambda=0$ 且 $\rho=0$，模型中的空间项只包含解释变量的空间加权项，此时的模型被称为空间杜宾模型（spatial Durbin model，SDM），解释变量空间滞后项的引入有助于分析解释变量对被解释变量的空间溢出效应和间接影响（LeSage，Pace）[293]。朱玉杰和倪骁然[294]以及张翠菊和张宗益[295]利用该模型研究了影响产业结构升级的各因素的空间作用机制，并从中分解出了直接作用和空间外溢。④如果 $\delta=0$、$\lambda=0$ 且 $\beta_2=0$，模型中的空间项只包含随机误差项的空间滞后项，此时该模型被称为空间误差模型（spatial error model，SEM）。该模型的设定主要是为了解决遗漏变量所引起的随机干扰项之间的异方差和截面相关。许和连和邓玉萍[296]利用该模型研究了外商直接投资对我国环境污染的影响，发现我国省域环境污染存在明显的空间依赖，环境污染行为存在"局域俱乐部集聚"的现象。⑤多个空间项的组合，例如同时包含空间自回归和空间误差项的 SARAR 模型（spatial autoregressive model with spatial autoregressive disturbances，SARAR）；同时包含解释变量和随机干扰项空间相关项的空间杜宾误差模型（Anselin）[297]。

本书基于最一般的空间模型的形式，逐步检验空间项的存在性，最终选择最适合的动态面板空间模型形式。参考马丽梅、刘生龙和张晓[298]的检验步骤，首先，对模型进行 OLS 估计，然后通过 LM 检验判断基准模型为 SAR 模型还是 SEM 模型，或者是两个空间项都加入。其次，在确定基准模型的基础上，采用最大似然估计对模型进行重新估计，然后采用 LR 检验是否需要加入空间杜宾项，检验解释变量的空间效应是否显著：如果显著，则使用加入空间杜宾项的 SAR 模型或 SEM 模型；如果不显著，则使用单纯的 SAR 模型或 SEM 模型。最后，根据前两步检验的结果，选定合适的空间项的构成形式，确定最终模型形式。

7.2.3 动态面板空间模型的估计

由于在模型中引入了被解释变量的时间滞后项、被解释变量的空间滞后项以及随机误差的空间相关项，导致了模型中的解释变量与随机误差项之间存在相关性、随机误差项之间也存在截面相关,直接采用 OLS 等方法估计将会有偏且不一致。为了解决模型的内生性和非球面扰动项所带来的估计问题,现有文献对于动态面板空间模型主要采用最大似然估计(MLE)方法来进行估计。

Elhorst[299]首先给出了静态面板条件下空间误差模型和空间自回归模型的最大似然估计,从而将空间误差模型和空间自回归模型的 ML 估计扩展到了包含固定效应和包含随机效应的空间面板模型(Elhorst)[300]。Elhorst[301]又提出包含动态效应的空间自回归模型可以先通过差分去除个体效应,然后通过考虑每一个空间单位观测值的一阶差分的分布函数来构造似然函数,并通过 Bhargava、Sargan 近似和 Nerlove、Balestra 近似来处理内生的时间滞后项,最终得到动态面板空间自回归模型的最大似然估计。Yu、Jong 和 Lee[302]则提出了面板空间自回归模型的最大似然估计并证明了其大样本性质,并采用误差纠偏的方式处理内生的被解释变量的时间滞后项。Belotti、Hughes 和 Mortari[303]也采用该方法来处理面板空间模型中的动态性,并将动态面板空间模型的最大似然估计整理打包为 Stata 命令。本书也将采用这一方法来对模型进行估计。

7.2.4　空间权重的选择

空间计量分析的前提是假定个体之间存在空间关联,空间关联的亲疏远近体现为个体之间的空间距离。假定地区 i 与地区 j 之间的空间距离为 w_{ij},则所有地区的相互距离所构成的矩阵就是如下的空间权重矩阵:

$$\boldsymbol{W}=\begin{bmatrix} w_{1,1} & \cdots & w_{1,30} \\ \vdots & & \vdots \\ w_{30,1} & \cdots & w_{30,30} \end{bmatrix} \tag{7-2}$$

该矩阵为一个 30×30 的非负矩阵①,主对角线上所有元素都为 0(各区域自己到自己的距离为 0),主对角线以外的元素则衡量了两个省份之间的相关距离。由于 $w_{ij}=w_{ji}$,因此该矩阵为一个对称矩阵。根据对距离的不同定义,常见的空间距离矩阵主要有以下几种:

1)空间邻接矩阵

空间邻接矩阵的设定直接依据地区之间的空间相邻关系,如果地区 i 与地区 j 之间存在共同的边界,则 $w_{ij}=w_{ji}=1$;反之,如果地区 i 与地区 j 在地理空间上不相邻,则 $w_{ij}=w_{ji}=0$。地理学中对于地区相邻的定义方式主要有三种:①rook 相邻,即两个相邻地区有共同的边;②bishop 相邻,即两个相邻的地区没有共同的边,但是有共同的顶点;③queen 相邻,即两个相邻地区有共同的边或顶点。根据

① 本研究样本包含除香港、澳门、台湾和西藏外的 30 个省区市。

中国各省份的相邻特征和一般文献的通行做法，本书采用 queen 相邻的定义方式来确定各省份之间的邻接关系。此外，需要特别说明的是对于海南省的处理，海南省独立分布于海南岛上，从地理邻接上说和任何省份都不相邻，如果将其处理为孤岛，那么该省会在模型的估计中自动剔除，但是考虑海南省的历史隶属关系和与内陆地区的经济交往，海南省与广东省的互动关系较为密切，贸易和人员往来频繁，因此将海南省与广东省的邻接关系修正为 1。从各省份之间的邻接关系上看，平均每个省份与 4.33 个省份相邻接，其中内蒙古自治区邻接省份最多，与 8 个省份在地理空间上相邻，而海南省则只与广东省相邻①。

为了得到可比的各个省份邻近区域相关指标的空间加权平均值 WH 或 WOFDI，实际分析中常常将空间权重矩阵进行标准化(将矩阵中各个元素分别除以所在行的元素之和)，以保证各行元素之和为 1：

$$w_{ij}^{s}=\frac{w_{ij}}{\sum_{j}w_{ij}} \tag{7-3}$$

式中，w_{ij}^{s} 为标准化后权重矩阵中的第 i 行第 j 列元素，w_{ij} 为原始权重矩阵中的对应元素，而 $\sum_{j}w_{ij}$ 为对应元素所在行的元素之和。

2)空间地理距离矩阵

空间邻接权重假定相邻省份对本省的影响大小是一样的，并没有考虑周边省份的相对大小和省会分布等具体情况。地理权重矩阵则认为地区之间的影响程度与距离成反比，距离越近，影响程度越大，而距离越大，影响程度越小。因此，可以采用省份间地理距离的倒数为权重，构建空间权重矩阵：

$$\mathbf{w}_{ij}=\begin{cases}1/d_{ij}, & i\neq j\\ 0, & i=j\end{cases} \tag{7-4}$$

式中，d_{ij} 为地区 i 与地区 j 省会之间的直线距离；$\mathbf{w}_{ij}$ 就是基于地理距离衰减构造的权重矩阵。当 $i=j$ 时，各地区到自己的距离为 0，无须再求衰减后的权重，直接将空间权重对角线上的元素定义为 0，显然，空间地理距离矩阵也是非负对称矩阵。

3)经济距离矩阵

两地之间经济发展的空间联系，不仅是基于地理上的相邻关系和距离远近，也取决于两地之间的经济发展水平。例如，河北省虽然在地理关系上与北京、天津、河南、山西、内蒙古、山东相连，但是河北省在经济发展和资源流动等方面显然与北京、天津的相关程度更高。经济发展水平相似的地区更容易在产业结构调整过程中互相竞争，形成互动。林光平、龙志和和吴梅[304]以及黄亮雄等[189]采用人均地

① 由于本研究的样本剔除了西藏，因此在计算邻接省份个数时，均不含与西藏的邻接关系。

区生产总值的差距来构造经济距离权重矩阵：

$$w_{ij} = \begin{cases} \dfrac{1}{|\text{pgdp}_i - \text{pgdp}_j|}, & i \neq j \\ 0, & i = j \end{cases} \tag{7-5}$$

式中，pgdp_i和 pgdp_j分别是地区 i 与地区 j 的人均地区生产总值，两地的人均地区生产总值越接近，两地经济的可比性和竞争性就越强，空间互动的可能性就越大，因此两地之间空间的相关程度 w_{ij} 就越大。

4)经济结构相似度矩阵

除了基于地理关系和经济发展的接近程度来构建空间权重矩阵，依据不同研究目标的需要，学者们还从经济结构、产业结构相似度等方面构造空间权重矩阵。黄亮雄等[189]在研究我国产业结构调整的区域互动时，基于 Moore 指数构建地区间产业结构相似度就度矩阵，如式(7-6)所示；而聂飞和刘海云[178]在研究制造业的区际转移时，则基于制造业投资结构的区位熵来衡量两地之间产业的空间关联程度。

$$w_{ij} = \begin{cases} \dfrac{\boldsymbol{T}_i\boldsymbol{T}_j'}{\sqrt{\boldsymbol{T}_i\boldsymbol{T}_i'}\ \sqrt{\boldsymbol{T}_j\boldsymbol{T}_j'}}, & i \neq j \\ 0, & i = j \end{cases} \tag{7-6}$$

式中，$\boldsymbol{T}_i = (T_{i1}, T_{i2}, \cdots T_{it}, \cdots T_{iT})$为地区 i 的产业结构向量，而 T_{it}代表地区 i 中的产业 t 的增加值在地区 i 总增加值中所占的份额，w_{ij}为地区 i 与地区 j 产业结构差异的 Moore 指数，该值越大，说明两地产业结构的相似度越高，产业结构的空间关联程度越高。

通过对常见空间权重矩阵设定方法的总结可以发现，空间相关关系的建立主要基于地理位置关系和经济相关关系两个方面。地理位置关系方面，主要有采用简单 0-1 方式定义的邻接关系和采用省会直线距离的倒数定义的地理距离关系，而经济关系则从经济发展差异和产业结构的相似度方面，分别提出了经济距离和产业结构 Moore 指数的定义方式。由于地区之间真正的空间相关关系复杂且未知，很难通过一个具体的权重设定来准确衡量，基于研究目的，主要考察对外直接投资所带来的资本跨区域流动的变化和地区间产业关联的变动及其对产业结构升级的区际影响。因此，本书主要采用空间邻接矩阵和经济结构相似度矩阵来进行实证研究，在稳健性分析中，也采用空间地理距离和经济距离来进一步验证研究结论的可靠性。

7.3　空间自相关性的探索性分析

构建面板空间计量模型的基础，是首先确定空间相关性的存在。空间相关性也称空间自相关性(spatial autocorrelation),是指位置相近的个体具有相似的变量取值。如果取值较高的个体互相聚集在一起,而取值较低的个体互相聚集在一起,则称之为正的空间自相关;如果取值较高的个体与取值较低的个体相邻聚集,则称之为负的空间自相关;如果取值高的个体与取值低的个体间的分布完全随机,则不存在空间自相关关系。本节的研究将以空间邻接矩阵为例,探索产业结构高级化、产业结构合理化、对外投资水平之间的空间关联性和聚集特征,初步确认空间关系的存在形式,从而为后文的实证建模提供事实基础和方向指引。

7.3.1 空间自相关性的测量

Moran[305]所提出的 Moran I 指数是测度空间自相关性的最常用指标,其核心是测度个体观测值与其空间滞后项之间的相关系数。考虑空间序列$\{x_i\}_{i=1}^{n}$,其空间自相关程度可以表示为

$$I=\frac{\sum_{i=1}^{n}\sum_{j=1}^{n}w_{ij}(x_i-\bar{x})(x_j-\bar{x})}{S^2\sum_{i=1}^{n}\sum_{j=1}^{n}w_{ij}} \tag{7-7}$$

式中,I即为 Moran I 指数,$S^2=\frac{1}{n}\sum_{i=1}^{n-1}(x_i-\bar{x})^2$为样本方差,$w_{ij}$为空间权重矩阵中第$i$行第$j$列的元素,衡量的是$i$与$j$之间的距离。从该指数的定义可以看出,Moran I 指数的取值介于−1 到 1 之间。该值大于 0,表示存在正自相关;该值小于 0 则表示存在负自相关;若该值接近于 0,则说明那个空间分布是随机的,不存在空间的自相关性。可以证明,在不存在自空间相关的原假设下,Moran I 指数渐进服从正态分布。

本书依据 2003—2016 年我国 30 个省区市的面板数据,分年度计算产业结构高级化水平 SH、产业结构合理化水平 SR 以及对外直接投资水平 OFDI 的空间自相关的检验结果,结果如表 7-1 所示。从表中可以看出,产业结构高级化水平 SH 的 Moran I 指数始终为正,且对应的P值均在 0.05 以下,说明我国 30 个省区市在产业结构高级化的分布上具有显著的正向自相关性,产业结构高级化水平呈现出一定的聚集特征。产业结构合理化水平 SR 的 Moran I 指数也始终为正,且均值在 0.5 左右,P值小于 0.001,说明产业结构合理化的空间正自相关性情况更加突出,体现出了更加明显的聚集特征。对外直接投资水平 OFDI 的 Moran I 指数在 2010 年前都为负,且P值较大,说明在 2010 年之前,对外直接投资在我国的分布情况并没有出现明显的聚集特征,呈现单点随机分布的局面,但是从 2010 年起,OFDI 的 Moran I 指数开始变为正值,且显著性越来越强,这表明了 2009 年之后,

中国企业加快了对外直接投资的步伐,并采取了组团出海等方式来降低风险,对外直接投资的地理空间上开始出现一定的正向聚集的特征。

表 7－1　全局 Moran I 指数的变动情况

年份	SH			SR			OFDI		
	Moran I	Z	P	Moran I	Z	P	Moran I	Z	P
2003	0.226	2.334	0.010	0.338	3.674	0.000	－0.091	－0.542	0.294
2004	0.235	2.369	0.009	0.355	3.811	0.000	－0.048	－0.123	0.451
2005	0.237	2.408	0.008	0.383	3.875	0.000	－0.061	－0.244	0.404
2006	0.244	2.441	0.007	0.445	4.135	0.000	－0.027	0.069	0.472
2007	0.214	2.161	0.015	0.456	4.162	0.000	－0.037	－0.020	0.492
2008	0.202	2.048	0.020	0.503	4.464	0.000	－0.112	－0.643	0.260
2009	0.199	1.990	0.023	0.487	4.343	0.000	－0.075	－0.338	0.368
2010	0.219	2.149	0.016	0.561	4.843	0.000	0.014	0.401	0.344
2011	0.243	2.344	0.010	0.581	4.981	0.000	0.192	2.027	0.021
2012	0.207	2.018	0.022	0.602	5.115	0.000	0.151	1.769	0.038
2013	0.210	2.049	0.020	0.571	4.884	0.000	0.175	1.831	0.034
2014	0.208	2.023	0.022	0.572	4.882	0.000	0.224	2.226	0.013
2015	0.209	2.032	0.021	0.544	4.655	0.000	0.154	1.730	0.042
2016	0.221	2.132	0.016	0.552	4.711	0.000	0.207	2.184	0.014

为了更加直观地反映各变量空间自相关性的变动情况,本书也用折线图的方式描绘了 Moran I 指数随时间的变动,如图 7－1 所示。从图中可以发现,整体而言,产业结构合理化水平的空间正相关性最高,且随着时间的推移不断增强,产业结构高级化水平的空间正相关性则相对稳定,而 OFDI 的空间相关性在 2009 年之后得到了显著的增强。总的来看,全局 Moran I 指数反映了各省份的产业结构高级化水平、合理化水平和对外直接投资水平都呈现出显著的正空间自相关性,区域发展呈现一定的聚集特征。

7.3.2　空间自相关性的聚集特征分析

除了从整体层面上对产业结构高级化水平、产业结构合理化水平及对外直接投资水平的全局 Moran I 指数进行测算和分析,本书还计算了每一个省份的局部 Moran I 指数,并且绘制了 Moran I 散点图。图 7－2 和图 7－3 分别为 2003 年和

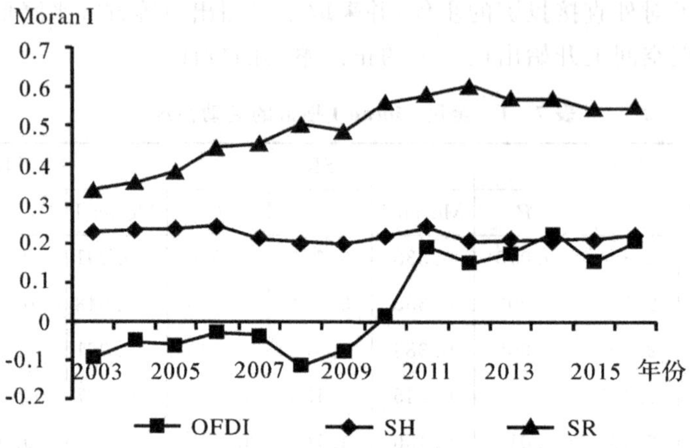

图 7-1 全局 Moran I 指数的变动图

2016 年产业结构高级化水平的 Moran I 散点图。其中,横坐标为各省份的产业结构高级化水平,而纵坐标则是周边区域加权的产业结构高级化水平。根据各个地区自身产业结构高级化水平和周边区域产业结构高级化水平的发展情况,可以将地区的产业结构高级化集群分为四个象限,代表不同的空间关联模式。第一象限是双高(HH)区域,代表产业结构高级化水平较高的地区被其他产业结构高级化水平较高的地区所包围,出现了产业结构高级化水平较高地区相互聚集的现象;第二象限是低高(LH)区域,代表产业结构高级化水平较低的区域被其他产业结构高级化水平较高的地区所包围,出现了产业结构高级化水平高低交替分布现象;第三象限是低低(LL)区域,代表产业结构高级化水平较低的地区被其他产业结构高级化水平较低的地区所包围,体现为产业结构水平较低的地区相互聚集;第四象限则是高低(HL)区域,代表产业结构高级化水平较高地区被其他产业结构高级化水平较低地区所包围。总的来看,第一、第三象限体现出了省份之间正的空间自相关性,而第二、第四象限则体现了空间之间负的自相关性,因此,通过对局部 Moran I 散点图的分析,就能直观发现不同地区所处的聚集模式以及区域之间的空间关联关系。

1)产业结构高级化的空间聚集特征

具体从图 7-2 和图 7-3 中的散点分布来看,2003 年,有 8 个省区市分布在第一象限,有 15 个省区市分布在第三象限,第一、第三象限累计占比 76.67%;2016 年,有 7 个省区市分布在第一象限,12 个省区市分布在第三象限,第一、第三象限累计占比 63.33%,进一步说明了我国省域产业结构高级化水平存在显著的空间

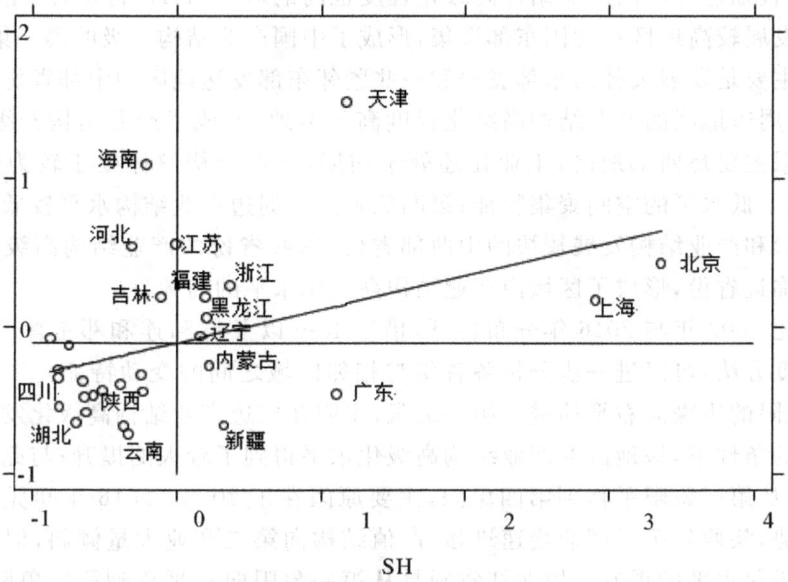

图 7-2 产业结构高级化水平的局部 Moran I 散点图(2003 年)

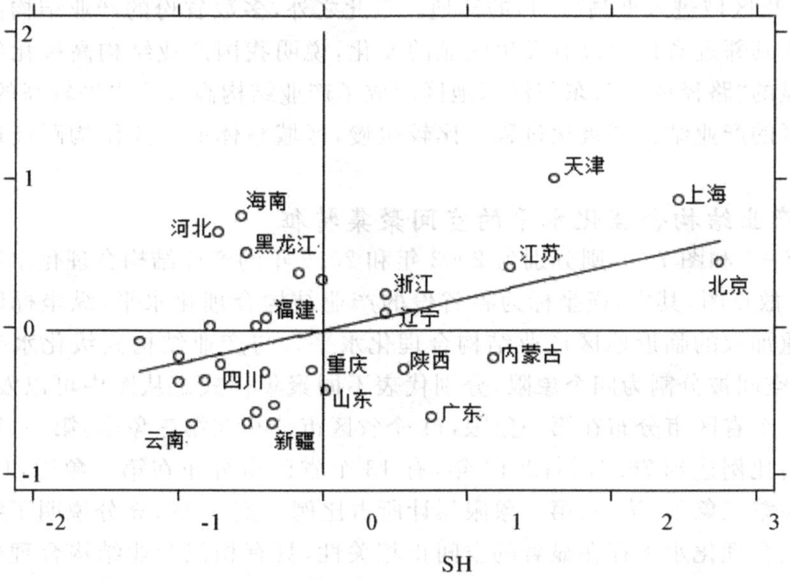

图 7-3 产业结构高级化水平的局部 Moran I 散点图(2016 年)

正相关性,具有相似产业结构高级化水平的省份在空间聚集。总的来看,北京、上海、天津、浙江等发达省份集中在第一象限,反映了这些地区的产业结构高级化程度较高，且临近省份的产业结构高级化程度也高的双高(HH)特征，产业结构高级化水平发展较高地区在我国东部聚集，形成了中国产业结构升级的第一集团；第二象限则主要是发展欠佳的东部省份和一些紧邻东部发达地区的中部省份，如福建、河北等，周边地区的产业结构高级化程度高于本地，形成了产业结构升级的洼地；第三象限主要是西部地区，工业化还处于初期，产业结构整体处于较为低级的状态，出现了低水平的空间聚集特征；第四象限则为周边产业结构水平较低的东部省份(广东)和产业结构发展较快的中西部省份，这些省份的产业结构高级化水平高于周边临近省份，形成了区域内产业结构高级化水平的高地。

对比 2003 年与 2016 年分布特征，借鉴 Rey 以及许和连和邓玉萍[296]的时空跃迁测度方法，可以进一步分析各省份与相邻区域之间的变动特征。江苏省从第一、二象限的边缘向右平移进入第一象限，说明在周边产业结构高级化发展水平变化不大的条件下，该地区的产业结构高级化水平得到了较大的提升；与此相似的还有陕西，从第三象限平移到第四象限，主要原因在于 2003—2016 年间凭借丰富的资源优势，陕西省第二产业增速迅猛，产值结构向第二产业大量倾斜，促进了产业结构高级化水平的提升。黑龙江省则是从第一象限向右平移到第二象限，体现为本省的产业结构高级化在速度上落后于临近区域的产业结构高级化过程，从高高(HH)聚集区域进入低高(LH)的洼地。除此之外，多数省份的产业结构高级化水平相对于其邻近省份并没有发生明显的变化，说明我国产业结构高极化的过程存在着明显的“路径依赖”，东部沿海地区形成了产业结构高极化水平较高的集中区，西部地区的产业结构高级化过程还比较缓慢，区域整体的产业结构跃迁还比较难以出现。

2)产业结构合理化水平的空间聚集特征

图 7-4 和图 7-5 则分别为 2003 年和 2016 年的产业结构合理化水平的局部 Moran I 散点图，其中，横坐标为各省份的产业结构合理化水平，纵坐标则是基于空间权重加权的临近地区产业结构合理化水平。与产业结构高级化水平分析类似，整个空间被分割为四个象限，分别代表不同聚集模式。从图中可以发现，2003 年，有 12 个省区市分布在第一象限，11 个省区市分布在第三象限，第一、第三象限累计所占比例达到 76.67%；2016 年，有 13 个省区市分布在第一象限，11 个省区市分布在第三象限，第一、第三象限累计所占比例达到 80%，充分说明了我国省域产业结构合理化水平存在显著的空间正相关性，具有相似产业结构合理化水平的省份在空间上相互聚集。具体来看，第一象限主要集中了我国东部发达省份和紧邻东部地区的一些中部省份(安徽、河北、江西等)，反映了这些地区的产业结构合理化程度较高，且临近省份的产业结构合理化程度也高的双高(HH)特征，产业结构合理化水平发展较高的地区在我国东部聚集，也体现了我国经济发展和产业结

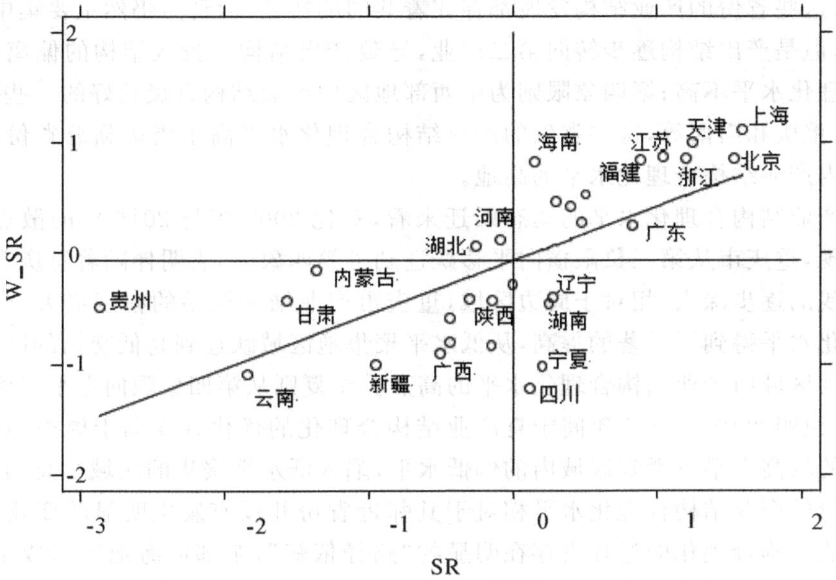

图 7－4　产业结构合理化水平的局部 Moran I 散点图(2003 年)

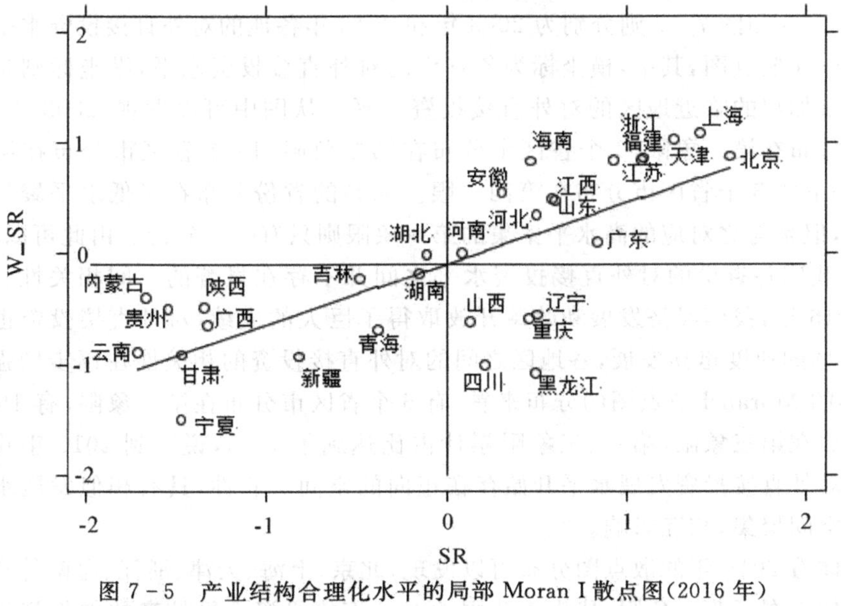

图 7－5　产业结构合理化水平的局部 Moran I 散点图(2016 年)

构变迁过程中的梯度特征;第二象限主要是河南省和湖北省,说明周边地区产业结构合理化水平高于本地,但是这两个地区都集中在第二象限的右下方,说明该地区相对于周边地区的产业结构合理化的差距并不太大;第三象限中则主要是西部地区省份，这些省份的产业结构发展都存在着共同的特征：劳动力仍然主要集中在第一产业，但是产出结构逐步转向第二产业，导致产出结构与投入结构的偏离，产业结构合理化水平不高；第四象限则为中西部地区中产业结构升级较好的一些省份，如四川、重庆和山西等，这些省份的产业结构合理化水平高于周边临近省份，形成了区域内产业结构合理化水平的高地。

从产业结构合理化水平的动态跃迁来看，对比 2003 年与 2016 年的散点分布可以发现，重庆市从第三象限横向平移跃迁到了第四象限，表明伴随着重庆直辖市建设步伐的逐步深入，相对于周边区域，重庆市产业结构调整的幅度更大，产业结构合理化水平得到了显著的提高，从低水平聚集地区域跃迁到高低交错的区域，重庆市成为区域内产业结构合理化水平的高点。宁夏则从第四象限向左平移到了第三象限，说明 2003—2016 年间宁夏产业结构合理化的优化程度弱于周边地区，从区域内的较高水平下滑到区域内的偏低水平，陷入低水平聚集的区域。总的来看，多数省份的产业结构合理化水平相对于其邻近省份并没有发生明显的变化，说明我国产业结构合理化的过程也存在明显的“路径依赖”，东部沿海地区形成了产业结构合理化水平较高的集中区，西部地区的产业结构合理化过程还比较缓慢。

3)对外直接投资水平的空间聚集特征

图 7-6 和图 7-7 则分别为 2003 年和 2016 年各地的对外直接投资水平的局部 Moran I 散点图，其中，横坐标为各省份的对外直接投资水平，纵坐标则是基于空间权重加权的临近地区的对外直接投资水平。从图中可以发现，2003 年，仅有福建省分布在第一象限，9 个省区市分布在第二象限，15 个省区市分布在第三象限，而剩下的 5 个省区市分布在第四象限。50%的省份分布在了低水平聚集的第三象限，但是与之对应的高水平聚集的第一象限则只有一个省份。由此可以看出，2003 年我国各省份的对外直接投资水平之间并不存在显著的空间相关性。2003 年到 2016 年，我国经济发展和改革开放取得了巨大的成绩，对外直接投资也以年均 35.8%的速度迅猛发展，各地区之间的对外直接投资的相关性在逐步增强。从 2016 年的 Moran I 散点图的分布来看，有 5 个省区市分布在第一象限，有 16 个省区市分布在第三象限，第一、三象限累计占比达到了 70%，说明到 2016 年我国各省份的对外直接投资发展水平开始存在正向的空间关联性，具有相似发展水平的地区在空间聚集，相互影响。

具体看 2016 年的散点图分布可以发现，北京、上海、天津、浙江、海南等东部沿海地区集中在了第一象限，代表着我国的对外直接投资水平较高的省份都集中在东部的环渤海和长三角地区，形成了对外直接投资的绝对高地；第二象限则分布着其他一些沿海沿边省份(如江苏、福建、广西)和紧邻东部对外直接投资大省的中部省份(如江西、河北)，这些地区的对外直接投资相对于周边省份，发展程度略低，因

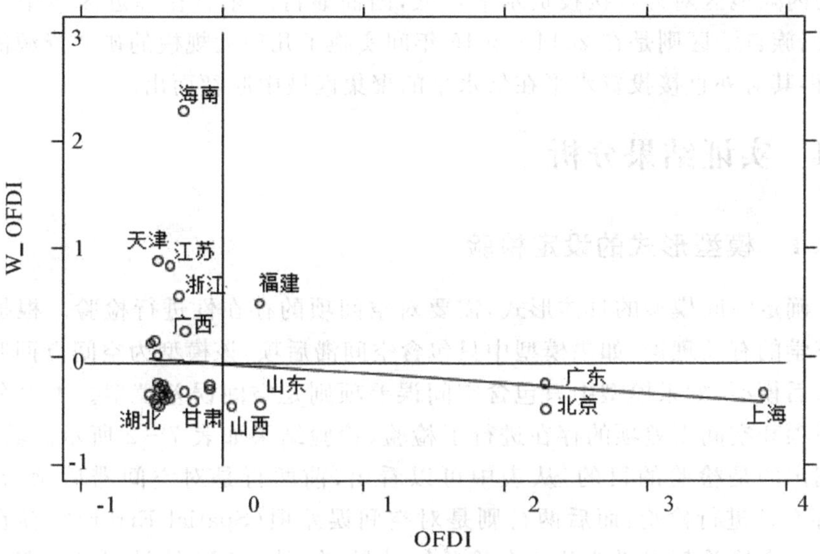

图 7－6　对外直接投资水平的局部 Moran I 散点图(2003 年)

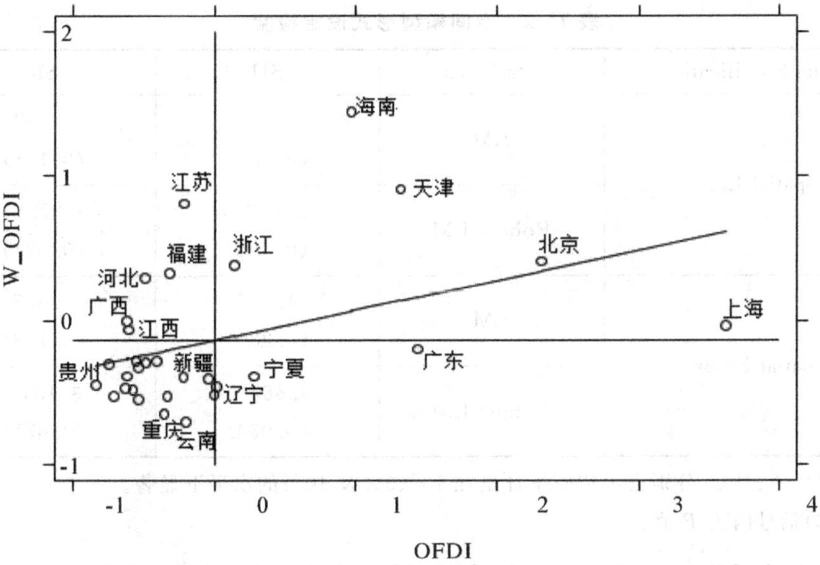

图 7－7　对外直接投资水平的局部 Moran I 散点图(2016 年)

而形成了低高相连的分布特征;第三象限主要集中了多数的中西部地区,这些地区由于地处内陆,开放程度较低,对外直接投资水平整体都较低,形成了低水平聚集的态势;第四象限则包含广东、宁夏等省份,广东省对外直接投资发展较好,但是周边临近的内陆地区对外直接投资水平较低，因而显得广东省在临近区域中鹤立鸡群，宁夏回族自治区则是在2014—2016年间实施了几项大规模的矿业资源的海外投资，使得其对外直接投资水平在低水平的聚集区域中脱颖而出。

7.4 实证结果分析

7.4.1 模型形式的设定检验

为了确定空间模型的具体形式，需要对空间项的存在性进行检验。根据空间计量经济学的有关理论，如果模型中只包含空间滞后项，该模型为空间自回归模型或空间滞后模型，如果模型中只包含空间误差项则是空间误差模型。本书分别对空间滞后项和空间误差项的存在进行了检验，检验结果如表7-2所示。其中，第一列中列出的是检验的目的，从表中可以看出，前两行是对空间滞后项(Spatial Lag)的存在性进行检验，而后两行则是对空间误差项(Spatial Error)的存在性进行检验。两个检验都主要涉及两个检验统计量，分别是LM统计量和稳健的LM统计量。

表7-2 空间模型形式设定检验

Spatial Specification	Statistics	SH	SR
Spatial Lag	LM	3.350* (0.063)	2.653 (0.103)
	Robust LM	2.876* (0.090)	5.070** (0.024)
Spatial Error	LM	1.165 (0.280)	1.657 (0.198)
	Robust LM	4.682** (0.030)	3.134* (0.071)

注：(1) ***、**、* 分别表示相应统计量在1%、5%及10%的水平下显著。

(2)括号内为 P 值。

本书首先采用LSDV的方法估计了不包含任何空间项的基准模型，然后基于其残差构建了对空间滞后项和空间误差项的LM检验统计量。第三列中列示出的是对产业结构高级化水平进行基准回归后的检验结果。就空间滞后项的检验来看，LM统计量取值为3.350，对应的 P 值为0.063，在10%的显著性水平下拒绝了不存在空间滞后的原假设；稳健的LM统计量取值为2.876，对应 P 值为0.090，也在10%的显著性水平下拒绝了原假设。这说明在对产业结构高级化水平的回归中,各地区的产业结构高级化水平存在互相的空间关联,空间滞后项显著存在,因此应在模型中纳入被解释变量的空间滞后项。就空间误差项的检验来看,LM统计量取值为1.165,对应的P值为0.280,无法拒绝原假设,但是稳健的LM统计量取值为4.682,对应的P值为0.030,在5%的水平下拒绝了原假设。当两个检验统计量有差异时,一般以稳健的LM统计量为准。有理由认为由于地区之间气候、资源禀赋、文化等不可观测因素之间存在着地理的关联性,而这些变量对产业结构升级存在影响,因此应当控制误差项之间的空间关联。

第四列则给出了对产业结构合理化水平进行LSDV回归之后,基于残差进行空间项存在性检验的结果。就空间滞后项的检验看,LM统计量为2.653,对应的P值为0.103,接近于在10%的水平下显著,而稳健的LM统计量取值为5.070,对应的P值为0.024,在5%的水平下显著,说明模型显著地拒绝了不存在空间滞后的原假设,也就是说地区之间的产业结构合理化水平存在着相互的关联,相邻地区之间存在着广泛的产业关联和劳动力的跨区域流动,使地区之间的产出结构和就业结构都存在着互动关系,因此应当在模型中加入空间滞后项。就空间误差项的检验来看,LM统计量取值为1.657,对应的P值为0.198,不能拒绝不存在空间误差项的原假设,但是稳健的LM统计量取值为3.134,对应的P值为0.071,在10%的水平下显著拒绝了不存在空间误差项的原假设,因此,本书的检验表明,产业结构合理化的研究中也应当对于干扰项之间的空间关联进行考虑和控制。

综合前面的检验可以发现,无论是对产业结构高级化水平还是对产业结构合理化水平的检验,都显著拒绝了不存在空间滞后项和不存在空间误差项的原假设,说明在产业结构升级过程中产业结构的空间互动和其他干扰因素之间的空间关联是存在的,因此本书在模型中同时引入了空间滞后项和空间误差项。

7.4.2　回归结果分析

基于前面的检验结果,本书采用同时包含空间滞后项和空间误差项的动态面板空间杜宾模型来研究对外直接投资对产业结构升级的空间效应。由于模型中含有时间滞后项、空间滞后项和空间误差项,模型存在内生性、异方差、误差项截面相关等问题,直接采用OLS估计的结果将有偏且不一致,本书采用纠偏的最大似然估计来对模型进行初步估计。表7-3给出了静态面板空间模型的最大似然估计结果,表7-4则给出了包含时间滞后项的动态面板空间模型的最大似然估计结果。

表 7-3 静态面板空间模型的最大似然估计

指标	(1) SH	(2) SR	(3) SH	(4) SR	(5) SH	(6) SR
OFDI	2.571***	−0.925	2.933***	−0.523	3.335***	−1.453**
	(3.64)	(−1.39)	(3.98)	(−0.77)	(4.80)	(−2.13)
Market	−0.780***	0.295	−0.758***	0.507**	−0.699***	0.161
	(−3.69)	(1.44)	(−3.46)	(2.43)	(−3.30)	(0.77)
Human	0.632**	−0.064	0.788***	0.343	0.536**	0.012
	(2.39)	(−0.25)	(2.91)	(1.35)	(2.02)	(0.05)
IFDI	−1.533*	−0.974	−1.107	−0.153	−1.497*	−0.218
	(−1.82)	(−1.20)	(−1.26)	(−0.18)	(−1.77)	(−0.27)
Finance	−0.351***	0.250***	−0.243***	0.276***	−0.325***	0.282***
	(−4.08)	(2.96)	(−2.63)	(3.40)	(−3.64)	(3.20)
R&D	−0.094**	0.002	−0.007	0.025	−0.102**	0.007
	(−2.07)	(0.04)	(−0.13)	(0.69)	(−2.23)	(0.14)
Gov	−1.737***	0.699**	−1.861***	0.039	−1.754***	0.494
	(−4.79)	(2.01)	(−5.06)	(0.11)	(−4.83)	(1.39)
Consum	0.792**	−0.817***	0.535	−0.873***	0.871***	−0.911***
	(2.52)	(−2.71)	(1.62)	(−2.91)	(2.75)	(−2.93)
Export	−1.008***	0.023	−0.725***	0.248	−1.065***	0.137
	(−5.69)	(0.13)	(−3.83)	(1.63)	(−5.98)	(0.78)
Constant			−0.356	−0.629		
			(−0.55)	(−1.06)		
W×OFDI	3.114**	−3.515**	3.405**	−2.485*	6.641**	−3.385*
	(2.15)	(−2.54)	(2.26)	(−1.75)	(2.61)	(−1.86)
Spatial Lag	0.119*	0.245***	0.153**	0.270***	0.156*	0.128*
	(1.79)	(3.69)	(2.30)	(4.18)	(1.87)	(1.79)
Spatial Error	0.022***	0.020***	0.024***	0.023***	0.022***	0.022***
	(14.47)	(14.39)	(13.61)	(13.61)	(14.48)	(14.48)
Province	FE	FE	RE	RE	FE	FE
Year	Yes	Yes	Yes	Yes	Yes	Yes
N	420	420	420	420	420	420
R^2	0.905	0.356	0.902	0.350	0.905	0.348
Log Likelihood	203.760	217.625	107.541	141.678	200.765	208.314

注：(1)模型采用最大似然估计法进行估计。

(2)***、**、*分别表示相应统计量在1%、5%及10%的水平下显著。

(3)括号内为经聚类标准误计算的稳健的 t 值。

表7-4 动态面板空间模型的最大似然估计

指标	(1) SH	(2) SR	(3) SH	(4) SR
L. SH	0.978***		0.982***	
	(40.88)		(41.68)	
L. SR		0.896***		0.896***
		(41.55)		(42.67)
OFDI	0.564*	−0.710**	0.526*	−0.558*
	(1.79)	(−2.04)	(1.70)	(−1.82)
Market	0.015	−0.010	0.029	−0.015
	(0.15)	(−0.10)	(0.29)	(−0.16)
Human	0.283**	0.308***	0.300**	0.306***
	(2.29)	(2.64)	(2.43)	(2.62)
IFDI	−0.348	0.058	−0.437	0.057
	(−0.83)	(0.14)	(−1.03)	(0.15)
Finance	−0.031	0.086**	−0.029	0.079**
	(−0.76)	(2.22)	(−0.69)	(1.99)
R&D	−0.025	−0.004	−0.020	−0.003
	(−1.16)	(−0.19)	(−0.91)	(−0.15)
Gov	−0.313*	0.247	−0.265	0.242
	(−1.84)	(1.56)	(−1.56)	(1.53)
Consum	−0.034	0.043	−0.053	0.048
	(−0.23)	(0.30)	(−0.36)	(0.34)
Export	−0.044	0.177**	−0.042	0.183**
	(−0.51)	(2.23)	(−0.48)	(2.31)
W×OFDI	0.432*	−0.592**	−0.193	−1.498*
	(1.68)	(−1.99)	(−1.10)	(−1.89)
Spatial Lag	0.026*	0.040*	0.004	0.125
	(1.65)	(1.89)	(0.03)	(1.05)
Spatial Error	0.004***	0.004***	0.004***	0.004***
	(15.04)	(15.04)	(15.04)	(15.03)
Province	Yes	Yes	Yes	Yes
Year	Yes	Yes	Yes	Yes
N	390	390	390	390
R^2	0.985	0.958	0.986	0.957
Log Likeliood	520.642	540.211	520.226	539.937

注:(1)模型采用最大似然估计法进行估计。

(2)***、**、*分别表示相应统计量在1%、5%及10%的水平下显著。

(3)括号内为经聚类标准误计算的稳健的 t 值。

1)静态面板空间模型的回归结果分析

(1)基于空间邻接矩阵的结果分析

表7-3的列(1)和列(2)以空间邻接矩阵为权重,采用固定效应的模型设定,分别对产业结构高级化(SH)和产业结构合理化(SR)进行了最大似然估计。表7-3的列(3)和列(4)则同样采用空间邻接矩阵为权重,采用随机效应的模型设定,对列(1)和列(2)的模型进行了最大似然估计。Hausman检验结果显示,产业结构高级化回归中,Hausman检验的卡方值为48.26,对应的P值为0.001,在1%的水平上显著拒绝了随机效应模型和固定效应模型估计系数不存在显著差异的原假设,说明固定效应的估计更加有效;类似的,产业结构合理化的回归中,Hausman检验的卡方值为354.34,对应的P值为0.000,在1%的水平上也显著拒绝了随机效应模型和固定效应模型估计系数不存在显著差异的原假设。因此,在产业结构高级化和产业结构合理化的回归中,都应当使用固定效应的模型设定。

从列(1)和列(2)所呈现的整体估计结果来看,对数似然函数值在200以上,说明模型的拟合较好。具体来看:①在产业结构高级化的回归中,对外直接投资水平OFDI在1%的水平下显著为正,说明即使在考虑了空间相互影响后,对外直接投资对于本地区的产业结构高度提升具有明显的促进作用。杜宾项$\boldsymbol{W}\times$OFDI的系数也在5%的条件下显著为正,说明不仅本地对外直接投资能够促进产业结构的高度提升,周边省份对外直接投资水平的提升对于本地区的产业结构升级也有显著促进作用。其原因主要在于:一方面,对外直接投资不仅使得本地区企业可以通过学习、模仿、逆向技术溢出等方式提升自身竞争力,还会对周边地区的企业也形成示范效应和竞争效应,促进周边地区企业全要素生产率的提升;另一方面,产业间上下游的关联使得对外直接投资的效果能够顺着产业链进行传递,而上下游关联企业很可能处在不同的地理空间,使得OFDI的溢出效应很容易突破地理空间和行政区划的限制,从而在更广泛的空间范围内对产业结构的提升带来积极的影响(郑展鹏)[181]。空间滞后项(Spatial Lag)在10%水平下显著为正,说明周边省份的产业结构高级化水平会对本地区的产业结构高级化水平带来积极的影响,相邻省份之间的产业结构升级存在同构和模仿(于良春和付强)[306]。空间误差项(Spatial Error)的系数在1%的水平下显著为正,说明省际层面不可观测因素之间也存在着显著的空间相关,例如地区之间的地方竞争、文化关联、气候和资源禀赋的相似等。②在产业结构合理化的回归中,对外直接投资水平OFDI的系数为负,但是不再显著,说明考虑了空间上临近地区的相互影响后,对外直接投资对本地区产业结构合理化水平的负向作用不再显著。杜宾项$\boldsymbol{W}\times$OFDI的系数在5%的条件下显著为负,说明不仅本地的对外直接投资会对本地的产业结构合理化带来不利的影响,周边省份对外直接投资水平的提升对本地的产业结构合理化程度也有显著的负向作用。这可能的原因在于对外直接投资作为一种资本流出,不仅挤出了本地的投资,也会挤出流入周边相邻省份的投资,使得产业结构出现离“制造化”和离“实体化”的空心化现象(刘海云和聂飞)[145]。空间滞后项(Spatial Lag)在1%的水平下显著为正,说明周边省份的产业结构合理化水平会对本地区的产业结构合理化水平带来积极的影响;空间误差项(Spatial Error)的系数也在1%的水平下显著为正,说明相邻省份产业结构合理化的提升存在着很强的关联性和互动性。

(2)基于经济结构相似度权重矩阵的结果分析

表 7 - 3 的列(5)和列(6)则是基于经济结构相似度构建的空间权重矩阵,采用固定效应的模型设定,分别对产业结构高级化(SH)和产业机构合理化(SR)进行最大似然估计的结果。从估计结果看,核心解释变量对外直接投资水平 OFDI 对产业结构高级化的作用在1%的水平下显著为正,对产业结构合理化的影响则在5%的水平下显著为负,这与第 5 章的研究结论一致,进一步验证了本书的基础研究结论是稳健可靠的。从空间项的系数来看,空间杜宾项 $\boldsymbol{W}\times$OFDI 在产业结构高级化的回归中系数显著为正,而在产业结构合理化的回归中系数显著为负,相对于列(1)和列(2)的结果来看,系数的符号和显著性水平大都没有发生变化,只是系数的大小有所增加,说明了相对于简单的空间邻接关系,经济结构的相似度更能够捕捉省份之间的空间关联情况。经济结构相似的省份在产业结构发展变动过程中面临着相似的产业现状和资源禀赋,对外直接投资所带来的产业关联效应更能够在经济相似地区间进行扩散,因此 OFDI 对于经济相似省份的产业结构变动的影响相对于地理空间临近地区的影响更加显著。从空间滞后项(Spatial Lag)的影响来看,经济结构相似地区的产业结构的互动性和关联性也更强,地方政府密切关注竞争对手的产业发展政策,当某地区通过某项政策获得产业发展上的竞争优势时,其他地区会随之进行模仿和学习,从而导致了地区间产业结构升级存在相互正向影响(宋凌云等;黄亮雄等)[97,189]。

2)动态面板空间模型的估计结果分析

在静态面板空间模型估计的基础上,本书还进一步考虑到产业结构升级在时间上所具有的惯性和路径依赖,在模型中引入被解释变量的一阶滞后项,以控制前一期产业发展水平对后续产业结构升级的影响。表 7 - 4 给出了动态面板空间模型的最大似然估计的结果。

表 7 - 4 的列(1)和列(2)是基于空间邻接矩阵衡量空间关联关系,采用固定效应模型对产业结构高级化和产业结构合理化进行最大似然估计的回归结果。从总体情况上看,加入被解释变量的一阶时间滞后项后,模型的拟合程度得到了进一步的提升,说明被解释变量的时间滞后项中确实包含着影响产业结构后续变动的重要信息。另外,从被解释变量一阶滞后项的系数估计值来看,不论对于产业结构高

级化还是产业结构合理化的回归，系数均高度显著为正，说明产业结构变动过程中的惯性和路径依赖是客观存在的。从核心解释变量对外直接投资水平 OFDI 的估计结果来看，其仍然对产业结构高级化水平有着显著的正向影响，而对产业结构合理化水平有着显著的负向影响，只是在控制了产业结构的前期水平后，该值的大小有所减小，但是并没有改变本书基础结论的稳健性。从空间项的估计来看，空间杜宾项 $\boldsymbol{W}\times$OFDI 对产业结构高级化的影响显著为正，而对产业结构合理化的影响显著为负，说明即使在控制了产业结构变动的时间依赖的情况下，OFDI 对产业结构变动的空间溢出效果仍然是显著存在的。各地区产业结构的变迁，既受到前期产业发展现状和当期的供给和需求两方面各种影响因素的影响，又受到周边省份的投资等行为的影响。地区对外直接投资不仅是本地区产业结构变迁的重要动力，也会通过产业关联、资本流动等渠道影响到周边省份的产业发展。与静态回归的结果相似，空间滞后项和空间误差项的系数也显著为正，只是个别系数的取值和显著性水平有所下降，其原因在于经济发展的空间滞后和时间滞后可能是相互交织、难以简单直接分割的，因此在控制了时间滞后的情况下，空间滞后的净影响有所减弱，但是总的来看，地区产业变革过程中的区际互动和空间关联仍然是不可忽视的。

表 7-4 的列(3)和列(4)则是以经济结构相似度构建空间权重矩阵，同样采用固定效应模型的基础设定，重新对产业结构高级化和合理化进行估计的结果。从估计结果可以看出，主要变量的系数和显著性水平与列(1)和列(2)中采用空间邻接矩阵进行估计的结果没有实质性的太大差异，对外直接投资水平对产业结构高级化水平有正向影响，对产业结构合理化水平有负向影响的基本结论仍然成立。值得注意的是，空间杜宾项 $\boldsymbol{W}\times$OFDI 对产业结构高级化的影响由显著为正变为负，但是不显著，其原因在于经济结构相似度的空间权重构建下，相邻省份间的产业结构高级化水平比较接近，产业结构的一阶滞后项与空间杜宾项可能存在着较强的相关性，出现了较大程度的信息重合，因此在引入了产业结构高级化的一阶滞后项以后，空间杜宾项所包含的很多信息已被该滞后项所吸收，因而使得空间杜宾项不再显著。基于同样的原因，空间滞后项的系数显著性水平也出现了一定程度的下降。但是总的来看，本书基于经济相似度构建的动态面板空间模型也基本证实了产业结构发展的空间关联性和对外直接投资的空间外溢性的存在。

7.4.3 空间效应分解

对于常规的线性模型而言，解释变量的系数可以解释为在控制了其他因素的条件下，该解释变量的变动对被解释变量的边际影响。但是对于含有空间滞后项和空间杜宾项的空间模型而言，某个变量对被解释变量的影响就变得更加复杂，因为不仅该个体此变量本身会对被解释变量产生影响,而且其他相关个体此变量的取值也会对该个体的被解释变量具有空间的外溢效应。为了清楚地反映各个变量对被解释变量的具体影响程度和影响方式,本书参照 LeSage 和 Pace[293]、Elhorst[307]的方法将表 7－3 中的估计结果分解为直接效应、间接效应和总效应。具体分解方式如下。

将本书所使用的模型写成一般化的形式:

$$\boldsymbol{Y} = \lambda Y_{-1} + \delta \boldsymbol{WY} + X\beta + \boldsymbol{W}X\theta + \iota_n \alpha + \varepsilon \tag{7-8}$$

式中,$\boldsymbol{Y}$ 为被解释变量当期值构成的向量;Y_{-1} 为被解释变量的一阶时间滞后项,用于捕捉被解释变量自身的动态变动规律;$\boldsymbol{WY}$ 为被解释变量的空间滞后项;$\boldsymbol{W}$ 为空间权重矩阵;X 和 $\boldsymbol{W}X$ 则是解释变量和解释变量的空间滞后项;ι_n 为个体固定效应。进一步,可以写成简化式:

$$\boldsymbol{Y} = (I - \delta \boldsymbol{W})^{-1} Y_{-1} + (I - \delta \boldsymbol{W})^{-1} (X\beta + \boldsymbol{W}X\theta) + R \tag{7-9}$$

式中,R 为复合的扰动项,包含个体效应、空间误差和随机误差等。将 $\boldsymbol{Y}$ 对各地区(1 到 N)中第 k 个解释变量求偏微分,可得矩阵:

$$\left[\frac{\delta Y}{\delta x_{1k}} \cdots \frac{\delta Y}{\delta x_{Nk}}\right] = \begin{bmatrix} \frac{\delta Y_1}{\delta x_{1k}} & \cdots & \frac{\delta Y_1}{\delta x_{Nk}} \\ \vdots & & \vdots \\ \frac{\delta Y_N}{\delta x_{1k}} & \cdots & \frac{\delta Y_N}{\delta x_{Nk}} \end{bmatrix} = (1 - \delta \boldsymbol{W})^{-1} \begin{bmatrix} \beta_k & w_{12}\theta_k & \cdots & w_{1N}\theta_k \\ w_{21}\theta_k & \beta_k & \cdots & w_{2N}\theta_k \\ \vdots & \vdots & & \vdots \\ w_{N1}\theta_k & w_{N2}\theta_k & \cdots & \beta_k \end{bmatrix} \tag{7-10}$$

LeSage 和 Pace[293]将等式最右端矩阵的对角线所在元素的均值定义为解释变量对被解释变量影响的直接效应,而将每行或每列中非对角线元素之和称为解释变量对被解释变量影响的间接效应,它衡量了解释变量作用的空间溢出。具体而言,第 k 个解释变量变动 1 个单位带来的对被解释变量的直接冲击作用(direct impact)为 β_k,而对其周边相邻地区的平均溢出效应为 $\sum_{i=1}^{N}\sum_{j=1}^{N} w_{ij}\theta_k / N$,即该单位对周边个体的间接影响(indirect impact)。解释变量 x_k 对被解释变量的总效应(total impact)则是直接效应与间接效应之和,衡量了解释变量的变动对自身和周边个体总的影响。本书依照上述分解方法,对静态模型中各变量的影响进行了分解,结果如表 7－5 所示。

表 7－5 的列(1)和列(2)中给出的是各变量的直接效应,代表该变量对本地区产业结构升级的作用大小;列(3)和列(4)则是各变量的间接作用,代表对外直接投资对临近地区产业结构升级的平均作用大小;列(5)和列(6)则是各变量对产业结构升级的总体作用,包含对本地区的直接影响以及对周边地区的间接影响。从具

表 7-5 直接效应与间接效应的分解

指标	(1)	(2)	(3)	(4)	(5)	(6)
	直接效应		间接效应		总效应	
	SH	SR	SH	SR	SH	SR
OFDI	2.698***	−1.134*	3.826**	−4.697***	6.524***	−5.832***
	(3.80)	(−1.66)	(2.39)	(−2.65)	(3.99)	(−3.06)
Market	−0.793***	0.291	−0.109	0.091	−0.902***	0.382
	(−3.85)	(1.44)	(−1.49)	(1.21)	(−3.65)	(1.41)
Human	0.662***	−0.039	0.093	−0.014	0.755**	−0.053
	(2.61)	(−0.16)	(1.31)	(−0.17)	(2.50)	(−0.16)
IFDI	−1.529*	−0.978	−0.210	−0.304	−1.739*	−1.282
	(−1.84)	(−1.20)	(−1.21)	(−1.09)	(−1.83)	(−1.20)
Finance	−0.354***	0.253***	−0.049	0.076**	−0.402***	0.329***
	(−4.19)	(3.06)	(−1.55)	(2.35)	(−3.98)	(3.10)
R&D	−0.093**	0.003	−0.013	0.000	−0.106**	0.003
	(−2.09)	(0.07)	(−1.28)	(0.03)	(−2.08)	(0.06)
Gov	−1.752***	0.704**	−0.239	0.220	−1.990***	0.924*
	(−4.82)	(1.98)	(−1.57)	(1.53)	(−4.59)	(1.92)
Consum	0.787**	−0.838***	0.108	−0.251**	0.894**	−1.089***
	(2.56)	(−2.80)	(1.31)	(−2.25)	(2.49)	(−2.86)
Export	−0.998***	0.037	−0.136	0.010	−1.134***	0.047
	(−5.67)	(0.22)	(−1.59)	(0.18)	(−5.31)	(0.21)
Province	Yes	Yes	Yes	Yes	Yes	Yes
Year	Yes	Yes	Yes	Yes	Yes	Yes

注：(1)模型采用最大似然估计法进行估计。

(2)***、**、*分别表示相应统计量在1%、5%及10%的水平下显著。

(3)括号内为经聚类标准误计算的稳健的 t 值。

体估计的系数来看，对外直接投资对产业结构高级化的直接影响系数为2.698，在1%的水平下显著，对产业结构高级化的间接影响系数为3.826，在5%的显著性水平下显著，说明对外直接投资不仅对自身的产业结构升级具有促进作用，并且也能对周边临近地区的产业结构升级带来积极的影响，且间接作用大于直接作用。对外直接投资对产业结构合理化水平的直接影响在10%的水平下显著为负，而间接影响系数为−4.697,在1%的水平下显著,也呈现出间接作用大于直接作用的现象。从理论机制上分析,对外直接投资带来的产业结构的变动,不仅体现为因资本流出引发的资金跨省流动的改变,同时也体现在省份间的产业转移。发达省份通过对外直接投资实现了要素产业间的从新配置的同时,也伴随着要素向落后省份的转移。

7.4.4　分地区检验

考虑到中国区域之间发展程度的差异,本书也将全国 30 个省区市按照东部、中部、西部和东北地区进行分组,以揭示中国各省份对外直接投资对产业结构升级的空间溢出效应的区域特征。表 7－6 给出了对外直接投资对产业结构高级化空间溢出作用的分地区回归结果,表 7－7 则是对外直接投资对产业结构合理化空间溢出作用的分地区回归结果。两个表中的模型均同时引入了时间滞后项、空间滞后项和误差的空间相关项,基于固定效应模型,采用最大似然估计的方法估计得到。

表 7－6　对外直接投资对产业结构高级化空间溢出作用的分地区检验

指标	(1) 东部	(2) 中部	(3) 西部	(4) 东北
	SH	SH	SH	SH
L. SH	0.687***	0.886***	0.779*	0.601***
	(13.53)	(22.79)	(1.73)	(6.75)
OFDI	1.389***	1.144***	0.667	1.955**
	(3.41)	(6.49)	(0.43)	(2.55)
Market	−0.925***	−2.816***	0.259	0.286
	(−4.44)	(−31.49)	(1.31)	(0.80)
Human	5.404***	0.663***	1.113***	1.075*
	(20.42)	(9.42)	(6.07)	(1.96)
IFDI	2.715***	2.893***	2.825***	−3.170
	(3.20)	(3.51)	(2.75)	(−1.63)
Finance	0.578***	−2.830	1.456***	−0.213**
	(7.32)	(−1.47)	(2.62)	(−2.07)
R&D	0.617***	−0.495***	0.062	0.004
	(12.71)	(−5.51)	(0.94)	(0.04)

续表

指标	(1) 东部	(2) 中部	(3) 西部	(4) 东北
	SH	SH	SH	SH
Gov	8.781***	3.222***	0.292	0.310
	(7.85)	(5.45)	(1.12)	(0.46)
Consum	2.146***	−2.206***	−1.245***	−0.890**
	(4.89)	(−12.89)	(−3.56)	(−2.15)
Export	0.689***	0.450*	3.033***	−1.060***
	(4.78)	(1.90)	(12.31)	(−3.05)
W×OFDI	10.655***	2.796***	1.130***	−5.208
	(6.48)	(5.27)	(4.37)	(−1.37)
Spatial Lag	0.848***	1.128***	1.116***	0.146**
	(17.03)	(6.35)	(17.69)	(2.13)
Spatial Error	0.006***	0.001***	0.008***	0.001***
	(9.18)	(9.95)	(10.12)	(4.76)
Year	Yes	Yes	Yes	Yes
N	130	78	143	39
R^2	0.475	0.047	0.465	0.993
Log Likelihood	155.395	190.519	153.209	75.497

注：(1)模型采用最大似然估计法进行估计。

(2)***、**、*分别表示相应统计量在1%、5%及10%的水平下显著。

(3)括号内为经聚类标准误计算的稳健的 t 值。

表7-7 对外直接投资对产业结构合理化空间溢出作用的分地区检验

指标	(1) 东部	(2) 中部	(3) 西部	(4) 东北
	SR	SR	SR	SR
L. SR	0.791***	0.761***	0.919***	0.626***
	(15.79)	(10.36)	(23.07)	(4.58)
OFDI	−0.196	−1.528*	0.394	−7.628*
	(−1.54)	(−1.72)	(0.23)	(−1.93)
Market	0.070	−0.019	0.217	0.926*
	(1.11)	(−0.13)	(0.97)	(1.93)

续表

指标	(1) 东部	(2) 中部	(3) 西部	(4) 东北
	SR	SR	SR	SR
Human	−0.004	0.034	−0.396**	0.191
	(−0.05)	(0.30)	(−2.08)	(0.30)
IFDI	−0.276	−0.311	2.192	−0.926
	(−0.99)	(−0.30)	(1.41)	(−1.03)
Finance	0.013	−0.030	0.108	0.082
	(0.56)	(−0.40)	(1.23)	(0.61)
R&D	−0.024	0.085	0.108	0.250*
	(−1.47)	(1.55)	(1.45)	(1.94)
Gov	0.457***	0.099	0.460	−0.316
	(3.07)	(0.31)	(1.58)	(−0.33)
Consum	0.101	0.590*	0.114	0.642
	(0.91)	(1.80)	(0.26)	(0.92)
Export	0.032	0.215	0.330	−0.254
	(0.77)	(0.66)	(1.19)	(−0.52)
W×OFDI	−0.216	−1.633**	2.201	−1.176**
	(−1.10)	(−2.46)	(0.89)	(−2.20)
Spatial Lag	0.106	0.113	0.095*	0.240**
	(1.35)	(1.37)	(1.71)	(2.15)
Spatial Error	0.001***	0.001***	0.010***	0.002***
	(8.67)	(6.71)	(9.10)	(4.68)
Year	Yes	Yes	Yes	Yes
N	130	78	143	39
R^2	0.917	0.833	0.929	0.746
Log Likelihood	307.306	152.175	135.204	62.995

注:(1)模型采用最大似然估计法进行估计。

(2)***、**、*分别表示相应统计量在 1%、5%及 10%的水平下显著。

(3)括号内为经聚类标准误计算的稳健的 t 值。

表 7-6 的估计结果显示:①无论对于哪个地区,产业结构高级化过程都存在着显著的路径依赖和动态变动特征,前一期的产业结构高级化水平对下一期的产业结构高级化水平有着显著的正向影响。②从核心解释变量 OFDI 的估计系数来

看，对外直接投资对产业结构高级化的作用都为正，但是这种正向促进作用只在东部地区、中部地区和东北地区显著，对于西部地区，对外直接投资对产业结构高级化的促进作用并不显著。③从空间杜宾项 **W**×OFDI 的估计结果看，区域内部周边地区的对外直接投资水平对本地的产业结构高级化水平有着显著的正向作用，特别是在东部地区，这种作用的影响显著高于其在中西部的作用效果。对于东北地区的省份，周边地区的对外直接投资对本地的产业结构高级化甚至有着负向的影响。④从空间滞后项和误差的滞后项的系数来看，无论在哪个区域，省域之间的空间互动和相互影响都是显著存在的，周边省份的产业结构发展对区域内临近省份的产业升级具有显著的正向作用，这也与我国产业结构出现的区域内聚集特征相一致。

表 7-7 中对产业结构合理化的估计结果也表明：①产业结构合理化程度的提升也存在着显著的路径依赖，前期的产业结构合理化指数对后期的产业结构合理化有着显著的影响，特别是对于西部地区，这种路径依赖的现象更加突出。②从核心解释变量 OFDI 来看，对于中部地区和东北地区，对外直接投资的系数显著为负，说明在考虑了时间滞后和空间滞后的基础上，对外直接投资在这两个区域内对产业结构合理化的提升有着显著的负面影响，可能的原因在于这两个地区对外直接投资的产业选择与本地资源禀赋的偏离程度较大，非理性的对外投资不仅不能充分释放本地的优势资源，反而带来更加严重的配置扭曲。对外直接投资对东部地区和西部地区的作用不显著，背后的原因则可能有所差异。东部地区的对外直接投资规模较大，市场化程度较高，对外直接投资与产业发展的匹配程度相对较好，因而使得对外直接投资对产业结构合理化的负面影响并不显著；而在西部地区，则是由于对外直接投资规模较小，且产业结构的合理化水平存在较强的路径依赖，劳动力的市场化配置等障碍的存在，阻碍了对外直接投资积极效果的发挥（宋林、谢伟和何红光）[308]。③从空间杜宾项 **W**×OFDI 的系数来看，对外直接投资对产业结构合理化水平的空间外溢作用存在着显著的地区差异，作用效果大致与本地 OFDI 的影响一致。在中部地区和东北地区，区域内其他省份的对外直接投资水平的增加对本省的产业结构合理化水平具有显著的负向的空间溢出，而对于东部地区和西部地区，这种空间溢出作用并不显著。④产业结构合理化水平自身的空间滞后作用在东部地区和中部地区不显著，而对于西部地区和东北地区较为显著，说明这两个地区出现了较为明显的低水平聚集的现象，区域整体产业结构合理化水平的升级还任重道远。

7.5 稳健性检验

在前述研究的基础，本节还采用以下方法来对对外直接投资对产业结构升级的空间外溢效应进行稳健性检验，以保证本章研究所得到的结论不因变量的衡量方式和空间权重矩阵选择的改变而改变。

7.5.1　改变变量衡量方式

为了保证本章研究结论的稳健可靠，在稳健性检验中，首先对被解释变量和核心解释变量采用不同的衡量方式进行替换，然后重复前面基准模型的估计结果，以证明本章研究结论的稳健性，结果如表 7-8 所示。

表 7-8　稳健性检验：改变变量衡量方式

指标	(1)	(2)	(3)	(4)
	改变高级化衡量方式	改变合理化衡量方式	改变对外直接投资衡量方式	
	SH1	SR1	SH	SR
OFDI	3.748***	0.465**	5.859***	−2.451
	(4.33)	(2.31)	(3.33)	(−1.46)
Market	0.944***	−0.046	0.779***	0.257
	(3.65)	(−0.76)	(3.71)	(1.25)
Human	0.756**	−0.027	0.536**	−0.005
	(2.34)	(−0.35)	(2.03)	(−0.02)
IFDI	−2.095**	0.340	−1.572*	−0.702
	(−2.04)	(1.41)	(−1.91)	(−0.88)
Finance	−0.426***	−0.055**	−0.278***	0.218**
	(−4.04)	(−2.17)	(−3.15)	(2.50)
R&D	0.096*	−0.017	0.094**	−0.005
	(1.74)	(−1.30)	(2.08)	(−0.12)
Gov	−2.148***	−0.215**	−1.710***	0.622*
	(−4.84)	(−2.04)	(−4.77)	(1.78)
Consum	1.152***	−0.077	0.722**	−0.786***
	(3.01)	(−0.85)	(2.30)	(−2.58)
Export	−1.287***	0.002	−1.047***	0.089
	(−5.94)	(0.04)	(−6.07)	(0.53)
W×OFDI	3.735**	1.361***	10.098***	−4.621
	(2.10)	(3.27)	(2.77)	(−1.31)

续表

指标	(1)	(2)	(3)	(4)
	改变高级化衡量方式	改变合理化衡量方式	改变对外直接投资衡量方式	
	SH1	SR1	SH	SR
Spatial Lag	0.109	0.055	0.122*	0.252***
	(1.61)	(0.77)	(1.86)	(3.81)
Error Lag	0.033***	0.002***	0.022***	0.021***
	(14.47)	(14.49)	(14.47)	(14.38)
Province	Yes	Yes	Yes	Yes
Year	Yes	Yes	Yes	Yes
N	420	420	420	420
R^2	0.911	0.366	0.906	0.348
Log Likelihood	119.499	724.756	205.270	215.118

注：(1)模型采用最大似然估计法进行估计。

(2)***、**、*分别表示相应统计量在1%、5%及10%的水平下显著。

(3)括号内为经聚类标准误计算的稳健的 t 值。

在表7-8的列(1)中，将产业结构高级化的衡量方式替换为第5章所使用的刘伟、张辉和黄泽华[120]提出的方法，依照钱纳里标准结构模型，对劳动生产率进行无量纲化，得到产业结构高级化的替代指标SH1，然后按照最大似然估计法对基准模型进行重新估计。从关键变量的估计结果看，核心解释变量OFDI对产业结构高级化的影响显著为正，空间杜宾项 $\boldsymbol{W}\times$OFDI的系数也显著为正，证明对外直接投资对产业结构高级化水平具有显著的正向外溢作用，周边省份进行对外直接投资会促进本地区产业结构高级化水平的提升。列(2)则将产业结构合理化指数替换为基于泰尔指数结构的构造方式，重新计算了产业结构合理化指标SR1。需要注意的是，该指标是一个反向指标，当不存在产业结构与投入要素结构的偏离时，该值为0，此时产业结构的合理化程度最高；该值与0偏离程度越大，合理化程度越低。从列(2)的估计结果看，对外直接投资的系数显著为正，说明对外直接投资水平越高，产业结构的合理化水平反而越低，这再次证实了在当前的发展阶段，对外直接投资对产业结构合理化不但没有促进作用，反而可能会进一步加大产出结构与要素禀赋之间的扭曲程度，恶化产业结构的合理化水平。空间杜宾项 $\boldsymbol{W}\times$OFDI的系数也显著为正，证明对外直接投资对产业结构合理化水平具有显著的负向的外溢作用,周边省份进行对外直接投资会阻碍本地区产业结构合理化水平的提升。

表 7-8 的列(3)和列(4),则是将对外直接投资水平采用对外直接投资流量与地区生产总值之比来进行衡量的结果。从估计结果看,在改变了对外直接投资的衡量方式后,对外直接投资水平对产业结构高级化的直接作用仍然显著为正,空间溢出作用也显著为正,证明了本章所研究的对外直接投资对产业结构高级化的影响结果并没有因为对外直接投资衡量方式的改变而发生改变;对外直接投资对产业结构合理化的直接影响和空间外溢现象都显著为负,但是这种作用的显著性相对于基准回归有所下降,这可能的原因在于对外直接投资流量数据取值较小,且省份间和年度间存在着较大的差异,自变量自身变动的随机性在一定程度上减弱了模型整体的拟合效果,但是从影响方向上看,仍然在一定程度上佐证了本章的基准研究结论。

7.5.2　改变空间权重矩阵

空间权重的设定决定了空间相关关系的形式,因此空间权重的选择对空间模型的建立具有至关重要的作用。在前面的研究中,已经同时采用了地理邻接矩阵和经济结构相似度空间权重矩阵,分别从地理位置的空间关系和经济发展的空间联系两个角度构建空间权重矩阵,得到了前文所述基本结论,证明了我国各省份对外直接投资空间外溢作用的存在和方向。在本小节中,将进一步采用地理距离权重矩阵和经济距离权重矩阵分别作为地理邻接矩阵和经济结构相似度空间权重矩阵的替代,重新对基准模型进行估计。估计结果如表 7-9 所示。

表 7-9　稳健性检验:改变空间权重矩阵

指标	(1)	(2)	(3)	(4)
	地理距离权重矩阵		经济距离权重矩阵	
	SH	SR	SH	SR
OFDI	3.244***	−1.731***	3.359***	−1.431**
	(4.61)	(−2.62)	(5.00)	(−2.13)
Market	0.744***	0.248	0.819***	0.205
	(3.56)	(1.23)	(3.92)	(0.98)
Human	0.550**	0.040	0.362	0.075
	(2.08)	(0.16)	(1.37)	(0.29)
IFDI	−1.792**	−0.672	−1.622**	−0.081
	(−2.20)	(−0.85)	(−1.98)	(−0.10)

续表

指标	(1)	(2)	(3)	(4)
	地理距离权重矩阵		经济距离权重矩阵	
	SH	SR	SH	SR
Finance	−0.340***	0.240***	−0.255***	0.261***
	(−3.96)	2.86)	(−2.88)	(2.95)
R&D	−0.113**	0.026	−0.149***	0.025
	(−2.46)	(0.60)	(−3.21)	(0.54)
Gov	−1.598***	0.533	−1.730***	0.465
	(−4.47)	(1.55)	(−4.88)	(1.31)
Consum	0.861***	−0.915***	0.745**	−0.857***
	(2.75)	(−3.05)	(2.38)	(−2.75)
Export	−1.039***	0.060	−1.048***	0.133
	(−5.97)	(0.36)	(−6.05)	(0.77)
W×OFDI	1.026***	−1.238***	3.096***	−1.533*
	(2.98)	(−3.74)	(4.34)	(−1.75)
Spatial Lag	0.124*	0.229***	−0.336*	0.086
	(1.89)	(3.42)	(−1.77)	(0.52)
Spatial Error	0.022***	0.020***	0.022***	0.022***
	(14.47)	(14.40)	(14.44)	(14.49)
Province	Yes	Yes	Yes	Yes
Year	Yes	Yes	Yes	Yes
N	420	420	420	420
R^2	0.906	0.373	0.908	0.352
Log Likelihood	205.864	221.298	208.663	209.483

注：(1)模型采用最大似然估计法进行估计。

(2)***、**、*分别表示相应统计量在1%、5%及10%的水平下显著。

(3)括号内为经聚类标准误计算的稳健的 t 值。

在表7-9的列(1)和列(2)中，采用地理距离权重矩阵替代地理邻接矩阵，验证省份之间的地理位置关系是否会影响对外直接投资的空间溢出效果。从估计结果来看，空间杜宾项 ***W***×OFDI 对产业结构高级化水平的系数为1.026，在1%的水平下显著为正，对产业结构合理化水平的估计系数为−1.238，在1%的水平下显著为负，说明对外直接投资会对地理距离临近的其他省份的产业结构升级产生空间溢出效应,其中,对产业结构高级化的空间溢出作用为正,而对产业结构合理化的空间溢出作用为负。列(3)和列(4)则是采用经济距离权重矩阵替代经济结构相似度空间权重矩阵,验证省份之间经济发展水平的相似度是否会影响对外直接投资对产业结构升级的空间溢出效果。从估计结果来看,空间杜宾项 $\boldsymbol{W}\times$ OFDI对产业结构高级化水平的系数为3.096,在1%的水平下显著为正,对产业结构合理化水平的估计系数为−1.533,在10%的水平下显著为负,说明对外直接投资会对经济发展程度相似的其他省份的产业结构升级产生空间溢出效应,其中,对产业结构高级化的空间溢出作用为正,而对产业结构合理化的空间溢出作用为负。比较使用地理距离权重矩阵和经济距离权重矩阵的估计结果还可以发现,使用地理距离权重矩阵所得到的估计系数小于使用经济距离权重矩阵得到的估计系数,说明相对于地理位置的接近,经济发展程度上的接近性更加影响对外直接投资对产业结构升级的外溢作用。

7.6　本章小结

本章立足于中国地域辽阔、地区发展程度差异较大的现实背景,实证检验了对外直接投资对产业结构升级的空间溢出效应。从产业结构升级的空间关联出发,考察了产业结构高级化和产业结构合理化的区域互动和聚集特征,基于地理关系和经济关联的多种空间权重设定,采用面板空间模型检验了对外直接投资对产业结构升级的空间溢出效应,区分了直接效应和间接效应的作用效果,并进一步考察了不同地区内空间溢出效果的作用差异。

本章研究发现:①我国各地区之间的产业结构高级化和产业结构合理化的发展演变存在显著的正向的空间关联性,东部地区形成了产业结构升级的高水平聚集区,中西部地区的产业结构升级则较为缓慢。②对外直接投资对产业结构高级化水平具有正向空间外溢作用,对外直接投资不仅能够促进本地区的产业结构高级化水平的提升,还对周边区域的产业结构升级有显著的促进作用。③对外直接投资对产业结构合理化水平具有负向的空间外溢作用,对外直接投资在阻碍本地区产业结构合理化演进的同时,对周边区域的产业结构合理化水平的提高也有一定阻碍作用。④从不同的空间关联关系上看,对外直接投资对经济结构类似地区的产业结构升级的外溢作用,大于对地理空间临近地区的外溢作用,也就是说经济结构相似度较高省份之间的空间互动,强于单纯的地理位置相近的省份之间的空间互动。⑤从不同地区的影响差异来看,对外直接投资对产业结构高级化的正向外溢作用主要出现在东部地区,而对外直接投资对产业结构合理化的负向溢出作用则主要集中在中部地区和东北地区。

第8章　结论与展望

8.1　主要结论

本书基于“一带一路”倡议下我国西部地区对外直接投资迅猛发展的背景，借鉴国际投资理论、产业组织理论和区域经济理论构建了一个对外直接投资影响产业结构升级的理论分析框架，探讨了对外直接投资影响西部地区产业结构转型升级的作用机理和影响路径，在此基础上，基于A股上市公司和地区层面的数据，采用倾向得分匹配、双重差分、动态面板模型和空间面板模型等方法，实证检验了对外直接投资对产业结构升级影响的微观效应、宏观表现和空间溢出作用。本书的主要贡献和结论是：

第一，分析了西部地区对外直接投资的发展现状和“一带一路”倡议下西部地区的投资机会，测算了我国在“一带一路”沿线国家的投资潜力和投资效率。研究发现：①我国对外直接投资分布严重不均衡，西部地区对外直接投资无论规模还是速度，都滞后于东部地区。②“一带一路”沿线国家面积占世界地表面积的44.90%，人口占世界总人口的43.70%，投资潜力巨大，但是现有投资效率损失较大，特别是在丝绸之路经济带地区，投资不足更加严重。③东道国的投资自由度、劳工自由度水平不高是阻碍我国投资进入的主要原因；东道国的产权保护会降低我国对外直接投资的效率，但是能够减缓效率的变动幅度；双边投资协定能够降低投资阻力，提高我国对外直接投资的效率，降低投资收益的不确定性。④“一带一路”倡议为西部地区对外开放和跨越式发展提供了历史机遇，利用“一带一路”倡议契机，加强投资便利化进程，密切与沿线国家的经济往来，有助于提升我国对外直接投资的效率。

第二，构建了对外直接投资影响产业结构升级的理论分析框架，系统分析了对外直接投资促进西部地区产业结构升级的一般作用机制和影响途径。研究发现：①对外直接投资对国内产业结构的影响先作用于对外直接投资企业，通过对外贸易、逆向技术溢出和利润回流等渠道促进对外直接投资企业全要素生产率提高、盈利增长和产能优化。②对外直接投资的微观影响可以通过产业内竞争示范效应、产业链上下游关联效应和产业间的边际转移效应扩散到非对外直接投资企业，从而促进宏观层面的产业结构升级。③对外直接投资的宏观效应不仅体现在本地，还会通过地区间产业转移效应、地区间技术溢出效应和地区间竞争效应三条路径对周边地区产业结构升级带来空间外溢。

第三，实证检验了对外直接投资影响产业结构升级的微观基础。利用 A 股上市公司对外直接投资事件数据，采用倾向得分匹配和双重差分法估计了对外直接投资对企业全要素生产率、盈利能力和产能利用率的作用效果。研究发现：①对外直接投资促进企业全要素生产率提升和产能利用率优化，但对企业盈利能力的影响并不显著。②对外直接投资对企业绩效的影响存在滞后性和动态性，其中，对全要素生产率的促进作用呈现出先增强后减弱的倒 U 形特征；对产能利用率的影响存在一年的滞后，促进作用可以持续到第三年；对企业盈利能力的影响在前两年为负，之后逐步转变为正。③就投资动机而言，技术寻求动机的对外直接投资对全要素生产率的促进作用最显著，而资源寻求动机和市场寻求动机的对外直接投资能够促进产能利用率的改善，只有市场寻求动机的对外直接投资对盈利能力存在积极影响。④就进入模式而言，跨国（境）并购促进企业全要素生产率提升和盈利状况改善，而绿地投资对产能利用率的促进作用更加明显。⑤就投资东道国（地区）而言，投资到“一带一路”沿线的投资能够有效提高产能利用率水平，而投资到非“一带一路”沿线的投资更能促进企业生产率的提高。

第四，实证检验了对外直接投资对产业结构升级的宏观作用效果。将产业结构升级细化为产业结构高级化和产业结构合理化两个维度，采用静态面板和动态面板模型检验了对外直接投资对地区产业结构升级的短期和长期影响。研究发现：①对外直接投资促进了产业结构的高级化提升，但对产业结构合理化的影响为负。②对外直接投资对产业结构高级化水平的提升具有长期影响，且随着时间的推移，累积作用强度逐步增大；对外直接投资对产业结构合理化的负面影响在短期显著，在长期逐步减弱。③对外直接投资节奏影响其对产业结构升级的作用效果，规则有序稳步发展的对外直接投资更能够促进产业结构升级。④对外直接投资对产业结构高级化的促进作用在东部地区和中部地区比较显著，对产业结构合理化的负向作用则主要体现在中部地区和东北地区。

第五，实证检验了对外直接投资对产业结构升级的空间溢出效应。基于产业结构升级的空间关联性，利用地理关系和经济关联等多种空间权重，采用动态空间面板模型实证了对外直接投资对产业结构升级的空间溢出效应。研究发现：①地区产业结构升级之间存在显著的正向空间关联。②一地的对外直接投资对周边地区的产业结构高级化具有正向空间外溢作用，而对产业结构合理化则有负向空间外溢作用。③就不同的空间关系而言，经济结构相似度较高省份之间的空间互动，强于地理相近省份间的空间互动；对外直接投资对经济结构类似地区产业结构的外溢作用，大于对地理空间临近地区的外溢作用。④就不同地区的影响差异来看，对外直接投资对产业结构高级化的正向外溢作用主要出现在东部地区，而对外直接投资对产业结构合理化的负向溢出作用则主要集中在中部地区和东北地区。

8.2 政策建议

基于理论分析和实证检验得到的研究结论，本书对如何利用对外直接投资促进西部地区产业结构转型升级，提出如下政策建议：

第一，加强与"一带一路"沿线国家的国际产能合作，提升资源寻求型对外直接投资的效率和水平，推动西部地区产业结构优化升级。在供给侧改革的战略背景下，通过国际产能合作促进边际产业转移对实现产业结构升级、实现新旧动能持续转化，具有重要的战略意义。当前，全球产业格局分布面临着再调整和再平衡，应当抓住这一历史机遇，以"一带一路"倡议为抓手，深化与沿线国家的国际产能合作，促进互联互通相关基础设施建设，优先推动国内过剩产业向外转移，同时带动钢铁、水泥、玻璃和相关装备制造出口，最终释放国内优势资源，促进国内高新技术产业、战略新兴产业和现代服务业等新兴产业发展。此外，还要提升资源寻求型对外直接投资的投资水平和投资效率，促进资源的就地初加工和转化，带动国内装备、技术和标准出口，鼓励有条件的企业实现产业链的全球分布，将开采、冶炼等高污染高能耗的生产环节布局在成本更低的发展中国家，推动国内总部在技术研发、全球资源整合和营销管理等环节上加速发展。

第二，促进对发达国家的技术寻求型的对外直接投资，提高技术逆向溢出和消化吸收能力，利用发达国家技术优势促进西部地区产业结构升级。创新是引领发展的第一动力，是建设现代化经济体系的战略支撑。本书的研究结论表明，通过对外直接投资获取先进技术，能够提高企业的全要素生产率，进而促进产业结构升级。发达国家仍然是世界科技创新的中心地带，在计算机信息、航空航天、生物工程、装备制造等领域的研究都处于世界领先地位，特别是在计算机芯片、航空发电机、特种钢材等领域占据垄断地位，我国缺乏核心技术，许多核心工艺和关键零部件都依赖进口，创新发展受制于人。基于这样的背景，我国应利用发达国家"制造业回流"战略时机，促进有条件的相关企业通过跨国（境）并购先进技术、建立海外研发中心、联合研发等方式融入发达国家的科技创新的集群网络，通过研发资源消化吸收、研发成果返回和研发人员双向交流等方式，不断学习和吸收发达国家先进的科学技术和管理经验，融入全球研发创新的产业链条，最终促进国内产业结构的转型升级。

第三，遵循本地区资源和产业发展规律，合理规划对外直接投资的速度和节奏，有效释放对外直接投资对产业结构升级的积极作用。本书的研究表明对外直接投资对产业结构升级促进作用的发挥需要一定的基础和条件，盲目进行对外直接投资不仅不能促进产业结构升级，反而可能加剧资源错配，对产业结构的合理化水平带来负面的影响。因此，对外直接投资的发展需要遵循本地的比较优势，按照合理的节奏有序推进。东部地区具有较好的投资基础和吸收能力，应重点面向发达国家开展对外直接投资，通过逆向技术溢出和学习效应促进本地区产业结构进一步进阶升级，同时将不再具有比较优势的服装、鞋帽和纺织等出口导向的劳动密集型企业向外转移，集中资源优势壮大新兴产业。中部地区则应选择一些发展潜力较大、带动辐射能力强的重点企业进行对外直接投资，不断提高本地转化吸收能力，促进对外直接投资对产业结构升级作用的发挥。西部地区产业基础薄弱，应首先立足于夯实经济根基，促进工业化和城镇化水平的提高，同时把握"一带一路"倡议下向西开放的新机遇，选择距离较近、互补性较强的国家开展资源和市场寻求型的对外直接投资。东北地区产业基础较好，但是经济增长活力不足，应先解决区域内部的资源配置扭曲，大力吸引外资进入，谨慎选择投资目标，防止以对外直接投资为名义的资本外逃。

第四，加强区域间的协调合作，促进对外直接投资对产业结构升级空间外溢作用的发挥。区域协调发展是党的十九大提出的建设现代经济体系的重要战略组成，本书的研究发现我国产业结构存在着正向的区域互动关系，对外直接投资对临近地区的产业结构升级存在显著的空间外溢作用。这要求政策制定者一方面要站在全局高度统筹各区域的产业布局和发展，协调地方政府的竞争行为，引导各地区依靠其自身比较优势，因势利导发展特色产业，防止对外直接投资和产业发展中的盲目攀比，促进形成适合不同地区发展特征的产业结构升级路径；另一方面，着力破除市场分割，促进资源的跨区域流动，加强地区之间的资本、技术和人力资本的交流力度，促进对外直接投资对产业结构升级的溢出作用在更广的空间更高水平地发挥。

8.3　研究展望

虽然本书从理论和实证两个方面对对外直接投资与西部地区产业结构升级的影响机制和作用效果进行了研究，所得结论对新形势下各地区因地制宜推动对外直接投资、促进产业结构升级具有重要的理论与现实意义。但是，仍有许多地方有待于进一步深入研究与完善。未来，随着我国对外直接投资的深入发展，相关数据资料更加完善，可以从以下几个方面对研究进行深化：

第一，对"一带一路"沿线投资发展状况和投资机会识别的研究有待进一步细化。由于我国在"一带一路"沿线的投资规模还相对有限，数据资料的获取和积累比较困难，本研究只是从总体特征和结构特征上分析了"一带一路"沿线需求，进而采用引力模型测算了投资潜力，尚未从比较优势和产业结构的互补等角度进行更加细致的研究，随着“一带一路”倡议的深入推进，未来的研究可以分国别分行业识别其与我国各地区产业发展的契合程度，从而形成更有针对性的投资建议。

第二，对作用机理的研究还有待进一步完善和深化。本书对对外直接投资与产业结构升级关系的传导途径的分析，多数还是基于现有的发达国家的投资理论，没有考虑在中国区域之间发展不平衡和地方政府行为对对外直接投资发展和产业结构升级的影响，也没有分析产业结构对对外直接投资的逆向作用，因此在今后的研究中，可以将地方政府行为纳入分析框架，研究政府行为如何影响对外直接投资决策和产业结构升级，以及对外直接投资与产业结构升级之间具有怎样的双向互动关系。

第三，对外直接投资对产业结构的经验研究还需要更加细化。由于我国并未公布细分行业的对外直接投资数据，本书只能基于三次产业划分构建产业结构升级的代理指标，无法判断对外直接投资对不同行业的作用存在哪些差异，也无法识别对外直接投资带来的产业转移在哪些行业间进行，因而无法对于本书提出的作用机理进行直接的经验证明。未来的研究可以在产业结构升级的指标构建、细分产业层面对外直接投资数据的获取和计算方面进行更多的尝试。

参考文献

[1]DOWLING M,RAY D. The structure and composition of international trade in Asia: historical trends and future prospects[J]. Journal of Asian Economics, 2000,11(3):301-318.

[2]TANG J,ALTSHULER R. The spillover effects of outward foreign direct investment on home countries: evidence from the United States[J]. Social Science Research Network,2015(1):1-43.

[3]KOKKO A. The home country effects of FDI in developed economies[Z]. European Institute of Japanese Studies,Working Paper No. 225,2006.

[4]COWLING K,TOMLINSON P R. The problem of regional hollowing out in Japan: lessons for regional industrial policy[M]//CHUENG R H, MEADOWS R H,SUGDEN R. Urban and regional prosperity in a globalised economy. Cheltenham:Edward Elgar Publishing,2003:232-257.

[5]JU J,LIN J Y,WANG Y. Endowment structures,industrial dynamics,and economic growth[J]. Journal of Monetary Economics,2015,76:244-263.

[6]YAO S,WANG P. Has China displaced the outward investments of OECD countries[J]. China Economic Review,2014,28:55-71.

[7]HYMER S H. The international operations of national firms,a study of direct foreign investment[M]. Cambridge:MIT Press,1960.

[8]VERNON R. International investment and international trade in the product cycle[J]. The Quarterly Journal of Economics,1966,80(2):190-207.

[9]BUCKLEY P,CASSON M. The future of the multinational enterprise[M]. New York:Holmes & Meier Publishers,1976.

[10]DUNNING J H. Trade,location of economic activity and the MNE:a search for an eclectic approach[M]//OHLIN B,HESSELBORN P O,WIJKMAN P M. The international allocation of economic activity. London: Palgrave Macmillan,1977:395-418.

[11]WELLS L T. The internationalisation of firms from developing countries

[M]//AGMON T,KINDLEBERGER C P. Multinationals from small countries. Cambridge:MIT Press,1977.

[12]LALL S,CHEN E,KATZ J,et al. The new multinationals:the spread of third world enterprises[M]. New York:John Wiley & Sons,1983.

[13]CANTWELL J,TOLENTINO P E E. Technological accumulation and third world multinationals[Z]. Reading:University of Reading,1990.

[14]MATHEWS J A. Dragon multinationals: new players in 21st century globalization[J]. Asia Pacific Journal of Management,2006,23(1):5-27.

[15]DUNNING J H. Explaining the international direct investment position of countries:towards a dynamic or developmental approach [J]. Review of World Economics,1981,117(1):30-64.

[16]CAI K G. Outward foreign direct investment:a novel dimension of China's integration into the regional and global economy[J]. The China Quarterly, 1999,160:856-880.

[17]BUCKLEY P J, CLEGG J, WANG C. The relationship between inward foreign direct investment and the performance of domestically-owned Chinese manufacturing industry[J]. Multinational Business Review,2004,12(3):23-40.

[18]裴长洪,樊瑛. 中国企业对外直接投资的国家特定优势[J]. 中国工业经济,2010(7):45-54.

[19]裴长洪,郑文. 国家特定优势:国际投资理论的补充解释[J]. 经济研究,2011(11):21-35.

[20]DUNNING J H. Explaining outward direct investment of developing countries:in support of the eclectic theory of international production[M]// KUMAR K, MCLEOD M G. Multinationals from Developing Countries. Lexington:Lexington Books,1981.

[21]吴先明,黄春桃. 中国企业对外直接投资的动因:逆向投资与顺向投资的比较研究[J]. 中国工业经济,2016(1):99-113.

[22]吴先明,苏志文. 将跨国并购作为技术追赶的杠杆:动态能力视角[J]. 管理世界,2014(4):146-164.

[23]李杰,李捷瑜,黄先海. 海外市场需求与跨国垂直并购:基于低端下游企业的视角[J]. 经济研究,2011(5):99-110.

[24]张海亮,齐兰,卢曼. 套利动机是否加速了对外直接投资:基于对矿产资源型国有企业的分析[J]. 中国工业经济,2015(2):135-147.

[25]郑志丹. 工资上涨的成本效应:企业出口与对外直接投资的权衡[J]. 经济学动态,2017(9):71 - 83.

[26]MELITZ M J. The impact of trade on intra-industry reallocations and aggregate industry productivity[J]. Econometrica,2003,71(6):1695 - 1725.

[27]HELPMAN E, MELITZ M J, YEAPLE S R. Export versus FDI with heterogeneous firms[J]. American Economic Review,2004,94(1):300 - 316.

[28]田巍,余淼杰. 企业生产率和企业"走出去"对外直接投资:基于企业层面数据的实证研究[J]. 经济学(季刊),2012,11(2):383 - 408.

[29]蒋冠宏. 企业异质性和对外直接投资:基于中国企业的检验证据[J]. 金融研究,2015(12):81 - 96.

[30]葛顺奇,罗伟. 中国制造业企业对外直接投资和母公司竞争优势[J]. 管理世界,2013(6):28 - 42.

[31]刘莉亚,何彦林,王照飞,等. 融资约束会影响中国企业对外直接投资吗:基于微观视角的理论和实证分析[J]. 金融研究,2015(8):124 - 140.

[32]王自锋,白玥明. 产能过剩引致对外直接投资吗:2005—2007 年中国的经验研究[J]. 管理世界,2017(8):27 - 35,63.

[33]彭刚,苑生龙. 对外直接投资发展周期定位与总体模型:人均样本下的中国特征及国际比较[J]. 经济学动态,2013(2):60 - 66.

[34]李洪亚. 产业结构变迁与中国 OFDI:2003—2014 年[J]. 数量经济技术经济研究,2016(10):76 - 93.

[35]刘莉亚,何彦林,杨金强. 生产率与企业并购:基于中国宏观层面的分析[J]. 经济研究,2016(3):123 - 136.

[36]冀相豹,王大莉. 金融错配、政府补贴与中国对外直接投资[J]. 经济评论,2017(2):62 - 75.

[37]王亚星,李敏瑞. 资本扭曲与企业对外直接投资:以全要素生产率为中介的倒逼机制[J]. 财贸经济,2017(1):115 - 129.

[38]姜广省,李维安. 政府干预是如何影响企业对外直接投资的:基于制度理论视角的研究[J]. 财经研究,2016(3):122 - 133.

[39]刘凯,伍亭. 人民币汇率波动与中国对外直接投资:促进还是挤出[J]. 宏观经济研究,2017(11):11 - 20,50.

[40]田巍,余淼杰. 汇率变化、贸易服务与中国企业对外直接投资[J]. 世界经济,2017(11):23 - 46.

[41]孙文莉,余靖雯,伍晓光. 货币波动性对我国 OFDI 的诱发机制研究[J]. 经济学(季刊),2016,15(4):1581 - 1602.

[42]BUCKLEY P J,CLEGG L J,CROSS A R,et al. The determinants of Chinese outward foreign direct investment[J]. Journal of International Business Studies,2007,38(4):499-518.

[43]程惠芳,阮翔.用引力模型分析中国对外直接投资的区位选择[J].世界经济,2004(11):23-30.

[44]杨娇辉,王伟,谭娜.破解中国对外直接投资区位分布的"制度风险偏好"之谜[J].世界经济,2016(11):3-27.

[45]邱立成,刘奎宁,王自锋.东道国城镇化与中国对外直接投资[J].国际贸易问题,2016(4):143-154.

[46]CHEUNG Y W, QIAN X. The empirics of China's outward direct investment[J].Pacific Economic Review,2009,14(3):312-341.

[47]YAO S,SUTHERLAND D,CHEN J. China's outward FDI and resource-seeking strategy: a case study on Chinalco and Rio Tinto[J]. Asia-Pacific Journal of Accounting & Economics,2010,17(3):313-325.

[48]王永钦,杜巨澜,王凯.中国对外直接投资区位选择的决定因素:制度、税负和资源禀赋[J].经济研究,2014(12):126-142.

[49]KOLSTAD I, WIIG A. Transparency in oil rich economies[R]. U4 Anti-Corruption Resource Centre,2007.

[50]蒋冠宏,蒋殿春.中国对外投资的区位选择:基于投资引力模型的面板数据检验[J].世界经济,2012(9):21-40.

[51]宗芳宇,路江涌,武常岐.双边投资协定、制度环境和企业对外直接投资区位选择[J].经济研究,2012(5):71-82,146.

[52]杨连星,刘晓光,张杰.双边政治关系如何影响对外直接投资:基于二元边际和投资成败视角[J].中国工业经济,2016(11):56-72.

[53]郭烨,许陈生.双边高层会晤与中国在"一带一路"沿线国家的直接投资[J].国际贸易问题,2016(2):26-36.

[54]谢孟军,汪同三,崔日明.中国的文化输出能推动对外直接投资吗:基于孔子学院发展的实证检验[J].经济学(季刊),2017,16(4):1399-1420.

[55]谷媛媛,邱斌.来华留学教育与中国对外直接投资:基于"一带一路"沿线国家数据的实证研究[J].国际贸易问题,2017(4):83-94.

[56]顾露露,REED R.中国企业海外并购失败了吗[J].经济研究,2011(7):116-129.

[57]邵新建,巫和懋,肖立晟,等.中国企业跨国并购的战略目标与经营绩效:基于A股市场的评价[J].世界经济,2012(5):81-105.

[58]王凤彬，杨阳. 跨国企业对外直接投资行为的分化与整合：基于上市公司市场价值的实证研究[J]. 管理世界，2013(3)：148－171.
[59]蒋冠宏，蒋殿春. 中国工业企业对外直接投资与企业生产率进步[J]. 世界经济，2014(9)：53－76.
[60]张海波. 对外直接投资能促进我国制造业跨国企业生产率提升吗：基于投资广度和投资深度的实证检验[J]. 国际贸易问题，2017(4)：95－106.
[61]蒋冠宏，蒋殿春. 中国企业对外直接投资的“出口效应”[J]. 经济研究，2014(5)：160－173.
[62]顾雪松，韩立岩，周伊敏. 产业结构差异与对外直接投资的出口效应：“中国-东道国”视角的理论与实证[J]. 经济研究，2016(4)：102－115.
[63]毛其淋，许家云. 中国对外直接投资如何影响了企业加成率：事实与机制[J]. 世界经济，2016(6)：77－99.
[64]潘雄锋，闫窈博，王冠. 对外直接投资、技术创新与经济增长的传导路径研究[J]. 统计研究，2016(8)：30－36.
[65]贾妮莎，申晨. 中国对外直接投资的制造业产业升级效应研究[J]. 国际贸易问题，2016(8)：143－153.
[66]刘海云，喻蕾. 中国对外直接投资的产业空心化效应研究：基于东部地区工业数据的实证分析[J]. 经济与管理研究，2014(09)：77－83.
[67]杨连星，罗玉辉. 中国对外直接投资与全球价值链升级[J]. 数量经济技术经济研究，2017(6)：54－70.
[68]白俊红，刘宇英. 对外直接投资能否改善中国的资源错配[J]. 中国工业经济，2018(4)：60－78.
[69]库兹涅茨. 现代经济增长[M]. 戴睿，易诚，译. 北京：北京经济学院出版社，1989.
[70]ROSTOW W W. The stages of economic growth：a non-communist manifesto[M]. Cambridge：Cambridge University Press，1960.
[71]赵昌文，许召元. 国际金融危机以来中国企业转型升级的调查研究[J]. 管理世界，2013(4)：8－15，58.
[72]POON T S C. Beyond the global production networks：a case of further upgrading of Taiwan's information technology industry[J]. International Journal of Technology and Globalisation，2004，1(1)：130－144.
[73]刘明宇，芮明杰. 价值网络重构、分工演进与产业结构优化[J]. 中国工业经济，2012(5)：148－160.
[74]宣烨，孔群喜，李思慧. 加工配套企业升级模式及行动特征：基于企业动态能力

的分析视角[J]. 管理世界,2011(8):102－114.
[75]BAUMOL W J. Macroeconomics of unbalanced growth: the anatomy of urban crisis[J]. The American Economic Review,1967,57(3):415－426.
[76]NGAI L R,PISSARIDES C A. Structural change in a multi-sector model of growth[J]. American Economic Review,2007,97(1):429－443.
[77]ACEMOGLU D, GUERRIERI V. Capital deepening and non-balanced economic growth[J]. Journal of Political Economy,2008,116(3):467－498.
[78]PORTER M E. Competitive advantage, agglomeration economies, and regional policy[J]. International Regional Science Review,1996,19(1):85－90.
[79]GEREFFI G,TAM T. Industrial upgrading through organizational chains: dynamics of rent,learning,and mobility in the global economy[C]. The 93rd Annual Meeting of the American Sociological Association,1998:21－25.
[80] HUMPHREY J,SCHMITZ H. Chain governance and upgrading: taking stock[M]//SCHMITZ H. Local enterprises in the global economy. Cheltenham:Edward Elgar Publishing,2004.
[81]葛顺奇,罗伟. 跨国公司进入与中国制造业产业结构:基于全球价值链视角的研究[J]. 经济研究,2015(11):34－48.
[82]FISHER F J. The development of the London food market,1540－1640[J]. The Economic History Review,1935,a5(2):46－64.
[83]KUZNETS S. Modern economic growth: findings and reflections[J]. The American Economic Review,1973,63(3):247－258.
[84]林毅夫,李永军. 比较优势、竞争优势与发展中国家的经济发展[J]. 管理世界,2003(7):21－28,66.
[85]波特. 竞争战略[M]. 陈丽芳,译. 北京:中信出版社,2014.
[86]徐康宁,冯伟. 基于本土市场规模的内生化产业升级:技术创新的第三条道路[J]. 中国工业经济,2010(11):58－67.
[87]林毅夫. 新结构经济学:重构发展经济学的框架[J]. 经济学(季刊),2010,10(1):1－32.
[88]杨亚平,周泳宏. 成本上升、产业转移与结构升级:基于全国大中城市的实证研究[J]. 中国工业经济,2013(7):147－159.
[89]代谦,别朝霞. 人力资本、动态比较优势与发展中国家产业结构升级[J]. 世界经济,2006(11):70－84.
[90]CHANG H J. Kicking away the ladder: infant industry promotion in historical perspective[J]. Oxford Development Studies,2003,31(1):21－32.

[91]杨汝岱，姚洋. 有限赶超与经济增长[J]. 经济研究，2008(8)：29 - 41，64.

[92]邓向荣，曹红. 产业升级路径选择：遵循抑或偏离比较优势：基于产品空间结构的实证分析[J]. 中国工业经济，2016(2)：52 - 67.

[93]金碚，吕铁，邓洲. 中国工业结构转型升级：进展、问题与趋势[J]. 中国工业经济，2011(2)：5 - 15.

[94]孙早，席建成. 中国式产业政策的实施效果：产业升级还是短期经济增长[J]. 中国工业经济，2015(7)：52 - 67.

[95]韩永辉，黄亮雄，王贤彬. 产业政策推动地方产业结构升级了吗：基于发展型地方政府的理论解释与实证检验[J]. 经济研究，2017(8)：33 - 48.

[96]安苑，王珺. 财政行为波动影响产业结构升级了吗：基于产业技术复杂度的考察[J]. 管理世界，2012(9)：19 - 35，187.

[97]宋凌云，王贤彬，徐现祥. 地方官员引领产业结构变动[J]. 经济学(季刊)，2013，12(1)：71 - 92.

[98]宋凌云，王贤彬. 政府补贴与产业结构变动[J]. 中国工业经济，2013(4)：94 - 106.

[99]洪俊杰，刘志强，黄薇. 区域振兴战略与中国工业空间结构变动：对中国工业企业调查数据的实证分析[J]. 经济研究，2014，49(8)：28 - 40.

[100]金京，戴翔，张二震. 全球要素分工背景下的中国产业转型升级[J]. 中国工业经济，2013(11)：57 - 69.

[101]章潇萌，杨宇菲. 对外开放与我国产业结构转型的新路径[J]. 管理世界，2016(3)：25 - 35.

[102]唐东波. 贸易开放、垂直专业化分工与产业升级[J]. 世界经济，2013，36(4)：47 - 68.

[103]江小涓. 中国对外开放进入新阶段：更均衡合理地融入全球经济[J]. 经济研究，2006(3)：4 - 14.

[104]潘素昆，袁然. 不同投资动机 OFDI 促进产业升级的理论与实证研究[J]. 经济学家，2014(9)：69 - 76.

[105]何德旭，姚战琪. 中国产业结构调整的效应、优化升级目标和政策措施[J]. 中国工业经济，2008(5)：46 - 56.

[106]黄茂兴，李军军. 技术选择、产业结构升级与经济增长[J]. 经济研究，2009，44(7)：143 - 151.

[107]姜红，陆晓芳. 基于产业技术创新视角的产业分类与选择模型研究[J]. 中国工业经济，2010(9)：47 - 56.

[108]付宏，毛蕴诗，宋来胜. 创新对产业结构高级化影响的实证研究：基于 2000—

2011 年的省际面板数据[J]. 中国工业经济,2013(9):56 - 68.
[109]杨汝岱. 中国制造业企业全要素生产率研究[J]. 经济研究,2015,50(2):61 - 74.
[110]鲁晓东,连玉君. 中国工业企业全要素生产率估计:1999—2007[J]. 经济学(季刊),2012,11(2):541 - 558.
[111]王昀,孙晓华. 政府补贴驱动工业转型升级的作用机理[J]. 中国工业经济,2017(10):99 - 117.
[112]邬义钧. 我国产业结构优化升级的目标和效益评价方法[J]. 中南财经政法大学学报,2006(6):73 - 77.
[113]诸竹君,黄先海,宋学印. 中国企业对外直接投资促进了加成率提升吗[J]. 数量经济技术经济研究,2016(6):77 - 93.
[114]刘斌,王杰,魏倩. 对外直接投资与价值链参与:分工地位与升级模式[J]. 数量经济技术经济研究,2015(12):39 - 56.
[115]石涛,张磊. 劳动报酬占比变动的产业结构调整效应分析[J]. 中国工业经济,2012(8):18 - 29.
[116]赵伟,江东. ODI 与母国产业升级:先行大国的经历及其启示:多视野的考察与分析[J]. 浙江社会科学,2010(6):2 - 10,52.
[117]王滢淇,阚大学. 对外直接投资的产业结构效应:基于省级动态面板数据的实证研究[J]. 湖北社会科学,2013(5):82 - 85.
[118]陈建奇. 对外直接投资推动产业结构升级:赶超经济体的经验[J]. 当代经济科学,2014,36(6):71 - 77,124.
[119]茶洪旺,左鹏飞. 信息化对中国产业结构升级影响分析:基于省级面板数据的空间计量研究[J]. 经济评论,2017(1):80 - 89.
[120]刘伟,张辉,黄泽华. 中国产业结构高度与工业化进程和地区差异的考察[J]. 经济学动态,2008(11):4 - 8.
[121]周振华. 产业结构演进的一般动因分析[J]. 财经科学,1990(3):3 - 8.
[122]干春晖,郑若谷,余典范. 中国产业结构变迁对经济增长和波动的影响[J]. 经济研究,2011(5):4 - 16,31.
[123]戴魁早. 中国工业结构的优化与升级:1985—2010[J]. 数理统计与管理,2014(2):296 - 304.
[124]RUGMAN A M. Internalization as a general theory of foreign direct investment:a re-appraisal of the literature[J]. Review of World Economics,1980,116(2):365 - 379.
[125]CHANG S C. The dynamic interactions among foreign direct investment,

economic growth, exports and unemployment: evidence from Taiwan[J]. Economic Change and Restructuring,2005,38(3):235－256.

[126]HEJAZI W,SAFARIAN A E. The complementarity between US foreign direct investment stock and trade[J]. Atlantic Economic Journal,2001,29(4):420－437.

[127]KLEINERT J,TOUBAL F. The impact of locating production abroad on activities at home[Z]. Tübinger Diskussionsbeitrag,2007.

[128]AKAMATSU K. Trade of woolen products in Japan[J]. Studies of Commerce and Economy,1935,13(1):129－212.

[129]AKAMATSU K. A historical pattern of economic growth in developing countries[J]. The Developing Economies,1962,1:3－25.

[130]HILEY M. Industrial restructuring in ASEAN and the role of Japanese foreign direct investment[J]. European Business Review,1999,99(2):80－90.

[131]KOJIMA K. Direct foreign investment: a Japanese model of multinational business operations[J]. Review of World Economics,1978,151(3):433－460.

[132]OZAWA T. International investment and industrial structure: new theoretical implications from the Japanese experience[J]. Oxford Economic Papers,1979,31(1):72－92.

[133]徐建伟,李金峰.我国制造业优势类别与对外直接投资路径研究:基于中间国家情景的比较分析[J].经济纵横,2018(1):63－73.

[134]NAVARETTI G B,CASTELLANI D. Investments abroad and performance at home: evidence from Italian multinationals[Z]. CEPR discussion papers,2004.

[135]PADILLA-PEREZ R,NOGUEIRA C G. Outward FDI from small developing economies: firm level strategies and home-country effects[J]. International Journal of Emerging Markets,2016,11(4):693－714.

[136]VAHTER P,MASSO J. Home versus host country effects of FDI: searching for new evidence of productivity spillovers[J]. SSRN Electronic Journal,2007,53(2):165－196.

[137]FALZONI A M,GRASSENI M. Home country effects of investing abroad: evidence from quantile regressions[Z]. KITeS, Centre for Knowledge, Internationalization and Technology Studies,Università Bocconi,2005.

[138]HSU W C, WANG C, CLEGG J. The effects of outward foreign direct

investment on fixed-capital formation at home: the roles of host location and industry characteristics[J]. Global Economic Review, 2015, 44(3): 353-368.

[139]HAMIDA L B. Outward R&D spillovers in the home country: the role of reverse knowledge transfer[M]. Bradford: Emerald Publishing Limited, 2017:293-310.

[140]潘颖,刘辉煌. 中国对外直接投资与产业结构升级关系的实证研究[J]. 统计与决策,2010(2):102-104.

[141]贾妮莎,韩永辉,邹建华. 中国双向 FDI 的产业结构升级效应:理论机制与实证检验[J]. 国际贸易问题,2014(11):109-120.

[142]刘海云,聂飞. 中国 OFDI 动机及其对外产业转移效应:基于贸易结构视角的实证研究[J]. 国际贸易问题,2015(10):73-86.

[143]汪琦. 对外直接投资对投资国的产业结构调整效应及其传导机制[J]. 国际贸易问题,2004(5):73-77.

[144]冯春晓. 我国对外直接投资与产业结构优化的实证研究:以制造业为例[J]. 国际贸易问题,2009(8):97-104.

[145]刘海云,聂飞. 中国制造业对外直接投资的空心化效应研究[J]. 中国工业经济,2015(4):83-96.

[146]陈琳,朱明瑞. 对外直接投资对中国产业结构升级的实证研究:基于产业间和产业内升级的检验[J]. 当代经济科学,2015(6):116-121,126.

[147]贾妮莎,韩永辉. 外商直接投资、对外直接投资与产业结构升级:基于非参数面板模型的分析[J]. 经济问题探索,2018(2):142-152.

[148]李逢春. 中国对外直接投资推动产业升级的区位和产业选择[J]. 国际经贸探索,2013(2):95-102.

[149]YOU K, SOLOMON O H. China's outward foreign direct investment and domestic investment: an industrial level analysis[J]. China Economic Review, 2015, 34:249-260.

[150]赵云鹏,叶娇. 对外直接投资对中国产业结构影响研究[J]. 数量经济技术经济研究,2018,35(3):78-95.

[151]宋林,谢伟. 对外直接投资会挤出国内投资吗:地区差异及影响机制[J]. 亚太经济,2016(5):106-112.

[152]李逢春. 对外直接投资的母国产业升级效应:来自中国省际面板的实证研究[J]. 国际贸易问题,2012(6):124-134.

[153]李东坤,邓敏. 中国省际 OFDI、空间溢出与产业结构升级:基于空间面板杜

宾模型的实证分析[J]. 国际贸易问题,2016(1):121-133.

[154]LI L,LIU X,YUAN D,et al. Does outward FDI generate higher productivity for emerging economy MNEs: micro-level evidence from Chinese manufacturing firms[J]. International Business Review,2017,26(5):839-854.

[155]DUNNING J H. Location and the multinational enterprise: a neglected factor[J]. Journal of International Business Studies,1998,29(1):45-66.

[156]VAN BIESEBROECK J. Exporting raises productivity in Sub-Saharan African manufacturing firms[J]. Journal of International Economics,2005,67(2):373-391.

[157]FEENSTRA R C,LI Z,YU M. Exports and credit constraints under incomplete information:theory and evidence from China[J]. Review of Economics and Statistics,2014,96(4):729-744.

[158]蔚海燕,卫军朝. 并购对企业技术能力的影响研究:联想IBM并购案的专利信息分析[J]. 情报杂志,2012,31(5):107-110.

[159]PRADHAN J P,SINGH N. Outward FDI and knowledge flows:a study of the Indian automotive sector[J]. International Journal of Institutions and Economies,2009,1(1):155-186.

[160]许晖,单宇,冯永春. 新兴经济体跨国企业研发国际化过程中技术知识如何流动:基于华为公司的案例研究[J]. 管理案例研究与评论,2017,10(5):433-448.

[161]RAMASAMY B, YEUNG M, LAFORET S. China's outward foreign direct investment:location choice and firm ownership[J]. Journal of World Business,2012,47(1):17-25.

[162]李鹏飞,杨丹辉,渠慎宁. 稀有矿产资源的战略性评估:基于战略性新兴产业发展的视角[J]. 中国工业经济,2014(7):44-57.

[163]尹斯斯,高云舒. OFDI、市场竞争强度与国际贸易[J]. 国际贸易问题,2016(5):153-163.

[164]王文,孙早,牛泽东. 产业政策、市场竞争与资源错配[J]. 经济学家,2014(9):22-32.

[165]赫希曼. 经济发展战略[M]. 曹征海,潘照东,译. 北京:经济科学出版社,1991.

[166]DU L,HARRISON A,JEFFERSON G H. Testing for horizontal and vertical foreign investment spillovers in China,1998 - 2007[J]. Journal of Asian Economics,2012,23(3):234-243.

[167]孙浦阳,蒋为,陈惟.外资自由化、技术距离与中国企业出口:基于上下游产业关联视角[J].管理世界,2015(11):53-69.

[168]毛其淋,许家云.跨国公司进入与中国本土企业成本加成:基于水平溢出与产业关联的实证研究[J].管理世界,2016(9):12-32,187.

[169]赵伟,江东.ODI与中国产业升级:机理分析与尝试性实证[J].浙江大学学报(人文社会科学版),2010,40(3):116-125.

[170]LIN P,SAGGI K. Multinational firms,exclusivity,and backward linkages[J]. Journal of International Economics,2007,71(1):206-220.

[171]杨振兵.对外直接投资、市场分割与产能过剩治理[J].国际贸易问题,2015(11):121-131.

[172]温湖炜.中国企业对外直接投资能缓解产能过剩吗:基于中国工业企业数据库的实证研究[J].国际贸易问题,2017(4):107-117.

[173]程李梅,庄晋财,李楚,等.产业链空间演化与西部承接产业转移的“陷阱”突破[J].中国工业经济,2013(8):135-147.

[174]蔡昉,王德文,曲玥.中国产业升级的大国雁阵模型分析[J].经济研究,2009,44(9):4-14.

[175]曲玥,蔡昉,张晓波.“飞雁模式”发生了吗:对1998—2008年中国制造业的分析[J].经济学(季刊),2013,12(3):757-776.

[176]唐根年,许紫岳,张杰.产业转移、空间效率改进与中国异质性大国区间“雁阵模式”[J].经济学家,2015(7):97-104.

[177]李建强,赵西亮.中国制造还具有劳动力成本优势吗[J].统计研究,2018,35(1):22-31.

[178]聂飞,刘海云.中国对外直接投资与国内制造业转移:基于动态空间杜宾模型的实证研究[J].经济学家,2015(7):35-44.

[179]聂飞,刘海云.中国对外直接投资的国内区域制造业转移效应实证研究[J].产经评论,2016(5):30-40.

[180]钟昌标.外商直接投资地区间溢出效应研究[J].经济研究,2010,45(1):80-89.

[181]郑展鹏.中国区域对外直接投资的空间效应研究:基于空间计量面板数据的分析[J].经济问题探索,2015(7):107-113.

[182]KRUGMAN P. Increasing returns and economic geography[J]. Journal of Political Economy,1991,99(3):483-499.

[183]TOBLER W R. A computer movie simulating urban growth in the Detroit region[J]. Economic Geography,1970,46:234-240.

[184]夏立军,方铁强.政府控制、治理环境与公司价值:来自中国证券市场的经验证据[J].经济研究,2005(5):40-51.

[185]CARVALHO F, GOLDSTEIN A. The "making of" national giants: the international expansion of oil companies from Brazil and China[M]// DOLFSMA W, DUYSTERS G, COSTA I. Multinationals and emerging economies: the quest for innovation and sustainability. Cheltenham: Edward Elgar Publishing, 2009: 111-126.

[186]WANG C, HONG J, KAFOUROS M, et al. Exploring the role of government involvement in outward FDI from emerging economies[J]. Journal of International Business Studies, 2012, 43(7): 655-676.

[187]王碧珺,谭语嫣,余淼杰.融资约束是否抑制了中国民营企业对外直接投资[J].世界经济,2015(12):54-78.

[188]周黎安.中国地方官员的晋升锦标赛模式研究[J].经济研究,2007(7):36-50.

[189]黄亮雄,王贤彬,刘淑琳.中国产业结构调整的区域互动:横向省际竞争和纵向地方跟进[J].中国工业经济,2015(8):82-97.

[190]SMARZYNSKA B K. Does foreign direct investment increase the productivity of domestic firms? In search of spillovers through backward linkages[J]. American Economic Review, 2004, 94(3): 605-627.

[191]ISAKSSON A. Determinants of total factor productivity: a literature review [R]. Vienna: United Nations Industrial Development Organization, 2007.

[192]DANQUAH M, MORAL-BENITO E, OUATTARA B. TFP growth and its determinants: a model averaging approach[J]. Empirical Economics, 2014, 47(1): 227-251.

[193]毛其淋,许家云.中国企业对外直接投资如何影响了员工收入[J].产业经济研究,2014(6):50-59.

[194]蒋冠宏.我国企业跨国并购真的失败了吗:基于企业效率的再讨论[J].金融研究,2017(4):46-60.

[195]BARRIOS S, GÖRG H, STROBL E. Foreign direct investment, competition and industrial development in the host country[J]. European Economic Review, 2005, 49(7): 1761-1784.

[196]LI J, STRANGE R, NING L, et al. Outward foreign direct investment and domestic innovation performance: evidence from China[J]. International Business Review, 2016, 25(5): 1010-1019.

[197]刘航，李平，杨丹辉. 出口波动与制造业产能过剩：对产能过剩外需侧成因的检验[J]. 财贸经济，2016(5)：91－105.

[198]王碧珺. 被误读的官方数据：揭示真实的中国对外直接投资模式[J]. 国际经济评论，2013(1)：61－74，65.

[199]白思达，储敏伟. 转让定价与企业国际避税问题研究：来自中国商品出口贸易的实证检验[J]. 财经研究，2017，43(8)：32－42.

[200]HOSKISSON R E，HITT M A. Antecedents and performance outcomes of diversification：a review and critique of theoretical perspectives[J]. Journal of Management，1990，16(2)：461－509.

[201]DATTA D K，MUSTEEN M，BASUIL D A. Influence of managerial ownership and compensation structure on establishment mode choice：the moderating role of host country political risk[J]. Management International Review，2015，55(5)：593－613.

[202]HENNART J-F，PARK Y-R. Greenfield vs. acquisition：the strategy of Japanese investors in the United States[J]. Management Science，1993，39(9)：1054－1070.

[203]MCVEA J F. A field study of entrepreneurial decision-making and moral imagination[J]. Journal of Business Venturing，2009，24(5)：491－504.

[204]GEORGOPOULOS A，PREUSSE H G. Cross-border acquisitions vs. greenfield investment：a comparative performance analysis in Greece[J]. International Business Review，2009，18(6)：592－605.

[205]DIKOVA D，VAN WITTELOOSTUIJN A. Foreign direct investment mode choice：entry and establishment modes in transition economies[J]. Journal of International Business Studies，2007，38(6)：1013－1033.

[206]MATHUR I，SINGH M，GLEASON K C. The evidence from Canadian firms on multinational diversification and performance[J]. The Quarterly Review of Economics and Finance，2001，41(4)：561－578.

[207]LEVINSOHN J，PETRIN A. Estimating production functions using inputs to control for unobservables[J]. The Review of Economic Studies，2003，70(2)：317－341.

[208]袁堂军. 中国企业全要素生产率水平研究[J]. 经济研究，2009(6)：52－64.

[209]PERKINS D H. Reforming China's economic system[J]. Journal of Economic Literature，1988，26(2)：601－645.

[210]朱荃，张天华. 中国企业对外直接投资存在"生产率悖论"吗：基于上市工业企

业的实证研究[J]. 财贸经济,2015(12):103 - 117.

[211]BERNDT E R,MORRISON C J. Capacity utilization measures: underlying economic theory and an alternative approach[J]. The American Economic Review,1981,71(2):48 - 52.

[212]NELSON R A. On the measurement of capacity utilization[J]. The Journal of Industrial Economics,1989,37(3):273 - 286.

[213]KLEIN L R,PRESTON R S. Some new results in the measurement of capacity utilization[J]. The American Economic Review,1967,57(1):34 - 58.

[214]KIRKLEY J,PAUL C J M,SQUIRES D. Capacity and capacity utilization in common-pool resource industries [J]. Environmental and Resource Economics,2002,22(1 - 2):71 - 97.

[215]KIRKLEY J E, SQUIRES D, ALAM M F, et al. Excess capacity and asymmetric information in developing country fisheries:the Malaysian purse seine fishery[J]. American Journal of Agricultural Economics,2003,85(3): 647 - 662.

[216]余东华,吕逸楠. 政府不当干预与战略性新兴产业产能过剩:以中国光伏产业为例[J]. 中国工业经济,2015(10):53 - 68.

[217]马红旗,黄桂田,王韧. 我国钢铁企业产能过剩的成因及所有制差异分析[J]. 经济研究,2018,53(3):94 - 109.

[218]SHAIKH A M,MOUDUD J K. Measuring capacity utilization in OECD countries:a cointegration method[Z]. The Levy Economics Institute Working Paper No. 415,2004.

[219]李双燕,苗进. 地区腐败、市场化程度与产能过剩[J]. 当代经济科学,2018,40(2):94 - 103,127 - 128.

[220]张先锋,蒋慕超,刘有璐. 化解过剩产能的路径:出口抑或对外直接投资[J]. 财贸经济,2017(9):63 - 78.

[221]KUSEWITT JR J B. An exploratory study of strategic acquisition factors relating to performance[J]. Strategic Management Journal, 1985, 6(2): 151 - 169.

[222]李善民,曾昭灶,王彩萍. 上市公司并购绩效及其影响因素研究[J]. 世界经济,2004(9):60 - 67.

[223]马骁白,武常歧. 中国企业跨国并购绩效之谜:理论探讨与实证分析[Z]. 经济研究工作论文,WP882,2015.

[224]薛安伟.跨国并购提高企业绩效了吗:基于中国上市公司的实证分析[J].经济学家,2017(6):88-95.

[225]张先锋,杨栋旭,张杰.对外直接投资能缓解企业融资约束吗:基于中国工业企业的经验证据[J].国际贸易问题,2017(8):131-141.

[226]ROSENBAUM P R, RUBIN D B. Constructing a control group using multivariate matched sampling methods that incorporate the propensity score[J]. The American Statistician,1985,39(1):33-38.

[227]阎虹戎,冼国明.对外直接投资是否能够提高员工收入:来自中国上市公司的证据[J].国际贸易问题,2017(11):93-103.

[228]余淼杰.对《中国企业"出口-生产率悖论"研究综述》的评论[J].世界经济,2015(5):80-182.

[229]戴觅,余淼杰.企业出口前研发投入、出口及生产率进步:来自中国制造业企业的证据[J].经济学(季刊),2011,11(1):211-230.

[230]吴延兵.国有企业双重效率损失再研究[J].当代经济科学,2015(1):1-10.

[231]苏振东,洪玉娟.中国出口企业是否存在"利润率溢价":基于随机占优和广义倾向指数匹配方法的经验研究[J].管理世界,2013(5):12-34,46.

[232]温军,冯根福.风险投资与企业创新:"增值"与"攫取"的权衡视角[J].经济研究,2018(2):185-199.

[233]常玉春.我国企业对外投资绩效的动态特征:以国有大型企业为例的实证分析[J].财贸经济,2011(02):87-94,137.

[234]蒋冠宏,蒋殿春,蒋昕桐.我国技术研发型外向FDI的"生产率效应":来自工业企业的证据[J].管理世界,2013(9):44-54.

[235]WANG C, DENG Z, KAFOUROS M I, et al. Reconceptualizing the spillover effects of foreign direct investment: a process-dependent approach[J]. International Business Review,2012,21(3):452-464.

[236]邱立成,刘灿雷,盛丹.中国企业对外直接投资与母公司经营绩效:基于成本加成率的考察[J].世界经济文汇,2016(5):60-75.

[237]HIJZEN A, JEAN S, MAYER T. The effects at home of initiating production abroad: evidence from matched French firms[J]. Review of World Economics,2011,147(3):457.

[238]杨振兵,严兵.对外直接投资对产能利用率的影响研究[Z].经济研究工作论文,WP12461,2017.

[239]ACKERBERG D A, CAVES K, FRAZER G. Identification properties of recent production function estimators[J]. Econometrica,2015,83(6):2411-

2451.
[240]董敏杰,梁泳梅,张其仔.中国工业产能利用率:行业比较、地区差距及影响因素[J].经济研究,2015,50(1):84-98.
[241]DESBORDES R,WEI S J. The effects of financial development on foreign direct investment[J]. Journal of Development Economics,2017,127:153-168.
[242]LIPSEY R E,STEVENS G V. Interactions between domestic and foreign investmentt[J]. Journal of International Money and Finance,1992,11(1):40-62.
[243]VERMEULEN F,BARKEMA H. Pace,rhythm,and scope:process dependence in building a profitable multinational corporation[J]. Strategic Management Journal,2002,23(7):637-653.
[244]TEECE D J. A dynamic capabilities-based entrepreneurial theory of the multinational enterprise[J]. Journal of International Business Studies,2014,45(1):8-37.
[245]HEAD K, RIES J, SWENSON D. Agglomeration benefits and location choice:evidence from Japanese manufacturing investments in the United States[J]. Journal of International Economics,1995,38(3-4):223-247.
[246]李梅,柳士昌.对外直接投资逆向技术溢出的地区差异和门槛效应:基于中国省际面板数据的门槛回归分析[J].管理世界,2012(1):21-32,66.
[247]BOISOT M,MEYER M W. Which way through the open door? Reflections on the internationalization of Chinese firms[J]. Management and Organization Review,2008,4(3):349-365.
[248]李新春,肖宵.制度逃离还是创新驱动:制度约束与民营企业的对外直接投资[J].管理世界:2017(10):99-112,129.
[249]LIU X,LU J,CHIZEMA A. Top executive compensation, regional institutions and Chinese OFDI[J]. Journal of World Business,2014,49(1):143-155.
[250]李娟,唐珮菡,万璐.对外直接投资、逆向技术溢出与创新能力:基于省级面板数据的实证分析[J].世界经济研究,2017(4):59-71,135.
[251]LU J W, BEAMISH P W. The internationalization and performance of SMEs[J]. Strategic Management Journal,2001,22(6-7):565-586.
[252]THEIL H. Economics and information theory[M]. Amsterdam:North-Holland Publishing Company,1967.
[253]原毅军,谢荣辉.环境规制的产业结构调整效应研究:基于中国省际面板数据

的实证检验[J]. 中国工业经济,2014(8):57－69.

[254]OKAMOTO Y, SJÖHOLM F. FDI and the dynamics of productivity in Indonesian manufacturing[J]. The Journal of Development Studies,2005,41(1):160－182.

[255]HOFFMANN R, LEE C G, RAMASAMY B, et al. FDI and pollution: a granger causality test using panel data [J]. Journal of International Development,2005,17(3):311 － 317.

[256]REN S, YUAN B, MA X, et al. International trade, FDI(foreign direct investment)and embodied CO2 emissions: A case study of China's industrial sectors[J]. China Economic Review,2014,28:123－134.

[257]林毅夫. 新结构经济学[M]. 北京:北京大学出版社,2012.

[258]樊纲,王小鲁,朱恒鹏. 中国市场化指数:各地区市场化相对进程 2011 年报告[M]. 北京:经济科学出版社,2011.

[259]MANKIWN G, ROMER D, WEIL D N. A contribution to the empirics of economic growth[J]. The Quarterly Journal of Economics,1992,107(2):407－437.

[260]周少甫,王伟,董登新. 人力资本与产业结构转化对经济增长的效应分析:来自中国省级面板数据的经验证据[J]. 数量经济技术经济研究,2013(8):65－77,123.

[261]张桂文,孙亚南. 人力资本与产业结构演进耦合关系的实证研究[J]. 中国人口科学,2014(6):96－106,128.

[262]易信,刘凤良. 金融发展、技术创新与产业结构转型:多部门内生增长理论分析框架[J]. 管理世界,2015(10):24－39,90.

[263]杨子荣,张鹏杨. 金融结构、产业结构与经济增长:基于新结构金融学视角的实证检验[J]. 经济学(季刊),2018,17(2):847－872.

[264]王海兵,杨蕙馨. 创新驱动与现代产业发展体系:基于我国省际面板数据的实证分析[J]. 经济学(季刊),2016,15(4):1351－1386.

[265]孔宪丽,米美玲,高铁梅. 技术进步适宜性与创新驱动工业结构调整:基于技术进步偏向性视角的实证研究[J]. 中国工业经济,2015(11):62－77.

[266]KONGSAMUT P, REBELO S, XIE D Y. Beyond balanced growth[J]. The Review of Economic Studies,2001,68(4):869－882.

[267]郭凯明,杭静,颜色. 中国改革开放以来产业结构转型的影响因素[J]. 经济研究,2017(3):32－46.

[268]于泽,章潇萌,刘凤良. 中国产业结构升级内生动力:需求还是供给[J]. 经济

理论与经济管理,2014(3):25-35.
[269]王永钦,张晏,章元.中国的大国发展道路:论分权式改革的得失[J].经济研究,2007(1):4-16.
[270]宋马林,金培振.地方保护、资源错配与环境福利绩效[J].经济研究,2016(12):47-61.
[271]UY T,YI K-M,ZHANG J. Structural change in an open economy[J]. Journal of Monetary Economics,2013,60(6):667-682.
[272]SPOSI M. Evolving comparative advantage,sectoral linkages,and structural change[J]. Journal of Monetary Economics,2019,103:75-87.
[273]SWIECKI T. Determinants of structural change[J]. Review of Economic Dynamics,2017,24:95-131.
[274]刘晴,徐蕾.对加工贸易福利效应和转型升级的反思:基于异质性企业贸易理论的视角[J].经济研究,2013,48(9):137-148.
[275]李波,杨先明.贸易便利化与企业生产率:基于产业集聚的视角[J].世界经济,2018,41(3):54-79.
[276]LEVIN A,LIN C-F,CHU C-S J. Unit root tests in panel data:asymptotic and finite-sample properties[J]. Journal of Econometrics,2002,108(1):1-24.
[277]IM K S,PESARAN M H,SHIN Y. Testing for unit roots in heterogeneous panels[J]. Journal of Econometrics,2003,115(1):53-74.
[278]陈强.高级计量经济学及 Stata 应用[M].2 版.北京:高等教育出版社,2014.
[279]杨世迪,韩先锋,宋文飞.对外直接投资影响了中国绿色全要素生产率吗[J].山西财经大学学报,2017(4):14-26.
[280]PEDRONI P. Critical values for cointegration tests in heterogeneous panels with multiple regressors[J]. Oxford Bulletin of Economics and Statistics,1999,61(S1):653-670.
[281]李磊,冼国明,包群."引进来"是否促进了"走出去":外商投资对中国企业对外直接投资的影响[J].经济研究,2018,53(3):142-156.
[282]ARELLANO M,BOND S. Some tests of specification for panel data:Monte Carlo evidence and an application to employment equations[J]. The Review of Economic Studies,1991,58(2):277-297.
[283]BLUNDELLR, BOND S. Initial conditions and moment restrictions in dynamic panel data models[J]. Journal of Econometrics,1998,87(1):115-143.

[284]陆铭,陈钊. 分割市场的经济增长:为什么经济开放可能加剧地方保护[J]. 经济研究,2009,44(3):42-52.

[285]林毅夫,巫和懋,邢亦青."潮涌现象"与产能过剩的形成机制[J]. 经济研究,2010,45(10):4-19.

[286]石军伟,王玉燕. 中国西部省份工业结构同构度测算及其决定因素:基于 SIP 框架的分析与实证检验[J]. 中国工业经济,2013(3):33-45.

[287]钟昌标. 外商直接投资地区间溢出效应研究[J]. 经济研究,2010,45(1):80-89.

[288]ANSELIN L, BONGIOVANNI R, LOWENBERG-DEBOER J. A spatial econometric approach to the economics of site-specific nitrogen management in corn production[J]. American Journal of Agricultural Economics, 2004, 86(3):675-687.

[289]陈浪南,王鹤. 我国房地产价格区域互动的实证研究[J]. 统计研究,2012(7):37-43.

[290]王美今,林建浩,余壮雄. 中国地方政府财政竞争行为特性识别:"兄弟竞争"与"父子争议"是否并存[J]. 管理世界,2010(3):22-31,187-188.

[291]沈坤荣,付文林. 税收竞争、地区博弈及其增长绩效[J]. 经济研究,2006(6):16-26.

[292]李永友,沈坤荣. 辖区间竞争、策略性财政政策与 FDI 增长绩效的区域特征[J]. 经济研究,2008(5):58-69.

[293]LESAGE J, PACE R K. Introduction to spatial econometrics[M]. Boca Raton:Chapman and Hall/CRC, 2009.

[294]朱玉杰,倪骁然. 金融规模如何影响产业升级:促进还是抑制:基于空间面板 Durbin 模型(SDM)的研究:直接影响与空间溢出[J]. 中国软科学,2014(4):180-192.

[295]张翠菊,张宗益. 中国省域产业结构升级影响因素的空间计量分析[J]. 统计研究,2015,32(10):32-37.

[296]许和连,邓玉萍. 外商直接投资导致了中国的环境污染吗:基于中国省际面板数据的空间计量研究[J]. 管理世界,2012(2):30-43.

[297]ANSELIN L. Spatial econometrics: methods and models[M]. Dordrecht: Springer, 1988.

[298]马丽梅,刘生龙,张晓. 能源结构、交通模式与雾霾污染:基于空间计量模型的研究[J]. 财贸经济,2016(1):147-160.

[299]ELHORST J P. Specification and estimation of spatial panel data models

[J]. International Regional Science Review,2003,26(3):244 - 268.

[300]ELHORST J P. Applied spatial econometrics: raising the bar[J]. Spatial Economic Analysis,2010,5(1):9 - 28.

[301]ELHORST J P. Unconditional maximum likelihood estimation of linear and log-linear dynamic models for spatial panels[J]. Geographical Analysis, 2005,37(1):85 - 106.

[302]YU J,DE JONG R,LEE L-F. Quasi-maximum likelihood estimators for spatial dynamic panel data with fixed effects when both n and T are large [J]. Journal of Econometrics,2008,146(1):118 - 134.

[303]BELOTTI F, HUGHES G, MORTARI A P. Spatial panel-data models using Stata[J]. Stata Journal,2017,17(1):139 - 180.

[304]林光平,龙志和,吴梅.我国地区经济收敛的空间计量实证分析:1978—2002年[J].经济学(季刊),2005(S1):67 - 82.

[305]MORAN P A. A test for the serial independence of residuals[J]. Biometrika, 1950,37(1/2):178 - 181.

[306]于良春,付强.地区行政垄断与区域产业同构互动关系分析:基于省际的面板数据[J].中国工业经济,2008(6):56 - 66.

[307]ELHORST J P, LACOMBE D J, PIRAS G. On model specification and parameter space definitions in higher order spatial econometric models[J]. Regional Science and Urban Economics,2012,42(1 - 2):211 - 220.

[308]宋林,谢伟,何红光.对外直接投资对我国就业影响的实证研究:基于门限面板模型的分析[J].当代经济科学,2017,39(5):95 - 106,127 - 128.

